前 **안철식 지식경제부차관 추모문집**

열정의 에너지가 영원한 사랑으로

From Passion to an Eternal Love

故 안철식차관 추모문집발간위원회 편

에듀컨텐츠
Educontents

출처 : 한국경제 2009년 1월 29일자 남궁덕 부장의 글에서

안철식 차관의 생전의 모습

2009년 1월 이명박 대통령으로부터 차관 임명장을 받는 모습

제17대 대통령 인수위원회 해단식
2008년 2월 22일

2008년 대통령 인수위원회 해단식 기념촬영

고인의 영결식에서 헌화하는 이윤호 지식경제부 장관

27년간 정들었던 과천 정부청사를
떠나는 순간

장지에 하관한 후 취토하는 장면

충북 청원군 소재 안철식 차관의 묘

2007년 에너지 체험전에서 시연하는 모습

2007년 한국정유협회 회의에서 축사하는 모습

2008년 이윤호 장관으로부터 임명장을 받는 모습

2006년 중국 출장중 휴식장면

2009년 이재훈 2차관 등 선배들과 함께

2008년 몽골 방문후 자원협력 협약식 체결 모습

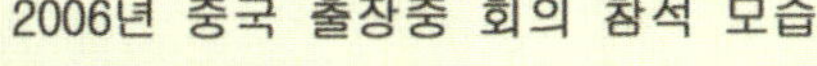

2006년 중국 출장중 회의 참석 모습

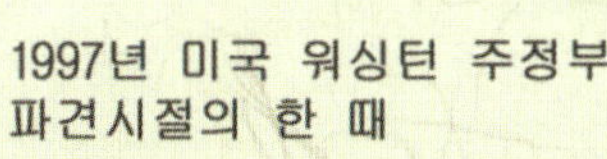

1997년 미국 워싱턴 주정부 파견시절의 한 때

1970년대 초 가족과 함께

1980년 성균관대 졸업식장에서 부모님과 함께

1997년 가족과 함께

2003년 주영이와 분당중앙공원에서

발 간 사

안 현 호

전 지식경제부 차관

2009년 1월, 설 연휴의 마지막 날인 일요일 새벽 전화기 끝자락에 가늘고 떨리는 목소리로 들려온 소식은 고 안철식 차관의 부고였습니다. 나는 도저히 믿을 수 없었기에 몇 차례의 확인 후 청천벽력과 같은 소식에 한동안 멍하니 아무것도 할 수 없었고, 얼마 후 흐르는 눈물을 멈출 수 없었습니다.

에너지산업국장, 에너지자원실장, 차관 등을 거치면서 건강을 돌보지 않고 격무에 시달리는 사실을 누구보다 잘 아는 나로서는 왜 건강검진과 휴식을 보다 강력하게 권하지 않았던가 하는 회환을 한동안 떨치지 못하였습니다. 더욱이 그의 따뜻한 인간성과 함께, 남에게는 너무나 너그러웠지만 당신에게는 엄격하면서도 뜨거웠던 일에 대한 열정, 그리고 그 특유의 미소가 우리로 하여금 안타깝고, 슬프고, 나아가 그를 더욱 그리워하게 하지 않나 생각됩니다.

故人은 우리와 같은 시간과 공간 속에서 추억을 공유한 동지이자 벗이었습니다. 그가 있었기에 더불어 웃을 수 있었고, 그와 함께 험난한 난관도 극복할 수 있었습니다. 살아생전에 정이 많던 그의 시선은 항상 소외되고 어려운 사람들을 향해 있었고, 원칙과 소신을 중시하던 그의 가슴은 '정의로운 사회'를 품고 있었습니다. 조용한 성품의 포용력과 따뜻한 마음씨를 가졌기에 그의 곁에는 언제나 사람의 향기로 인해 웃음이 끊이지 않았습니다. 그가 지식경제부 차관으로 남들보다 빨리 발탁될 수 있었던 것도 뛰어난 업무 추진능력 뿐 아니라 어렵고 힘든 일은 누구보다 앞장선 반면에 공은 주변으로 돌리는 남다른 인품 때문이었습니다.

인간의 죽음은 생명이 육체를 떠나는 순간에 이루어지는 것이 아니라 살아있는 사람들로부터 잊혀지는 순간에 죽는 것이라는 말이 있습니다. 비록 그의 육신은 우리 곁을 떠나 세상의 먼지가 되어 사라졌지만 그의 모습은 우리의 기억 속에 살아서 언제나 함께 할 것입니다. 부디 이

책이 고 안차관을 그리워하는 모든 사람들에게 그를 기억하는데 도움이 되었으면 합니다. 특히 이 책이 안차관의 가족에게 좋은 남편, 훌륭한 아빠의 모습을 영원히 간직하는데 도움이 되었으면 합니다.

이 추모집은 고 안철식 차관을 그리워하는 사람들의 그에 대한 그리움, 추억, 안타까움, 슬픔 등을 승화시켜 엮은 것입니다. 문집의 내용은 9개의 장으로 구성되어 있습니다. 먼저 1장인 '영원한 안식'에서는 영결식에서의 안타까운 상황을 글로 표현하였고, 2장인 '가슴이 따뜻했던 사람'에서는 안차관과 함께 일했던 선배 공무원들의 글을, 그리고 3장인 '선백원에서의 우정과 비전'에서는 행정고시 동기생들의 글을 실었습니다. 또한, 4장인 '배려와 소통의 에너지'에서는 후배 공무원들의 글을, 5장인 '소중한 인연'에서는 청와대 시절 또는 사회 각 분야에서 안차관과 인연을 맺었던 분들의 글을 모았습니다. 그리고 6장인 '명륜골 은행나무 아래'와 7장인 '무심천에서 멱감던 시절'은 대학 친구들의 글과, 고향친구 및 선·후배의 글을 각각 수록한 것입니다. 8장인 '최선을 다하는 삶'에서는 가족들의 글을 실었고, 마지막 9장 '고인 관련 매스컴 기사 모음'은 당시에 고인의 갑작스런 죽음을 안타까워하던 매스컴 분야에 종사하던 기자들이 쓴 관련 기사 내용입니다. 관련 기사를 본 문집에 수록할 수 있게 허락해주신 필자들과 관련 기관의 배려에 감사드립니다.

이 추모문집이 나오기까지 많은 분들이 물심으로 동참해 주셨습니다. 고인이 동자부장관 수행비서관 시절에 차관을 역임하신 이봉서 전 동력자원부 장관, 전 산업자원부 장관을 역임하신 윤진식 국회의원, 고인의 순직 당시 지식경제부 장관이었던 이윤호 주러시아 대사를 비롯하여 한준호 삼천리 대표이사, 김신종 한국광물자원공사 사장 등 선배님들이 소중한 글을 보내어 주셨습니다. 또한 국회 지식경제위원회 위원으로서 고인과 각별했던 노영민 국회의원을 비롯하여, 지식경제부의 김정관 2차관, 김경원 산업경제실장, 정재훈 에너지자원실장, 한진현 무역투자실장, 문재도 산업자원협력실장 등 동료·후배를 비롯한 많은 분들이 추모문집 제작에 기꺼이 참여해 주셨습니다. 조그만 지면에 모두의 정성을 담아내지 못해 안타깝지만 최선을 다했다고 생각합니다.

어려운 일에 기꺼이 뜻을 함께 해주신 모든 분들에게 다시 한번 감사드립니다.

추모문집발간위원회를 대표하여

2011년 7월 1일

안 현 호

차 례

Chapter 3. 선백원에서의 우정과 비전

Chapter 4. 배려와 소통의 에너지

Chapter 5. 소중한 인연

Chapter 6. 명륜골 은행나무 아래

Chapter 7. 무심천에서 멱감던 시절

Chapter 8. 최선을 다하는 삶

Chapter 9. 고인 관련 매스컴 기사 모음

연　　보

출처 : 한국경제 2009년 1월 29일자 남궁덕 부장의 글에서

Chapter 1

영원한 안식

[慰勞辭]

故 안철식 차관 가족께

대통령 이 명 박

고인의 명복을 빌며 삼가 애도의 뜻을 전합니다. 직접 얼굴 보고 손 맞잡고 위로 드리고 싶었는데 이렇게 편지로 마음을 전하게 되었습니다. 저도 설연휴 중에 소식을 듣고 얼마나 놀랐는지 모릅니다. 남들 다 쉬는 명절에도 쉬지 않고 수출상황을 꼼꼼하게 챙길 정도로 책임감이 강한 사람인데, 아까운 인재를 잃은 마음 너무나 안타깝습니다.

고 안철식 차관은 오랫동안 자원과 에너지 분야에서 헌신해 온 전문가이고, 또한 새 정부 출범과 함께 녹색성장, 에너지 외교 등 주요 사업에 열성적으로 임해 왔습니다. 저도 안차관의 성품과 열성을 알기에 적극 등용해서 일을 맡겨 왔는데 이렇게 갑작스럽게 가버리다니, 가슴이 아픕니다. 남아있는 가족들의 심정이야 어떤 말로도 표현하기 힘들겠지요. 하지만 정연과 주영이 아버지가 나라 발전을 위해서, 조국의 에너지 자립을 위해 헌신해 온 그 공로를 기억하고 길이 자랑스러워할 수 있도록 하는데 힘쓰는 것으로 아픈 마음을 함께 달래고자 합니다. 안차관이 못다 이룬 꿈을 안차관의 후배, 동료 공직자들과 함께 이뤄내고자 노력하겠습니다.

지금 대한민국은 위기의 한가운데를 지나고 있습니다, 그러나 저는 안철식 차관과 같이 보이지 않는 곳에서 자신의 일에 묵묵하게 최선을 다하는 공직자들이 있고, 그 공직자들을 정성을 다해 보살피고 격려하는 가족이 있기에 대한민국은 이 위기를 어느 나라보다도 빨리 극복하고, 또한 이 위기를 기회로 삼아 한 단계 더 도약할 수 있다고 믿습니다. 고인의 명복을 빌며 부인께 위로를 드립니다. 그리고 정연과 주영이 아버지의 뜻을 이어 나라의 훌륭한 인재로 자라주기를 바랍니다.

가족들의 안녕을 기도드립니다.

2009년 2월 3일

대통령 *이 명 박*

故 안철식 차관 가족께

고인의 명복을 빌며 삼가 애도의 뜻을 전합니다. 직접 얼굴 보고 손 맞잡고 위로 드리고 싶었는데 이렇게 편지로 마음을 전하게 되었습니다. 저도 설 연휴 중에 소식을 듣고 얼마나 놀랐는지 모릅니다. 남들 다 쉬는 명절에도 쉬지 않고 수출상황을 꼼꼼하게 챙길 정도로 책임감이 강한 사람인데, 아까운 인재를 잃은 마음 너무나 안타깝습니다.

故 안철식 차관은 오랫동안 자원과 에너지분야에서 헌신해 온 전문가이고, 또한 새 정부 출범과 함께 녹색성장, 에너지 외교 등 주요 사업에 열성적으로 임해 왔습니다. 저도 안차관의 성품과 열성을 알기에 적극 등용해서 일을 맡겨 왔는데 이렇게 갑작스럽게 가 버리다니, 가슴이 아픕니다. 남아있는 가족들의 심정이야 어떤 말로도 표현하기 힘들겠지요. 하지만 정연과 주영이 아버지가 나라 발전을 위해서, 조국의 에너지 자립을 위해 헌신해 온 그 공로를 기억하고 길이 자랑스러워할 수 있도록 하는데 힘쓰는 것으로 아픈 마음을 함께 달래고자 합니다. 안차관이 못 다 이룬 꿈을 안차관의 후배, 동료 공직자들과 함께 이뤄내고자 노력하겠습니다.

지금 대한민국은 위기의 한가운데를 지나고 있습니다. 그러나 저는 안철식 차관과 같이 보이지 않는 곳에서 자신의 일에 묵묵하게 최선을 다하는 공직자들이 있고, 그 공직자들을 정성을 다해 보살피고 격려하는 가족이 있기에 대한민국은 이 위기를 어느 나라보다도 빨리 극복하고, 또한 이 위기를 기회로 삼아 한 단계 더 도약할 수 있다고 믿습니다. 고인의 명복을 빌며 부인께 위로를 드립니다. 그리고 정연과 주영이 아버지의 뜻을 이어 나라의 훌륭한 인재로 자라주기를 바랍니다.

가족들의 안녕을 기도드립니다

2009. 2. 3

대 통 령 이 명 박

[弔詞]

이제 우리 곁을 떠나려 하시는 안철식 차관님

이 윤 호

현) 주 러시아 대사

전) 지식경제부장관

엊그제, 갑작스런 비보를 접하고 가슴이 미어지는 것 같았습니다. 아직도 당신의 운명이 믿어지지 않고, 그 온화한 모습이 눈 앞에 선하고 넉넉한 웃음이 귓가를 맴돕니다. 차관이 되었어도 취임식도 마다하고 기쁜 내색 없이 바로 일손부터 잡았던 분이었기에, 설 연휴조차 쉬지 못하고 수출을 챙기던 분이었

기에, 당신의 타계는 더욱 안타깝고 슬프기만 합니다.

저뿐만 아니라 우리 지식경제부 직원 모두가 큰 충격과 비통한 심정으로 할 말을 잊었습니다. 저희들이 이럴진대, 이렇게 황망하게 고인을 떠나보내는 유족들의 슬픔은 어찌 말로 표현할 수 있겠습니까? 지식경제부 전 직원과 더불어 고 안철식 차관의 명복을 빌며, 유가족분들께 깊은 위로의 말씀을 드립니다.

안철식 차관, 당신은 공직자의 표상과도 같은 분이셨습니다. 30년 가까운 공직생활을 묵묵히 국가에 헌신하며 올바른 공직의 길이 무엇인지를 행동으로 보여주셨습니다. 필요한 일이라면 절대 미루거나 마다하지 않고 휴일도 잊으며 밤낮으로 일했습니다. 어려운 일에 부딪혔을 때도 결코 포기하는 법 없이 끊임없이 설득하고 소통하면서 문제들을 풀어냈습니다.

특히 에너지산업에 남긴 당신의 발자취는 결코 잊혀지지 않을 것입니다, 공직생활 대부분을 에너지 분야에 몸담으며 우리나라 에너지 산업의 기틀을 닦았고 에너지 산업 발전을 이끌어 왔습니다. 지난해에는 에너지자원실장으로서 '국가에너지 기본계획'과 '그린에너지 산업발전 전략'을 수립하여 녹색성장의 밑그림을 그려냈습니다. 러시아 천연가스 도입과 같은 수

십년을 내다보는 초대형 프로젝트도 강력히 추진하였습니다. 모두가 당신이 아니었다면 쉽게 이루어낼 수 없는 일이었을 것입니다.

당신은 우리 지식경제부의 큰 대들보와 같은 분이셨습니다. 온갖 폭풍우 속에서도 굳건하게 비티고 서서 늘 온화한 미소로 후배들을 다독였습니다, 항상 마음을 열고 사람을 대했고 조용하면서도 완벽하게 모든 일을 마무리 지었습니다. 당신께서 남기신 크나큰 업적만큼이나 당신이 떠난 빈자리는 더욱 커 보입니다. 당신의 따뜻했던 성품만큼이나 당신에 대한 기억은 저희들의 가슴을 더욱 시리게 합니다.

잊지 않겠습니다.

당신이 보여주신 뜨거운 열정과 사명감, 소통과 화합의 정신, 그리고 우리 지식경제부에 대한 사랑을 가슴 깊이 새기겠습니다. 그리고 당신의 높은 뜻을 기리고 이어가겠습니다. 무엇보다 당신이 마지막 순간까지 걱정했던 우리 경제가 지금의 어려움을 극복할 수 있도록 혼신의 노력을 다하겠습니다. 우리 지식경제부가 앞장서 어려움에 처한 우리 기업에게 새로운 희망을 주고, 당신께서 닦아놓은 녹색성장의 길을 열어가겠습니다. 당신은 지금 우리 곁을 떠나지만, 당신의 꿈과 헌신이 헛되지 않도록 남아있는 우리가 더욱 열심히 노력하겠습니다.

이제 모든 무거운 짐 벗어 놓으시고 편히 영면하소서.

다시 한번 삼가 고인의 명복을 빕니다.

2009년 1월 30일

지식경제부장관 *이 윤 호*

[弔詞]

故 안철식 차관님 영전에

박 철 곤

현) 한국전기안전공사 사장
전) 국무총리실 국무차장

이것이 왠일입니까? 이것이 생시입니까?
이 청천벽력같은 일이 정녕 꿈이 아닌 생시란 말입니까? 당장이라도 당신의 목소리가 들릴듯한데 이 엄청난 현실을 어떻게 믿으란 말입니까?

안철식 차관, 아니 안동지!

우리가 행정고시에 합격하여 홍안의 수습사무관으

로 처음 만난 이래 얼마나 많은 시간을 함께 하였던가요? 때로는 나라 걱정으로, 때로는 업무 걱정으로 시간가는 줄 몰랐었지요. 그러는 사이 당신은 이 나라 최고의 에너지 전문가가 되었고, 최근에는 급박해진 에너지 문제와 기후변화대책에 당신을 모두 바쳤었지요.

이제 당신이 차관이 되어 우리를 기쁘게 하고 많은 사람들에게 안도감을 주더니 이렇게 홀연히 떠나다니요? 당신이 평생을 다 바쳐 봉사해온 이 나라, 혈육 같은 선후배 동료, 선백원 동지들을 두고 어떻게 떠난단 말입니까? 당신이 사랑하는 아내와 아이들을 두고 어떻게 이리 떠날 수 있단 말입니까?

안철식 동지!

늦은 밤에도, 휴일에도, 심지어 설 연휴에도 사무실의 불을 끄지 못하던 당신의 열정이 결국에는 당신의 생명까지 불살라버렸습니다. 당신은 우리 선백원 동지들 가슴에, 아니 모든 사람들에게 영원한 공직자의 표상으로 남을 것입니다.

안동지! 이제 하늘나라에서 이승의 모든 짐을 내려놓고 편히 쉬소서....

2009년 1월 30일

[弔詞]

故 안철식 차관님 영전에

김 경 원

현) 지식경제부 산업경제실장

일생을 국가를 위해 헌신하신 故 안철식 차관님의 영전에 정성껏 분향하고, 참으로 안타깝고 엄숙한 마음으로 삼가 조사를 올립니다.

온화하신 성품으로 후배들을 감싸주며, 모든 일에 귀감이 되셨던 안차관님을 떠나보내는 동료·후배들의 마음이 어찌 남편과 아버지, 형제를 잃어버린 가족들의 비통한 슬픔에야 비할 수 있겠습니까!

하지만, 동료·후배들에게 때로는 오랜 친구같은,

때로는 든든한 맏형같은 존재이셨기에 오늘 우리 지식경제부 직원들은 가슴이 무너지는듯한 슬픔을 금할 수가 없습니다.

뒤돌아 보건대 차관님은 우리나라 경제발전과 에너지 정책의 발전을 위해 자신의 삶을 희생하며 살아오셨습니다.

'91년 걸프전에는 동력자원부 사무관으로,

'01년 9.11테러 사건에는 산자부 가스산업과장으로,

'03년 이라크 전쟁에는 대통령실 행정관으로,

그리고 작년 고유가 충격 시 에너지자원실장으로서 우리나라 에너지와 경제위기의 고비마다 온 몸을 던져 극복해 왔습니다. 마지막 가는 길까지 경기침체와 수출감소를 걱정하며, 대책마련을 위해 노심초사 하셨습니다. '82년 공직에 입문하신 이후 30여년간 어느 한 해 편안하고 홀가분하셨겠습니까만, 당신을 실장님으로 모신 지난해는 유난히도 다사다난하고 힘들었던 한 해였습니다.

작년 초부터 연일 기록을 갱신하는 고유가로 밤낮없이 대책마련에 고민했고, 국가에너지기본계획과 같은 에너지 정책의 패러다임을 전환하는 굵직한 계획들을 입안하기 위해 뜨거운 여름밤을 지새웠습니다.

작년 말에는 우리 직원들이 너무 고생이 많은데 한 번이라도 마음 편하게 소주 한잔 함께 하고싶다

던 말씀이 귓가를 맴돕니다. 어려운 경제상황과 긴급한 현안으로 할 수 없이 연말 회식을 점심으로 대체하면서 상황이 나아지면 다시 자리를 마련하기로 하였는데, 오늘 고인이 되어 동료·후배들의 술잔을 받게 되실 줄 정말 몰랐습니다. 부르면 금방이라도 웃는 얼굴로 마주하실 것만 같은데, 정녕 우리 곁을 떠나시는 것입니까!

아무리 사소한 일이라도 직원들에게 수고했다는 격려를 잊지 않으셨고, 그르친 일에도 화내는 모습을 보기 어려운 온화한 성품을 잊을 수가 없습니다.

차관님!

언제나 가장 많이 수고하신 분은 당신이셨습니다.

나라와 국민들을 위해 고민하시던 당신의 짐을 이제 우리 후배들이 짊어지고 나가겠습니다. 차관님께서 꿈에 그리시던 미래 에너지강국, 산업강국을 저희들이 만들어 가겠습니다. 이제 당신께서는 모든 고난과 걱정의 인연을 끊으시고 편안히 잠드십시오.

부디 후배들의 앞길을 밝혀주는 등대가 되어 주시기 바라며, 삼가 명복을 빕니다.

2009년 1월 30일

[追慕辭]

故 안철식 차관님 영전에

방 기 열

전) 에너지경제연구원 원장

구정연휴를 마치고 출근하자마자 느닷없이 전해받은 안철식 지식경제부 제2차관의 별세소식에 그만 넋을 잃고 말았다. 그동안 긴박한 회의나 폭주하는 업무 속에서도 항상 온화한 얼굴을 잃지 않았던 안철식 차관이 이제는 유명을 달리하셨다고 생각하니 실로 안타까운 마음 금할 길이 없다.

그동안 연구원의 역할에 대해 많은 기대를 가지면서 에너지분야의 난제해결에 강한 의욕과 집념을 보이던 고인의 표정이 아직도 생생하게 떠오른다. 불과 며칠 전, 저탄소 녹색성장 국민포럼 운영위원회에서 바로 옆자리에 앉아 에너지와 환경의 조화 속에 성장동력화를 위한 지원방안들에 대해 토의를 했던 그 때가 마지막 만남이었다고 생각하니 참으로 아쉽기만 하다.

고인은 초임 사무관시절부터 차관에 오르기까지 에너지 · 자원분야에서 잔뼈가 굵은 우리나라에서 자타가 공인하는 에너지정책 전문가이다. 이제 차관으로서 그동안 쌓은 풍부한 경험과 해박한 지식으로 저탄소 녹생성장의 에너지사업들과 에너지확보를 위한 자원외교, 에너지설비 수출확대 등 산적해 있는 과제들을 추진해 나가야 할 때, 갑작스럽게 떠나버리시니 주변의 지인들에게도 충격이지만 우리나라 에너지 · 자원분야에도 커다란 손실이라 하지 않을 수 없다.

되돌아보면 고인의 일에 대한 충정은 남달랐던 것으로 기억된다. 국장 때나 실장시절에도 부처 간, 이해당사자 간의 갈등으로 골치 아픈 현안문제들을 몸을 아끼지 않고 처리해 나갔고, 차관 임명장을 받자마자 취임식도 갖지 않고 바로 업무를 추진할 만큼 격식이나 형식에 구애받지 않고 불도저같이 일만해 온 삶이 아닌가 싶다. 불행한 일이 있기 전날에도, 휴일임에도 불구하고 평소와 같이 출근해서 업무를

챙겼다고 하지 않았는가 !

들리는 바에 의하면, 고인은 차관으로 임명되자마자 기자들을 만나 우리나라 원전기술의 해외 수출을 강조하고, 외환위기 때의 전철을 밟지 않기 위해서는 유가가 떨어진 이 시기에 해외 유전이나 광구들을 적극적으로 확보해야 한다면서 바로 자원외교 현장에 뛰어들기 위해 출장준비를 하였다고 하는데, 고인이 그 포부를 펼치기도 전에 비보를 접해 실로 안타까울 뿐이다.

고인은 일에 대해서는 무서운 추진력을 갖고 임하는 반면에, 모든 사람들이 이구동성으로 이야기하듯이 언제나 부드럽고 차분한 얼굴로 선후배는 물론 에너지업계나 관련 기관 사람들까지 격의 없이 대해주어 모든 사람들의 신망과 존경을 받았다. 그러기에 그가 이제 우리와 함께 하지 못한다는 것이 더욱 아쉽기만 하다.

그동안 고인은 국가에 대한 투철한 충정과 에너지 정책 업무에 대한 강한 의욕으로 살아계실 때에 잠시도 편히 쉬지도 못하고 일에만 몰두했다. 그랬기에 남들이 하기 어려운 빛나는 업적도 많이 남기셨다. 그러나 이제 저 세상으로 가시는 길, 모든 일 다 잊으시고 편안하게 쉬었으면 한다.

고인이 못 다한 일들은 이 세상에 남은 후학들이

고인의 족적(足跡)을 받들어 성실히 추진해 나가야 할 것이다. 부디 저 세상 좋은 곳에서 후학들이 하는 일을 지켜봐 주기 바라는 마음이다.

삼가 고인의 영원한 명복을 빌고자 한다.

에너지경제연구원 원장 *방 기 열*

[弔詩]

故 안철식 차관님 영전에

- 함께 길을 열자던 님이시여!

김 제 국

현) 한국전력기술 정보전략실 처장

빛을 타고 오던 말씀도
눈이 감긴 다음에는 모르는 것을...
밤을 타고 오던 騷音도
귀에 멎어 버린 다음에는
아무 소리도 모르는 것을...
이제 어느 꿈자리에서나
헤어볼 이름이여!

터어키로 아랍으로 러시아로
자원 있는 곳 어디든지
혼신의 힘을 다하여
메마른 사막까지도
조국의 깃발 내걸기 위해
세상 사랑 다 바치시고
꿈속인 듯, 꿈속인 듯
홀연히 가시는 님이시여!

하늘을 찌르는 열정이었기에
온 세상이 통곡하고,
남은 선후배 마음은 눈물 가득
강을 이루는 것을...
헛기침도 없이,
아득해지는 영정을 두고
어찌 嗚咽을 토해야 합니까!

언제나 겸허한 자세로
해처럼 따뜻하고 온화하게
그러나, 더러는 매서운 바람처럼
앞서서 이끌어 가시던 님이시여!

거친 세계를 향하여
함께 길을 열자던 天馬여!
어느 세월에 다시 만나
길을 열고 함께 가리오

그리운 님이시여!
지난 아침에 나누던 이야기를
끝맺기도 전에,
닫혀진 창가에는
오롯이 흰 눈이 쌓였습니다
남은 자들의 몫을 표하듯
밤새 많이도 내렸습니다

그러나, 님께서 다져 놓으신
길들이 선명한 줄기로 드러나고
다 지워지진 않았습니다
님이 가시던 그 길 위에서
다시금 대열을 가다듬어
나아가는 일이 남아 있습니다

님이시여! 이제
세상의 짐은 모두 내려 두시고
내내 포근한 기억속에 계시옵소서

永訣式 答辭

이 명 희

고인의 처

저는 고 안철식 차관의 아내 이명희입니다.

오늘 고인의 장례를 치르면서 물심양면으로 지원해주신 이윤호 장관님, 임채민 차관님을 비롯한 지식경제부 관계자 모든 분들께 감사한 마음을 무엇으로 표현해야 할지 모르겠습니다.

정말 뜻하지 않게, 전혀 마음의 준비가 되지 않은 상태에서 세상을 떠난 남편을 생각할 때, 황망하고 아쉽고 슬픈 마음이 한량없지만 그런 중에서도 따뜻하게 위로해 주시고 격려해 주신 여러분 모두의 마음은 저희 유가족에게 큰 위로와 힘이 됩니다.

대한민국이 이처럼 안정되고 번영하기까지 공무원들의 헌신과 수고가 큰 몫을 차지했다는 것은 누구도 부인할 수 없는 사실이며, 국가의 공복으로서 사명감을 가지고 일했던 남편을 통해 그 사실을 잘 알

고 있습니다.

남편이 그동안 자신의 일에 충실하며 남을 따뜻이 배려하는 사람이라는 것을 알고 있었지만, 문상 오는 조문객들의 위로와 감사의 말씀에서 다시 한번 그 사실을 확인하게 되었고 우리 가족 모두 남편에 대해 큰 자부심을 가지고 있습니다.

제가 바라기는, 업무도 중요하지만 하루에 1시간씩 건강관리에 투자하여 건강을 유지하고 30분씩 가족과의 대화에 할애하여 행복한 가정을 가꾸어 가시기 바랍니다.

지금은 하나님의 뜻이 무엇인지 잘 알지 못하지만, 선하신 하나님이 우리에게 합력하여 좋은 것으로 채워주실 줄 믿고 기대하며 하나님께 감사드립니다.

저도 아이들을 잘 키워 훌륭한 아버지의 자녀로서 부끄럽지 않은, 오히려 청출어람이 될 수 있도록 열심히 키우겠습니다. 하늘나라에서 편히 쉬고 있을 남편도 여러분에게 무한한 감사의 마음을 가지고 지식경제부의 번영을 위해 기도하고 있을 것으로 생각합니다.

장관님 이하 모든 분들께 다시 한번 유가족을 대표하여 감사를 드립니다.

고인의 처 *이 명 희*

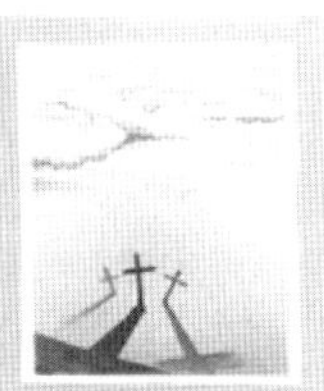

First, love your God
Second, serve your family
Then, dream big
And if you're faithful with a few
things
God will lift You up.

Chapter 2

가슴이 따뜻했던 사람

회고의 글

이 봉 서

현) 동우회 회장

전) 제9대 동력자원부 장관

故 안철식 차관을 만난 것은 1985년경으로 당시 최동규 동력자원부 장관의 수행비서관으로서 업무를 수행할 때였는데, 나는 차관으로 근무하고 있었다. 그때부터 수행비서관이라는 바쁘고 세밀한 임무를 차분하게 수행하는 것을 보면서 장차 큰 일을 할 수 있을 것이라는 예감을 가지고 있었다. 그 후 안차관은 해외유학을 떠났고, 나는 동력자원부 장관을 끝으로 동자부를 떠났으므로 그 뒤로는 공직에 있을 동안 만날 수 있는 기회는 없었다.

상당한 시간이 흐른 후 안차관을 다시 본 것은 정세균 산업자원부 장관 시절 에너지자원실장으로 근무하면서, 여러 차례 공식 · 비공식 자리에서 만날 수 있는 기회가 있었다. 에너지자원실장은 비록 직급은 1급이지만 구 동력자원부 역할을 전부 담당해야 하는 책임자의 위치로서, 안차관이 그동안 에너지 분야에서 계속 근무하면서 나름대로 열심히 공부하여, 에너지 전반에 대한 깊은 이해, 정책의 일관성, 소외계층에 대한 배려 등 세심하면서도 차분하게 본인의 업무를 수행하는 것을 지켜보면서, 20여년 전에 내가 예상하였던 것이 결코 틀리지는 않았구나 하고 생각하곤 하였다.

그 후 차관으로 승진하여, 에너지 정책에 대한 상의 · 조언은 물론 에너지업계에 실질적으로 도움을 줄 수 있으며, 동우회에도 큰 지원을 할 수 있겠다고 생각하였는데 뜻밖의 비보를 듣게 되었다. 옛말에 가인박명이라 하였던가, 앞으로도 크게 국가를 위하여 쓰임 받을 줄 알았던 사람이 졸지에 이승을 하직하는 것이, 바로 안철식 차관을 두고 만들어졌던 말이 아닌가 생각 된다.

이제 모든 고민을 다 내려놓고 평안한 휴식을 취하시기 바랍니다.

황소처럼 일했던 참 일꾼, 너무 아쉬워

윤 진 식

현) 국회의원, 한나라당
전) 산업자원부 장관

그는 황소처럼 일하는 우리 정부의 참 일꾼이었다. 유명을 달리하던 그 날도 설 연휴기간인데도 불구하고 출근해 일에 매달렸다고 한다. 수출입 동향 및 대책에 대한 청와대 보고를 앞두고 자료 검토와 회의 등으로 몸을 아끼지 않고 일을 하였다는데, 그 다음 날 청천벽력 같은 비보를 들은 것이다. 휴일도 없이 자신의 건강을 챙기지도 못할 정도로 그토록 열성을 다하여 업무완수를 위해 일하다 훌쩍 가버렸다 생각하니 더욱 가슴 아프다.

그는 성실함과 정직이 무기였던 사람이다. 항상 믿음직했다. 그에게 일을 맡기면, 끝까지 챙기고 완수해내는 집념을 갖고 있었다. 고교 후배이자 고향 후배이기도 한 그를 만난 것은 나로선 행운이었다. 2003년 내가 산업자원부 장관을 지낼 때 그는 청와대 비서관으로 일했다. 그 당시 전북 부안의 방사성 폐기물처리장 건설문제로 상당한 어려움을 겪고 있을 때, 그는 내게 많은 용기와 문제를 풀어가기 위한 여러가지 대안을 제시해 주었다. 지금도 그때의 고마움을 잊을 수 없다. 이후 내가 대통령직 인수위원회를 거쳐 청와대 정책실장 겸 경제수석으로 일할 때, 그가 마침 지식경제부 차관으로 임명되면서 정말 많은 일을 함께 할 수 있을거라고 기뻐했었다.

서로 믿고 의지하던 사람이었는데 그런 인재를 잃은 것이 너무나 안타깝다. 아직도 함께 할 일이 너무나 많은데... 가슴 아프고 아쉽고 허망할 뿐이다. 그가 떠난 뒤 느끼는 그의 빈자리가 너무나 크다. 그가 세상을 떠났다는 게 아직도 실감나지 않는다. 지금이라도 당장 그를 불러 대한민국 발전을 위해 이렇게 많은 일을 남겨두고, 어떻게 그리 빨리 가버렸냐고 호통치고 싶은 마음이다.

그가 가버리고 난 후 어느 날엔가, 충주 지역을 위해 일할 과제를 상의하고자 그에게 전화를 걸었다가

문득 그의 부재를 깨닫고 전화기를 내려놓은 적도 있었다. 지금도 가끔 그와 통화하고 싶을 때가 있다. 국가 정책마련에 골몰하다가 답답한 마음이 들 때면 그가 생각난다. 공직자로서 열정을 다 바쳐 일했으며, 매사에 꼼꼼하고 철두철미해서 어떤 일이든 꼭 해내고야 마는 사람이었기에 더욱 더 아쉽고 그리운 마음을 떨칠 수가 없다.

만나서 소주라도 한잔 기울이며 얘기할 수 있다면 얼마나 좋을까. 충주 국회의원으로서 지역구 활동을 하다 보니 그의 빈자리가 한없이 아쉽게 느껴진다. 큰 소리로 야단도 치고 싶다. “이 사람아, 왜 바로 전화가 없어!”

내 명단 속의 안철식 차관

이 윤 호

현) 주 러시아 대사

전) 지식경제부 장관

지금 지구상에는 69억에 가까운 인구가 살고 있다. 그래서 이 세상에는 별처럼 많은 사람, 모래알처럼 많은 사람들이 살고 있다고 표현하기도 한다. 인류학자들에 의하면, 현생인류는 약 20만 년 전에 아프리카에 살았던 한 여자로부터 시작되었고 오랜 시간에 걸쳐 세계 각지로 이동 했다고 한다. 한 뿌리에서 비롯된 그 많은 사람들이 생김새는 물론, 생각이나 성격, 경험이 모두 다르다. 똑 같은 사람이 하나도 없다는 이야기다. 그러니 한 사람 한 사람이 자기 나름의 우주를 형성하고 있다고 보아도 될 터이다. 신기하다는 느낌을 넘어 경이롭기까지 하다.

우리는 살아가는 동안 많은 사람들을 만난다고 한다. 정말 그럴까? 우리가 일생동안 과연 몇 사람을 만나고, 몇 사람과 이야기를 나누며, 그중 몇 명의 이름을 기억할 것인가? 내 경우 잠깐이라도 만나 인사를 하고 이야기를 나눈 사람은 기껏해야 만 명이나 될까? 이름까지 기억할만큼 가까이 지낸 사람은 한 천명 쯤? 아니 몇백 명 수준에 지나지 않을 것 같다. 믿어지지 않는다면 지금 백지를 한 장 꺼내 앞에 놓고 지금까지 알았던 사람들의 이름을 모두 적어 보자. 가족과 친척들, 초등·중등·고등·대학교 시절의 교우들과 선생님들, 이웃에 살던 사람들, 직장에서 함께 일했던 선후배 동료들, 사회생활을 하면서 이리저리 어울렸던 지인들.... 장담컨대 이름을 적은 명단이 그리 길지 않을 것이다. 더욱이 내가 아는 외국인들의 이름까지 적어보라 한다면 명단은 초라하기 그지없을 것이다. 적어 놓은 명단이 길수록 인간관계가 좋고 휴먼네트워킹(Human Networking)이 잘 발달한 사람일 확률이 클 것이다. 명단을 굳이 보지 않더라도 우리네 산다는 것이 공간적·시간적으로는 물론 인간관계에 있어서도 얼마나 협소한 것인지를 새삼 깨닫게 된다. 그러니 '우리 인생에는 사랑할 시간도 모자란다'는 이야기가 더욱 가슴에 와 닿는 모양이다.

아는 사람도 몇 되지 않는 데, 잊지 못할 인상을 남기거나 깊은 영향을 끼친 사람을 세어보라 한다면 그 숫자는 열 손가락을 채우기가 쉽지 않을 것이다. 그런 내 명단 가운데 들어있는 한 사람이 바로 고 안철식 차관이다. 안차관과 나는 오랫동안 알고 지내온 사이는 아니었다. 내가 그를 처음 만난 것이 2008년 2월 하순 경이고 헤어진 것이 이듬해 1월 하순이니 우리의 이 세상에서의 인연은 일 년도 다 채우지 못한 셈이다. 그런데도 그는 내 가슴에 깊은 흔적을 남겨놓은 몇 안 되는 사람 중의 한 사람이다.

2008년 2월 이명박 정부의 출범과 함께 나는 지식경제부 초대 장관으로 내정되었고 국회청문회 준비를 해야 했다. 그때 그는 지식경제부 에너지산업심의관으로 에너지관련업무를 총괄하는 직책을 맡고 있었다. 생산성본부에 마련된 임시 사무소에서 당시 안철식 국장으로부터 에너지분야 업무보고를 받은 때가 우리의 첫 만남이었다.

내가 장관으로 있는 동안, 그는 국장에서 일급인 에너지자원실장을 거쳐 2009년 1월에는 에너지와 통상을 총괄하는 지경부 제2차관으로 승진하였다. 무엇

이 안차관을 1년 남짓한 기간에 국장급에서 차관까지 승진케 한 것일까? 관운이 좋다는 한마디로 치부할 수도 있겠으나 나는 결코 그렇게 생각하지 않는다.

사람을 평가하는 데는 여러가지 기준이 있을 수 있을 것이나 나는 직장인을 평가할 때나 사람을 쓸 때, 평판을 아주 중요시한다. 많은 사람에게 물어볼 필요도 없다. 그를 잘 알만한 네 다섯 명의 사람으로부터 평판을 들어보면 그 사람이 어떤 사람인지 대체로 파악하게 된다. 나는 평판의 구성요소로 능력, 성과 그리고 성품을 중시한다. 안차관은 이 세 가지 모두에서 아주 뛰어난 평판도를 가지고 있었다. 옛 동력자원부에서 공무원 생활을 시작해 30년 가까운 세월을 에너지 자원분야 한 업무에 종사했으니 누구보다도 그 업무에 정통했고 해박했다.

성과면에서 본다면 에너지 자원분야에 현존하는 정부의 주요 정책은 그의 손을 거치지 않은 것이 거의 없을 것이다. 특히 2008년 여름에는 에너지자원실장이었던 그의 주도하에 2030년까지를 내다본 우리나라 최초의 장기에너지계획이라 할 수 있는 '제1차 국가에너지기본계획(2008-2030)'은 수립되었다. 계획상 원자력 발전비중이 크게 높아져 환경론자, 원전반대론자들의 큰 저항이 예상되었다. 그러나 큰 말썽

없이 계획이 확정되었다. 이는 최태현 당시 에너지정책과장 등 실무진의 지원을 받은 안실장이 그의 전문성, 추진력 그리고 언론, 시민단체, 전문가들을 대상으로 한 특유의 설득력을 바탕으로 이뤄낸 괄목할 만한 성과였다. 이 기본계획은 결국 우리나라의 발전전략인 녹색성장의 주춧돌이 되었다.

능력과 성과면에서도 훌륭했지만 내가 안차관을 가장 높이 평가하는 점은 그의 성품이다. 인간으로서의 안철식차관은 참으로 부드러운 사람이었다. 그는 한마디로 외유내강형이었다. 안차관이 화를 내는 것을 본 사람이 있다면 정말 만나보고 싶다. 판단이 다르거나 의견차가 있어도 늘 부드러운 얼굴, 부드러운 말씨로 차근차근 상대방을 설득해 가는 형이었고, 설득하지 못하면 자신의 의견을 접을 줄도 아는 신축적인 사람이었다. 고위 공무원으로서 살인적인 일정을 소화하느라 야근과 주말 근무를 밥먹듯이 하면서도 얼굴 한번 찡그리지 않고 불평 한마디 내뱉지 않는 그런 사람이었다.

내가 안차관의 부음 소식을 들은 것은 2009년 1월 28일 새벽이었다. 차관으로 승진한지 10일째 되는 날이었다. 잠결에 전해 온 비보는 도저히 믿을 수 없는 것이었다. 구정연휴도 변변히 쉬지 못하고 바로 전날 오후까지도 내 사무실에서 만나 함께 업무를 상의했

던 사람이 이제는 다시 못 볼 사람이 되었다니..... 더욱이 사인이 과로사라니 함께 일한 나로서는 마음에 걸리는 것이 한둘이 아니었고 유족들에게 미안한 마음을 금할 수 없었다. 차라리 차관 승진이 다음 기회로 늦춰졌더라면 이렇게 덧없이 가지 않았을 수도 있었을텐데 하는 생각까지 들었다. 그의 빈소를 지키면서 산다는 것의 허무함도 느꼈지만 인간으로서, 직장동료로서, 사회인으로서의 그의 장점이 얼마나 두드러지고 얼마나 많은 사람들이 그를 아쉬워하는 지 확인할 수 있었다.

아직도 나는 안차관 부인께서 지경부 가족들에게 전해 달라시면서 내게 하신 말씀, "하루 한 시간씩 꼭 운동을 하고, 하루 30분씩 꼭 가족과 대화하며 보내도록 하라"를 생생히 기억하고 있다. 안차관이 일에만 매달리다보니 운동할 시간은 없고 체중이 크게 불어난 것이 사인과 관련이 깊고, 또 아이들과 이야기 나눌 시간이 없었던 현실이 가슴에 맺힌 때문이리라. 지금도 지경부 가족 여러분께는 안차관 부인께서 당부하신 말씀을 꼭 지키라고 거듭 부탁하고 싶다.

이제 살아있는 우리들은 안철식 차관의 두 번째 기일을 맞고 있다. 안차관 부인께서 슬픔을 털고 안녕하시고, 안차관의 아이들, 정연이와 초등학생이었던 주영이가 훌륭히 자라고 있다는 소식이다. 얼마나 위안이 되는지 모른다.

지금도 안차관을 생각하면 가슴 속에 안차관의 미소지은 얼굴이 환한 꽃처럼 떠오른다. 이제 우리도 슬픔과 아픈 기억들은 깊이 묻고 그가 진정으로 무엇을 이루려고 했던가를 생각해 보자. 그리고 그의 뜻을 이루는데 함께 힘을 모았으면 한다.

나는 그가 이루려 했던 것이 우리나라를 '에너지 걱정 없는 나라, 자원 걱정 없는 나라'로 만드는 것이었다고 굳게 믿고 있다.

자원개발 위해 현장오지 함께 누빈 기억 생생해

한 준 호

현) 삼천리 대표이사

전) 중소기업청장, 한전사장

너무나 비통하고 안타깝게 당신을 떠나보낸 지도 세월의 무상함 속에서 두 해가 되어가고 있습니다.

운명하기 전날 밤 9시 30분경에 보내신, 아마 생전의 마지막 문자 메시지 "조만간 찾아 뵙겠다"는 지금도 저의 머리 속을 아른거리며 지워지지 않고 곧 만날 수 있을 것 같은 심정입니다.

사람은 누구나 인연이 있게 마련이지만 당신과는 동자부·산자부를 거치면서 몇 겹의 연을 맺었지만 그 가운데서 에너지 자급율 제고와 국가자원 개발을 위해 러시아 등 현장오지를 함께 누볐든 일들이 가장 기억 속에 남습니다.

평소 침착하고 차분한 성격으로 남을 배려하면서도 업무에 임해서는 끈질긴 집념으로 최선을 다하여 최고의 결과를 도출해내는 탁월한 능력을 가졌습니다.

특히 현 정부 출범 이후 기후 변화 협약에 대비한 '저탄소 녹색 성장'을 선도할 국가 에너지 기본계획을 총 지휘하여 수립한 것은 큰 업적으로서 영원히 기억될 것입니다.

당신을 너무 일찍 보낸 우리들 마음 역시 편치가 않습니다만 지난 1月 23日 당신의 1주기 겸 "묘비제막식"에서 말씀 드린대로 이젠 모든 걱정과 무거운 짐 훌훌 벗어버리시고 하늘나라에서 영생하시기를 빌어마지 않습니다.

2006년 중국 출장 중 안차관과 함께한 필자의 모습

내게 없는 것을 많이 가졌던 사람

김 신 종

현) 한국광물자원공사 사장

전) 산업자원부 무역위 상임위원

수일 전 신문에서 故 안철식 차관의 미망인인 이명희 교수께서 지인들의 추모 글을 모아 문집을 만든다는 기사를 읽었습니다. 한동안 잊고 지내던 그 분을 새삼 기억해내고 회상에 젖었습니다.

작년 초 해외출장 중에 반가운 소식을 하나 접했습니다. 안실장의 차관 영전 소식이었지요. "귀국하

면 축하주나 한잔 하자"고 했는데 돌아와 들은 것은 다름 아닌 부음이었습니다. 느닷없는 소식에 그만 넋을 잃고 말았습니다. 사람의 생사는 무엇이며, 부귀영화는 또 무엇인지...

안차관은 나이와 고시 기수 모두 3년 차이나는 후배입니다. 둘 다 공무원 생활을 늦게 시작한 편이라 '늦깎이'라는 동지의식 속에 동력자원부 시절 전기·석유·가스 관련과, 산업자원부 원자력산업과 등을 거쳐 에너지산업심의관, 공보관, 자원정책실장까지 30년간 한솥밥을 먹었습니다. 에너지·자원 분야에서 잔뼈가 굵은 정책전문가로 저와는 쌍둥이처럼 꼭 닮은 여정을 걸어온 그였습니다.

그러나 사실은 그분과 저는 다른 점이 너무 많습니다. 제가 생각을 속에 넣어두지 않고 좋고 싫음이 쉬 드러나는 쪽이라면, 안차관은 언제나 웃는 얼굴로 남의 말을 끝까지 들어주고 속마음을 잘 드러내지 않는 好人입니다. 제가 거침없이 일을 추진하는 편이라면, 그분은 인내를 갖고 열심히 일하면서 좌우 주변에 있는 사람까지 배려하는 넉넉한 사람이었습니다. 누가 5리를 가자고 말하면, 10리까지도 달려갈 마음의 준비가 되어있는 사람이었지요.

사람됨을 저울로 단다면, 안차관이 저보다 훨씬 무거운 분이셨을 겁니다. 그런 사람이기에 차관이 아니라 장관 자리에 올라도 부족함이 없었습니다. 건강만 잘 챙겼으면 거시적인 측면에서 우리나라를 이끌어 갈만한 훌륭한 인재였습니다. 나라에 커다란 손실이자 안타까운 일입니다.

저는 세상에 3년 먼저 나온 덕택에 그분과 때론 동료로, 때론 상관으로 지냈습니다. 타박도 하고, 의지도 하며 그에게 잘못한 점이 많았을 텐데... 세상에 없는 사람에게 뒤늦은 용서를 빌어봅니다. 그리고 전생의 아내가 금생의 남편이 되듯, 다음 생에 후배가 되어 신세를 갚을 수 있으리라 믿습니다.

들려오는 소식에 의하면, 늦게 본 아들이 공부를 잘한다니 이보다 기쁜 일이 없습니다. 나라를 위해 열심히 일했던 그 분, 열정적으로 세상을 살아간 아버지를 기억하고 아드님이 더 훌륭한 재목이 되어주길 바랍니다.

내게 없는 많은 것을 가졌던 사람.

이보게. 이제 무거운 짐들은 내려놓고 부디 편안히 쉬시게.

2009년 한국광물자원공사 발족 및 선포식에서 함께
사기를 흔드는 안차관과 필자

고 안철식 차관 순직 2주기를 맞이하면서

박 수 훈

현) (사)민간발전협회 부회장

전) 산업자원부 참사관

처음 인연

내가 안차관을 처음 만난 건 1982년경, 내가 과장(4급서기관)급 보직인 동력자원부(현재는 없어진 정부부처이며 현 지식경제부에 흡수되었음) 장관비서실 비서관(4급서기관)으로 2년째 근무하고 있던 중, 비서실 차하위 보직인 장관수행비서관(5급사무관)으

로 신규 발령받아오면서부터였다. 사실 그때쯤 나는 항상 바쁘고 스트레스 받는 장관비서실 업무에 지쳐 가급적 빨리 다른 에너지실무를 담당하는 과의 과장으로 옮겼으면 하는 바람으로 비서실의 많은 업무를 당시 안철식 수행비서관에게 맡기는 식으로 업무를 처리하였다.

안비서관은 첫인상이 부잣집 도련님같은, 얼굴이 희고 둥그스럼한 귀공자 스타일이었으며 전형적인 충청도 양반처럼 말씨도 느리고, 말수도 적은 점잖고 얌전한 초급 간부 공무원이었다. 장관 수행비서관은 바쁜 일정을 수행하는 장관을 그림자처럼 따라 다니면서 대부분 공적업무를, 때로는 사적 일까지도 챙겨야 하는, 그래서 밤늦게 퇴근하고 새벽같이 장관집으로 가야하는, 육체적으로 매우 힘든 업무이다. 더구나 순간순간 빠른 정보와 판단력으로 순발력있는 결정을 해서 장관을 보좌해야 하는, 그래서 매우 행동이 민첩하고 센스와 재치가 있는 사람이 맡아야 하는 일인데, 과연 안철식 사무관같은 충청도 사람이 잘 해낼 수 있을까하고 걱정을 많이 했던 기억이 새삼스럽다.

당시 동력자원부 장관은, 우리나라 경제발전의 중추역할을 했던 정부부처인 경제기획원(현 기획재정부) 출신의 활기차고 젊은 최동규 장관이었다. 최연

소 경제기획원 예산실장을 지내고 동력자원부 차관을 거쳐 장관직에 오른, 공직에 사명감을 가지고 오로지 국가에너지발전에만 전념하는, 그래서 많은 일을 추진한 장관이었으며, 경기고 및 서울법대 출신답게 정치계·언론계 등 마당발 인적관계로 사적인 친분업무도 많은 편이어서 그러한 장관의 수행비서관 업무가 쉽지 않은 형편이었다.

그러나 당시 안철식 비서관에게서 들은 얘기로는, 대학졸업 후 민간기업에 근무하다가 행정고시 25회로 들어와서 다른 고시동기들보다는 나이가 좀 많다는 부담 때문에 일부러 다들 어렵게 여기는 장관비서관 일을 자임해서 왔다고 했으며, 많은 사회경험이 있기 때문에 오히려 어려운 일을 더 잘해낼 수 있으며 더 많은 성과를 내서 조직내 실력을 인정받겠다는 자신감을 피력했었다.

아니나 다를까 장관수행 비서관직을 맡은지 2~3개월만에 장관의 외부일정 수행업무는 물론 주로 내가 관리하는 장관집무실의 내부일정 업무까지도 총괄해주는 저력을 발휘하였으며, 나아가 장관수행 비서관들의 모임에서도 여러 동료들을 챙겨주고 독려해주는 큰 형님 역할을 톡톡히 해내는 보스기질을 나타내기 시작했다.

지금 내 기억으로는 안비서관 성품이 너무 빨리

하려고 서두르다가 일을 그르치는 잘못보다는, 너무 늦지만 않는다면 매사를 종합적이고 체계적으로 생각하여 일을 성취시키려는 합리적 성격이었으며, 바쁘고 짜증나는 일에도 항상 웃고 상대방을 배려하는 포용력 있는 성품이었기 때문에 그러한 일들이 가능했다고 생각된다.

더불어 시간이 갈수록 장관 사모님, 가족들 그리고 장관 친구분들 등 조직 밖의 인사들로부터의 칭찬도 자자해졌으며, 어려운 장관수행 비서관 직무를 차분하고 여유 있게 그리고 항상 웃는 얼굴로 부드럽게 해나간다는 호평을 조직 내외에서 받게 되었다. 특히 젊은 장관이지만 매사 선이 굵고 통이 크며 에너지 정책을 넓게, 그리고 멀리 종합적으로 바라보는 합리적 장관으로 당시의 석유파동, 저질탄사고, 도시가스(LNG)도입, 원자력발전 국산화, 에너지절약 등 중요 정책을 추진하면서 항상 중소기업, 서민층을 배려하는 따뜻한 심성을 가진 장관이었으며, 안차관의 합리적 사고와 항상 웃는 마음이 잘 조화를 이루어 당시 최동규 장관님은 물론, 동력자원부 간부들께서도 아주 만족하시면서 칭찬을 아끼지 않았던 기억이 새롭다.

안차관은 그 이후로 젊은 최장관 퇴임 후에도 근 20년이 넘도록 최장관님(가족들까지도)과, 그리고 나를 포함한 비서실, 총무과 등의 가까운 지인들과 함께 정례적인 식사모임을 가지는 등 끈끈한 우정을 지속하는 진솔한 인간미를 보여주었다. 아쉽게도 최동규 장관님은 평소 건강하심에도 불구하고 안차관 순직 1년 전쯤 갑작스러운 발병(암)으로 돌아가셨다. 아마 두 분은 하늘나라에서 반갑게 다시 만나 현생에서 못다한 우정을 더욱 아름답게 다지리라 믿는다.

그 후 1년쯤 지날 무렵 안차관은 장관비서실 업무를 거의 혼자 처리할 정도였으며, 나는 안차관 덕분에 어려운 비서관 업무를 떠나 해외자원과장으로 이동하였고 안차관은 계속 수행비서관으로 일하면서 한 두분의 새로운 장관님의 보좌업무를 성실히 잘 수행하였던 것으로 기억한다.

안차관은 정부 한 부처의 수장인 장관의 수행비서관 업무를 하면서 조직 내외의 많은 신뢰를 쌓는 한편, 국가에너지정책에 관한 많은 사람과 접촉하고 또 다양한 의견을 수렴하는 좋은 기회를 경험하였으며, 이를 통하여 모든 업무를 폭넓게 그리고 멀리 보는 지도자로서의 역량과 실력을 키워나갔던 것으로 보인다. 그 후 석유, 가스, 원자력, 해외자원개발 등 우리나라 에너지행정을 두루 섭렵하면서 과장, 국장, 실장, 차관까지 승승장구할 수 있었던 탄탄한 기반을

닦았던 것으로 보인다.

또 다른 인연

안차관과의 또 다른 인연은 몇 년 후 미국에서의 기적같은 만남이었다. 당시 정부부처에서는 업무성적도 좋으면서 공부 잘하는 초급간부 공무원들에게 2년 기간의 국비유학을 보내주는 제도가 매우 인기 있었다. 나는 유학공부가 어렵고 힘들어 국비 해외파견근무를 선택하여 미국 샌프란시스코 인근에 있는 버클리대학 부설 로렌스버클리연구소에 초청연구원으로 파견근무 중이었고, 비슷한 시기에 안차관은 어려운 경쟁을 뚫고 국비유학생으로 선발되어 명성이 높은 미국 일리노이주 어버너와 샘페인의 두 도시에 걸쳐 있는 일리노이대학교 석사과정에 유학 중이었다. 그러니까 그 큰 나라 미국에서, 나는 서부에 살고 있었고 안차관은 중서부에 살고 있었으며, 가끔 안부전화 하면서 여름방학 기간 중에 미국 중부지역 어딘가에서 만날 수 있으면 좋겠다고 농담삼아 얘기하곤 했었다.

당시 미국유학생 중에는 자동차로 미국 동서 대륙 횡단여행을 감행하는 용감한 사람도 가끔 있었지만 사실 어렵고 위험하며 무모한 도전이라 선뜻 행동에 나서기는 쉽지 않은 일이었다. 마침 나는 뉴욕에 동생내외가 유학중이었고, 안차관은 시애틀에 친척이 살고 있어서 서로 중간 기착지 겸 휴식을 취할 수 있는 여건이 되어 미국 대륙횡단 여행을 감행하기로 약속하였다.

더운 한여름 비슷한 날짜에 나는 샌프란시스코를 출발하여 뉴욕으로, 안차관은 시카고 근방에서 출발하여 시애틀로 출발 하였지만, 핸드폰도 없는 당시에 낯설고 말설은 미국 땅에서 구체적 약속없이 중간지점 아무데서나 만나기로 한 것은 대륙횡단만큼 무모한 것이었으며 만날 수 있는 확률은 거의 제로였다. 그런데 정말 기적같은 일이 일어난 것이었다. 출발 후 1주일쯤 미국 북서부지역의 국립빙하대공원에 텐트를 치고 야영 준비를 하면서 시애틀에 있는 안차관 친척 분에게 전화해서 안차관의 현 위치를 문의하니까 마침 안차관도 같은 국립공원에 도착해서 1박을 하고 있다는 소식을 듣고 이처럼 오묘한 인연이 있을까, 가슴이 쿵쾅거리는 흥분을 안고 공원 내 숙소를 뒤지던 중 캐빈 숙소에 묵고 있는 안차관 식구들을 만날 수 있었다. 가스불판 꺼내서 스테이크 굽고, 주거니 받거니 소주를 마시면서 즐거운 만남을 얘기하던 그 때 기억이 새삼스럽다. 이튿날 빙하공원 경내 구경을 같이 한 후 다시 우리 식구들은 동쪽으로, 안차관 식구들은 서쪽으로 먼 여정을 떠났으며,

횡단 편도 5,000km, 왕복 약 1만km, 전체 여정은 약 30일, 거의 텐트야영, 수십 곳의 국립공원, 국경근방 캐나다, 멕시코 방문 등 무모하고 어려운 횡단여행을 무사히 끝냈었다.

나는 파견연구원으로 시간도 많고 부담 없는 여행이었지만, 안차관은 공부하느라 바쁜 유학생 입장에서 시간적으로나 경제적으로 실행하기 어려운 횡단여행을 감행했으며 안차관의 남다른 능력과 지혜를, 그리고 성실과 끈기를 느낄 수 있었다. 안차관은 많은 어려움을 극복하고 일리노이대학교 석사학위 취득이라는 성공적인 유학생활을 마무리 하였으며 미국에서 쌓은 실력과 경륜을 바탕으로 이후 에너지전문가로서의 순조로운 공직생활을 꾸려나가기 시작했다.

생전에 가끔씩 안차관과 만나면 유학생활 및 횡단여행의 어려움을 이겨낸 즐거운 추억, 그 때의 기적 같은 만남을 얘기하며 서로의 우정을 나누곤 했으며, 이 시절에 보여준 안차관의 끈기, 인내, 노력하는 성품이 그 후 안차관의 공직생활의 또 다른 바탕이었지 않았나 생각해 본다.

추모

안차관은 자타가 공인하는 에너지자원 전문가였

다. 1978년 발족한 동력자원부의 장관 수행비서관에서 시작하여, 1993년 동력자원부가 폐지되고 상공부와 통합된 이후에도, 그리고 현 지식경제부로 바뀌어 제2차관이 된 후에도 안차관은 대부분의 경력을 에너지자원분야에서 국가와 국민을 위한 공무수행에 열과 성을 다하였다. 특히 동력자원부 폐지 때까지 근무하였던 직원들의 모임인 동력자원부동우회(약칭 동우회) 모임에서는 행정고시 출신으로 사무관에서 출발하여 장·차관까지 승진하여 동우회를 빛내주고 동우회 출신의 에너지전문가로서 국가발전에 기여할 수 있는 역량 있는 인물이 나와 주기를 항상 기원하였으며, 안차관은 거기에 부응한 처음이자 마지막인 유일한 동우회의 희망이며 자랑이었다.(동우회출신으로 차관급인 중소기업청장까지 승진하신 분은 있었지만, 현직 차관까지 승진하신 분은 안차관이 처음이었다.)

최근 10여년 동안은 매년 초에 개최하는 동우회 신년하례회에서 모두들 안차관의 성실한 노력과 많은 업적을 칭찬하며 거기에 걸맞는 에너지담당 국장·실장·차관이 되기를 기원하였으며 나아가 최초의 에너지전문가 장관이 탄생할 것을 믿어 의심치 않았었다.

나도 동우회의 일원으로서 안차관의 에너지자원에

대한 노력과 업적을 비교적 가까이서 지켜보아 왔으며, 30여년동안 생전의 안차관의 몸을 아끼지 않는 성실한 노력을 하나님도 인정해 주시리라 믿는다. 하늘나라에서도 계속 에너지업무를 할 수 있도록 하나님께서 배려해 주실 것으로 믿으며, 하늘나라에 있는 안차관의 인도로 후배 공무원들이 더 큰 열정과 성실로 에너지자원 행정을 발전시켜 나가고, 그렇게 해서 우리나라 경제가 더욱 발전해나갈 것이라고 굳게 믿어본다.

1989년 미국체류 중 미국 국립빙하공원에서
조우한 필자 가족과 안차관 가족

당신과의 인연을 늘 잊지 않겠습니다

정 규 창

현) 해외자원개발협회 상근 부회장

전) 중소기업청

말 수가 적으시고, 부드러운 신사이며, 힘들고 짜증나는 일도 혼자서 떠안으셨던 분이 바로 안철식 차관님이셨습니다. 제가 안철식 차관님과 인연을 맺은 곳은 동력자원부이고, 86년 2월부터 2년간 최창락 장관님을 모시면서 비서실에서 함께 근무했습니다. 최창락 장관님은 꼿꼿함으로 상징되는 이조시대의

선비같은 분이셨습니다. 힘들고 스트레스를 많이 받는 장관님 수행을 2년간 하면서 한결같은 자세를 잃지 않으셨습니다. 얼굴에 미소를 지니며 늘 활달하셨습니다. 가끔은 밖에서 들은 Y담을 들려주면서 장관실 분위기를 밝게 해 주셨지요. 가까이 하기가 쉽지 않는 장관실에 간부들이 편안히 출입하게 해 주신 것도 안철식 차관님께서 맡아주셨습니다.

안철식 차관님의 가장 뛰어난 장점은 바로 따뜻한 심성을 가지고 모든 사람을 편안하게 해주는 마음씨였습니다. 동력자원부, 산업자원부, 청와대, 지식경제부의 중요한 직책을 거치면서 균형 감각을 가지고 업무를 합리적으로 수행하여 선후배들의 평판이 특별하게 좋았습니다. 절제되고 겸손한 언행으로 윗분들의 사랑과 직원들의 존경을 받았으며, 직원들을 꾸중했다는 소리를 들어 보지 못했습니다. 안차관님께서 지식경제부 제2차관으로 발탁되신 것도 뛰어난 업무 능력과 에너지 자원 분야의 전문성과 더불어 훌륭한 인품을 가지고 계셨기 때문이라고 생각됩니다.

장관실에 같이 근무할 때 어머님께서 별세하신 것으로 기억됩니다. 위로 누님과 밑으로 여동생을 둔 외동 아들로 홀로 사시는 아버님을 오랫동안 모신 효자셨지요. 이런 효성으로 명절 때마다 최창락 장관님을 찾아뵙고 부모님 모시듯, 장관님께 예를 다하셨습니다.

안차관님께서 우리를 떠난 지 1년이 훌쩍 지났습니다. 묘소에도 찾아 뵙지 못했습니다. 매일 새벽 안차관님께서 사시던 아파트를 지나 대모산에 오를 때면 같이 했던 시간과 도움 받았던 일에 감사드리며, 장관실에 근무하면서 부족하고 미안했던 일들에 대해 용서를 비는 마음을 가집니다.

안차관님 !

돌아가시기 몇 달 전 에너지 자원실장으로 계실 때, 안차관님 내외분을 모시고 저녁 식사를 했지요. 와인을 마시면서 많은 얘기를 나누었습니다. 그 자리에서 새해에는 차관으로 영전하시라는 말씀을 드린 기억이 납니다. 차관으로 영전해서 에너지 자원 산업의 큰 발전을 위해 품으신 뜻을 이루지 못하시고, 너무 빨리 우리 곁을 떠나셨습니다.

에너지 자원 분야에서 차관님께서 남기신 업적이 잊혀지지 않고, 차관님이 지켜 오신 공직자의 정신과 자세가 이어져 나가도록 노력하겠습니다.

안차관님과의 인연을 늘 잊지 않겠습니다.

故 안철식 차관님을 기리며…

이 현 식

현) GS칼텍스㈜ 전무

전) 산업자원부 산업유통과장

안차관님에 대하여는 여러 사람이 각자의 경험과 인식에 따라 다양하게 기억하겠지만, 본인은 그의 품성과 인격에 대해 직접 부딪혔던 몇 가지 사례를 떠올리며 되돌아 보고자 한다.

본인이 1990년대 초에 러시아 대사관 자원협력관으로 근무하고 있을 때, 당시 안철식 사무관은 유전

개발과의 담당관으로 러시아에 출장을 와서 모스크바, 야쿠티아, 이르쿠츠크, 사할린 등을 같이 다니며 팀웍을 맞추게 되었는데, 여러 복잡하고 어려운 상황에서도 그만의 특유한 차분함을 바탕으로 맡은 바 임무를 성실하고 완벽있게 처리하면서 유머감각도 발휘하여 일이 제대로 성사되게 만드는데 크게 도움을 받은 경험이 있다.

이런 저런 인연을 계기로, 본인이 1990년대 말 산자부 유통산업과장으로 근무할 때에도, 당시 전남도청에 파견 중이었던 안서기관은 업무협의차 본부를 방문하면서 본인을 일부러 찾아와 자신의 진로에 대해 의견을 구하였는데, 진심으로 자문을 구하는 태도와 경청의 자세, 그리고 타인의 생각에서 아이디어를 찾는 열의를 갖고 있었던 것으로 기억한다.

2007년 가을, 본인이 회사원 신분으로 안국장님과 중동 오만국에 여수엑스포 유치를 위해 출장을 같이 갈 기회가 있었다. 당시 산자부 장관이 참석하는 만찬이 있었는데 본인을 과분하게 우호적으로 소개해주고, 이어 개최된 회의에서도 본인의 입장을 적극 옹호해주는 등 그 따뜻한 배려를 돌이켜 보니 더욱 절실히 감사한 마음을 갖게 된다.

안차관님이 실·국장으로 근무하고 있는 동안 가끔 사석에서 만날 기회가 있었는데, 자식을 생각하는

마음을 여러 번 읽을 수 있었다. 특히, 아들 생각을 많이 하며 어린 아들을 위해서라도 오래 직장생활을 하여야 된다고 몇 번씩 되뇌이면서, 아버지로서의 책임감 있는 인간적인 모습을 보였던 기억이 지금도 새롭다.

안차관님은 자식을 걱정하는 와중에, 부모로서 자식에게 물려줄 것이 있을 터인데, 그 중에도 중요한 것이 정신적인 측면과 가치관이라 생각한다며, 자식에게 "물고기를 주는 것보다 물고기 잡는 법을 가르쳐 주는 것이 중요하다"고 강조하였던 기억이 난다.

돌이켜 보건대, 안차관님의 아내에 대한 남다른 사랑과 자식에 대한 헌신과 관심, 그간 직장 동료에게 보여주었던 성실함, 진지함, 따뜻함, 배려정신, 열정과 책임감 등 충청도 양반으로서 상당히 멋있었던 모습을 새삼 떠올려 본다.

옛말에 부전자전이라는 이야기가 있다. 안차관님의 가치관과 인간적인 모습이 아들을 통해 다시 한번 피어나서, 삭막하고 경쟁지향적인 이 사회에 따스함과 배려심이 넘치는, 보다 나은 세상이 되는데 일조할 수 있기를 충심으로 기대한다.

따뜻한 가슴의 소유자

정 규 훈

현) HK비파게(주) 감사

전) 산업자원부 남부광산보안사무소장

인간에 대한 평판은 예수님, 부처님을 포함한 성인들까지도 상대적이고 주관적인 경우가 많다고 본다.

어느 사회든지 같은 조직에서 같이 업무를 하면서 상사나 부하들의 인간성을 쉽게 엿볼 수가 있어 그 평판이 조직 내에서 소리 없이 전파되어 같이 일하고 싶어 하는 경우와 이와 반대로 기피하는 경우가

있다고 본다. 조직 내에서 부하에게는 혹독하고 냉정하게 대하면서 상사에게는 손금이 닳도록 처신하는 경우가 많은 편이며, 부하나 상사에게 존경 받고 신망을 받는 경우는 정말로 극히 어려운 현실이다.

안철식 차관이 후자에 속하는 인물이라고 말하여 여기에 이의를 제기하는 사람은 없을 것이라고 확신한다. 부하에게는 한번도 화를 내지 않는 따뜻한 가슴의 소유자였고, 업계의 요구는 정책에 크게 반하지 않는 한 들어주려고 하였으며, 업무처리 능력과 열정은 사무관에서 차관까지 고속 승진한 것을 보면 달리 더 이상 설명이 필요없다고 본다.

필자와 안차관과는 공무원 재직 시에는 같은 과에서 근무한 적이 없고, 2005년도 명예퇴직 후, '한국LP가스협회'부회장으로 있을 때 산업자원부 주무국장이어서 인연을 갖게 되었는데, 대부분 고위 공무원들은 조그만 단체와의 저녁식사 행사시 초청을 별로 탐탁하게 여기지 않아 거절하는 경우가 많은데 나의 체면을 생각하여 참석하여 주었다.

2007년도 우리협회와 LP가스판매협회가 공동으로 주최하는 'LPG의 날' 행사시에 정부표창과 축사를 부탁하여 참석하게 되었는데, 여기서 안차관의 진면목을 보게 되었다. 지금도 마찬가지만 LPG가격이 LNG 도시가스보다 비싸서 수요가 점점 감소하기에 유통

단계를 줄여서 판매 원가를 낮추려고 양 업계가 공동으로 운영하는 방법으로 '배송센터시범사업'을 정책적으로 추진 중이었는데 판매업계는 충전업계에 종속된다고 반대하였다. 행사장에는 판매협회 회원들이 머리에 붉은 띠를 매고 프랭카드를 펄럭거리면서 농성 중이었다. 행사가 시작된 후 유공자 표창 후에 안차관이 축사를 하였는데, 내용 중에 "배송센터시범사업이 뜨거운 감자"라고 언급하자, 농성자가 크게 "뜨거운 감자 많이 먹어라"고 야유를 하였다. 듣는 나도 화가 치밀어 올랐지만 안차관은 미소까지 지으면서 축사를 잘 마무리하였다.

또한 행사 후에, 행사 주요 인사들과 오찬을 하는 자리에서 농성한 업계대표도 참석하였는데 그들에게 되레 수고가 많았다고 격려하며, 자기가 과거에 과장 시절 겪었던 에피소드를 이야기하는 여유까지 보였다. 귀청하는 자리에서 행사 시 불미스런 일이 있어 미안하다고 내가 사과하니, 이것도 추억거리라며 신경쓰지 말라고 말하며 출발하였다. 한 마디로 작은 거인이라고 할 수 있다.

그 후 필자는 협회 임기를 마치고, 2009년도 1월 중순부터 2개월간 미국에 체류하면서 한국소식을 인터넷으로 듣고 있는데 안철식 에너지자원실장이 차관으로 임명되었다는 뉴스를 보고 마음속으로 축하

하였고 향후 장관까지 되기를 기원하였는데, 얼마 안 되어서 비보를 접하고 어떻게 이런 일이 일어날 수가 있을까? 국가적으로도 큰 동량을 잃었음이 주지의 사실이다. 더우기 문상도 갈수 없는 형편이니 참 안타까워서 멀리서나마 고인의 명복을 빌고 또 빌었다.

사람과 일에 진실했던 사람

김 승 식

현) 대한상공회의소 유통물류진흥원장

전) 산업자원부 전자무역팀장

지금부터 25년 전 일인가. 1985년 장관수행비서관을 하고 있다가 당시 최동규 장관님의 배려로 해외유학을 가게 되었는데 그 후임자가 안철식 사무관이었다. 에너지정책과에서 일 잘하기로 소문이 난 데다가 민간기업에서 근무한 경험 등이 있어 폭넓은 시야와 이해력이 남다른 출중한 공무원이라는 평이 자자했다. 장관비서관이셨던 박수훈 선배와 함께 가깝고도 긴 인연은 그렇게 시작되었다.

그는 워크홀릭이었다. 상공부와 동력자원부가 합쳐진 후 나는 에너지부서가 아닌 통상무역실 등 다른 부서의 보직을 받아 함께 근무한 적은 없지만, 항상 옆에서 지켜봐왔고 자주 모임을 갖곤 하였는데 그를 한마디로 말하라면 지독한 '일벌레'라고 평할 수 밖에 없다. 때로는 건강이 걱정되어 일은 그만 대충하고 휴식도 취하면서 삶을 즐기라는 충고를 하면 자신도 그러고 싶은데 그게 잘 안된다고 한다. 항상 머릿속엔 나라일로 꽉 차 있어 다른 것이 헤집고 들어갈 틈이 없었다. 이런 열정과 희생들이 모여 이 작고 자원 없는 나라, 대한민국이 부강해지고 우리 민족이 이토록 잘살게 된 것이 아닌가 하는 생각이 들 때마다 그가 그립고 존경스럽다. 그리고 좀 더 오랫동안 지켜주지 못한 나를 책망한다.

그는 따뜻하고 진실한 사람이었다. 도대체 화를 낼 줄 모르는 인물이었다. 에너지자원정책국장과 실장, 청와대비서관, 지역협력국장, 공보관 등 주요보직을 거치면서 어려운 일들이 겹겹이 많았을 것이다. 마음 안들게 일하는 직원이 어디 한둘이었겠는가. 가끔 사무실에 방문하였을 때 저 정도면 화를 낼 법도한데 오히려 자신이 직접 나서서 일하고 직원들을 격려하는 그의 모습을 보면서 그 넓은 도량의 끝은 어디쯤일까를 생각하였다. 썩 괜찮은 사람들도 불리할 때면 가끔씩 작은 거짓말로 어려운 국면을 회피하곤 하는데 20여년간 그런 모습을 본적이 없다. 언제나 성실하게 正道를 걸으며 혼자서 묵묵히 참고 견디는 그의 인내심은 경외심까지 느끼게 하였다.

정부의 요직에 있다 보니 선후배들로부터 여러 가지 부탁을 받곤 하였는데 아무래도 들어주지 못하는 일들이 더 많을 수 밖에...... 그때마다 고심하고 미안해하던 모습이 지금도 생생하다. 사람과 일을 대하는 자세가 상관이나 말단직원이나, 현역이나 은퇴하신 분이나, 모두에게 한결같았다. 언제인가 그토록 바쁜 일정에 조금 가려서 통화도 하고 만나지 그러냐고 하였더니 시간이 영 안되면 할 수 없지만 어떻게 그렇게 하느냐가 그의 대답이었다. 심지어는 갑작스런 공무가 생겨 만날 약속을 지키지 못할 경우에도 진솔하게 사과하는데 높고 낮은 직위를 가리지 않았다. 작은 인연도 결코 소홀히 하지 않는 그의 사람됨은 나에게는 큰 스승이나 다름없었다.

이러다 보니 자기 자신을 돌보거나 가족들과 함께 지낼 시간이 적었을 것이다. 그래도 그렇지 어찌 그렇게 자신에게 무심할 수 있단 말인가. 고 최동규 장관님의 중환자실 병문안 후 중앙대병원 앞의 맥주집에서 박수훈 선배와 셋이서 인생의 덧없음을 실감하며 서로 건강하게 오랫동안 웃으며 살자고 약속하였

는데.....

안철식 차관님, 내게 이토록 훌륭한 친구를 20여년간 옆에 있게 해준 神께 감사드립니다. 좀 더 툭 터놓고 자주 만났더라면, 좀 더 운동도 많이 하고, 스트레스를 함께 풀며..... 조금 더 오랫동안 같이 있을 수 있었다면 하는 아쉬움과 후회가 많습니다. 가족분들에게는 미안함이 큽니다. 다만, 어렸을 때 보았던 정연이와 주영이에게 나라와 사회를 위하여 큰 일을 할 수 있는 사람, 글로벌 인재, 사람과 일에 진실했고 작은 인연도 소중히 했던 아빠와 같은 훌륭한 인재가 되기를 간절히 기도하겠습니다.

국가 대사와 그의 고뇌

박 천 진

현) 대한전기협회 부회장

전) 산업자원부 전력산업과장

고 안철식 차관과의 인연은 30년 가까이 올라가지만, 가장 가까이서 일하면서 고민을 같이 했던 기억이 내 머리에 강하게 남아있습니다. 1993년 안차관이 원자력발전과장으로 재직하던 시절에 본인은 전력산업 과장으로서 에너지 산업국에서 함께 근무하면서 전력산업을 통한 국가에너지정책에 관한 많은 회의, 공청회 등에 참석하였습니다. 당시에 국내적으로는 지금과는 아주 다르게 원자력발전의 반대운동이 강하였고, 심지어 축소운동까지 벌어지고 있었으며, 방사성 폐기물 처분장의 선정 등 많은 정책적 현안들을 가지고 있었습니다.

그리고, 루마니아에 대한 원자력 수출사업에 심혈을 기울이고 있었던 시절이었습니다. 같이 전력분야에 근무하면서 주어진 과제를 타개하기 위하여 동분서주하는 모습을 옆에서 지켜보면서 참 많은 고생을 한다고 생각하였으며, 일하는 과정에서의 애환을 저녁의 한잔 술로 풀곤 했던 기억도 나게 됩니다.

또한, 가장 잊지 못할 일은 NGO 단체들과의 소통이었습니다. 원자력을 반대하는 수많은 NGO 단체들과 안차관은 특유의 성실성, 원만한 대인관계, 폭넓은 사회인맥 형성을 통하여 그 사람들과 대화하고 타협하면서, 비록 결론에 도달하지는 못했지만 과정을 중시하며, 반대의견을 약화시키는 단계에서 본인의 마음이 어떠하였을까 유추하여 봅니다.

그 후 에너지자원 정책관 및 에너지자원 실장으로서 국가의 에너지 업무의 중책을 수행하면서 과로와 스트레스를 충청인의 과묵함으로 견뎠으며, 더러는 이겨내지도 못할 술과 담배로서 풀어 나갔던 것으로 기억됩니다.

다시 한번 안철식 차관의 명복을 기원합니다.

첫째, 하나님을 사랑하고

둘째, 가족을 섬기며

그 후에 꿈을 크게 가지고 주어진 작은 일에

충성하면 하나님이

너를 높이시리라.

Chapter 3

선백원에서의 우정과 비전

'중용의 도'를 추구했던 안차관님

김 정 관

현) 지식경제부 제2차관

안철식 차관님을 처음 만난 건 중앙공무원 교육원에서였다. 나는 24회 행정고시에 합격하기는 했지만 학교를 졸업하기 위해 1년을 미뤄 25회 합격생과 같이 과천 중앙공무원교육원에서 신임관리자 교육을 받았다. 우리 교육생들은 나이에 따라 함께 어울려 다녔다. 나와 같은 주니어 그룹과 중간그룹, 그리고 안철식 차관님과 같은 시니어 그룹으로 나뉘어서 어울렸으며 또한 같은 분임원들과는 과제도 같이 하면서 많이 친하게 지냈다. 안철식 차관님은 나이가 많으면서도 특유의 친화력과 웃는 얼굴로 같은 분임원들이나 시니어 그룹뿐만 아니라 우리 교육생들 모두와 친하게 지낸 인물 중의 한 분이었다. 교육생들에게 큰 형님 역할을 하였으며 본인의 좌우명을 '성실'이라고 할 만큼 모든 일에 최선을 다하는 그런 분이었다. 나중에 부처배치를 받을 때는 총리실로 간 것으로 기억이 나는데 그 후에는 총무처로 옮겼다가 내가 근무하는 동력자원부로 다시 옮겨 왔었다.

같은 부처에 근무하면서 안철식 차관님의 진면목을 볼 수 있었다. 본인이 받은 과제는 최선을 다해 어떻게든 반듯하게 처리하는 모습은 상사의 신임을 얻기에 충분했고 늘 함박웃음 표정에 따뜻한 태도와 어려운 일에 먼저 나서는 모습은 후배와 동료들의 존경을 받기에 부족함이 없었다. 과장, 국장, 실장을 나보다 한발 앞서 승진하면서 늘 내게 미안하다는 말을 해 주실 때는 '참 착하신 분이구나'라는 생각이 들었다. 아무리 힘든 일이라도 선뜻 나서서 도맡아 하는 모습이나, 일을 잘못 처리한 부하 직원에게 엄한 질책 한번 없이 허허 웃으시며 본인이 떠안고 가는 모습에서는 성인군자라는 생각이 들 때도 있었다. 화가 나면 화도 내고 성질도 부리고 잘못한 직원에게 혼도 내고 야단도 치고 하면서 속에 들어있는 응어리를 풀었으면 그리도 일찍 가셨을까 하는 생각이 든다. 하느님이 보기에 안차관님이 너무 착해서 하늘나라에서 긴요하게 쓰려고 일찍 데려간 게 아닌가 하는 후배의 말에 많은 사람들이 공감하는 것도 그런 이유일 것이다.

사람은 누구나 생각을 가지고 있고 거기에 맞는 행동을 하며 살아간다. 같은 사안을 놓고도 각자 나름대로의 생각을 가지고 있으며 행동의 방식, 형태 또한 다를 것이다. 그리고 그 생각과 행동이 오랫동안 지속적으로 반복되고 같은 맥락에서 유지되어진다면 그 사고와 행동은 각자의 고유한 개인의 인성(人性)이 되어 자신을 나타내게 되는 것이다. 이렇게 오랜 시간 동안 같은 방향으로 연계되어 사고하고 행동하는 것은 본인이 의도하지 않더라도 자연스럽게 몸에 배어 자신을 표현하고 자기만의 고유한 주체를 만들어 가는 것이다. 안차관님의 심성과 행동도 오랜 기간 걸쳐서 형성된 것으로 보인다.

안차관님은 중용의 도를 몸소 실천한 것이 아닌가 생각된다. 중용은 공자의 손자인 자사(子思)가 쓴 것으로 알려져 있으며 오늘 날 전해지는 것은 오경(五經)의 하나인 '예기(禮記)'에 있는 '중용편(中庸篇)'이 송나라 때 단행본으로 된 것으로 대학(大學), 논어(論

語), 맹자(孟子)와 함께 사서(四書)로 불리며 송학(宋學)의 중요한 교재가 되었다. 중용의 '中'은 가운데를 가리키며 치우치거나 기울어지지 않고 편협되지 않고 모자라거나 지나치지 않는 것을 말한다. '庸'은 일정하게 유지되는 항상성(恒常性)과 평상심(平常心)이다. 이렇듯 중용이란 어느 한 쪽으로 쏠림이 없다는 내용이기도 하지만 중용이란 앞과 뒤, 위와 아래, 좌와 우, 극과 극, 이런 형태에서 항상 그 가운데인 중간만을 의미하는 것은 아니다. 때로는 극에 가까울 수도 있으며 접할 수도 있을 것이다. 그것은 중용이 극으로 이동하는 것이 아니고 극이 이동하여 중용에 근접하기 때문이다. 중용이란 마치 소박한 비단에 은은한 무늬가 보일 듯 말듯 있는 것 같고 색깔이 있으면서도 요란하게 드러나지 않는 것과 같다. 외부로 드러나는 부드러움 속에 강인함이 자리하고 넘치는 욕구를 절제하는 힘이 중용의 도이다. 안차관님은 이러한 중용의 도를 지니신 분으로 본인을 드러내지 않으면서도 사람들에게 저절로 본인을 각인시켰으며 늘 같은 모습으로 기억되어졌다.

안차관님이 우리 곁을 떠난 지도 어언 2년이 되어간다. 우리나라로서도 에너지계에 큰 인물을 잃은 손실이 아주 크다. 지금과 같이 녹색성장이다, 기후변화다 하면서 에너지 문제가 시대의 큰 이슈로 거론

되는 시점에서 안차관님의 떠난 자리가 더욱 크게 느껴지는 것은 비단 나 혼자만의 느낌은 아닐 것이다. 안차관님의 환한 웃음이 보고싶다.

다시 한번 안차관님의 명복을 빕니다.

안차관님과 함께

큰형님같이 편안했던 안차관님

문 재 도

현) 지식경제부 산업자원협력실장

내가 안철식 차관님과 처음 만난 곳은 진달래꽃이 관악산을 붉게 물들이기 시작하던 1982년 3월 하순 경기도 과천시에 있는 중앙공무원교육원이었다. 당시 우리는 제25회 행정고등고시에 합격하고 국가를 위해 보람있는 일을 하게 되었다는 벅찬 포부를 안고 공무원으로 임용되기 위해서 입소하였다. 교육원은 그해 대전에서 과천으로 이전하여 새둥우리를 틀게

되었고 우리의 기대와 희망도 더욱 커졌다.

교육원에서 합숙생활을 통해 동기들끼리 자연스레 어울리게 되었다. 그러나 대학을 막 졸업하고 사회생활을 처음 시작한 나로서는 5, 6살이나 많은 선배들과 어울리기는 쉽지 않았다. 사실 20대 때 한 두살의 나이 차이도 정신적 성숙도에서 차이가 나는데 군대 경험이나 직장생활을 한 그룹과는 감히 함께 하기가 쉽지 않았다. 그런데도 안차관님은 달랐다. 나이 차이를 넘어서 선배들과 우리 같은 소장파들의 가교 역할을 잘 하셨다. 항상 웃는 모습으로 소장파들의 의견을 경청하고 존중하여 주었다. 우리는 조금씩 나이 차이를 극복하게 되었고 술자리를 통해 선배들의 경험과 미래에 대한 꿈 이야기로 하얗게 날을 새기도 했으며 이때 안차관님은 이런 자리 마련에 그 누구보다 적극적이었다. 나는 이런 안차관님을 큰 형님처럼 편하게 느끼게 되었으며 우리들의 리더가 되길 바랐고, 언젠가는 큰 일을 하실 것으로 기대하였다.

1년의 수습 교육을 끝내고 우리 110여 명의 동기들은 다른 부처로 발령을 받았다. 그동안 서로 정도 많이 들어 우리 동기회는 선한 백성들의 모임이란 뜻의 선백원(善白原)이라고 이름짓고 헤어지게 되었다. 모두가 헤어지는 아쉬움이 크지만 나는 안차관님과 같은 선배들의 따뜻한 말씀과 인생조언을 더 듣지 못하고 무한한 경쟁의 바다로 나아간다는데 두려움이 앞섰다. 그래서 우리는 매월 25일 또는 결혼이나 부모상과 같은 애경사 모임에서 만나게 되었고, 안차관님은 항상 가장 잘 참석하셔서 우리 후배들의 고민을 따뜻하게 들어주셨다.

몇 년간의 다른 부처 생활을 한 후에 우리는 80년대 중반에 동력자원부에서 다시 만나게 되었다. 이때 다소 늦게 입부한 나에게 안차관님은 새로운 조직 환경과 문화에 적응하는데 큰 힘이 되었다. 지금도 마찬가지이지만 그때도 새로운 조직에 오면 기존의 사람들과 얼굴을 익히는데 시간이 필요했고, 다소간의 소위 텃세같은 것도 있었다.

90년대 초 우리가 어느덧 중고참이 되었고 석유가스국이란 핵심부서에서 함께 일하게 되었다. 나는 석유가격 업무를 담당하였고, 차관님은 석유유통 업무를 담당하여 서로 이야기를 많이 하게 되었다. 당시는 이라크 걸프 전쟁 이후 다시 국제석유시장이 안정되었고, 우리나라 석유정책도 정부의 직접규제보다는 민간의 자율성과 경쟁을 확대하는 방향으로 전환되었다. 안차관님이 담당하신 석유유통 부문은 정유사, 대리점, 주유소, 일반판매점으로 구조가 복잡하고 각 단계마다 이해관계가 첨예하여 매우 신경이 쓰이고 어려운 업무였다. 기존의 사업자는 자기의 기득권

을 유지하기 위해 변화를 강하게 거부하였으나 경쟁을 확대하기 위해서는 신규 사업자의 참여가 불가피하였고, 이것을 어느 단계부터 언제 하느냐가 매우 중요한 숙제였다. 나는 자연스레 산업의 변화를 지켜보게 되었고, 이러한 변화가 무리없이 진행되는 것을 확인하였다. 많은 이해관계자들이 찾아와 날을 세워가며 회의를 하는 데도 안차관님은 항상 웃음을 잃지 않으시고 진지하게 설득해 가셨다. 회의 전에 굳은 표정으로 목청을 높이던 사람들도 회의가 끝나면 모두 웃는 모습으로 돌아가는 것을 보고 나는 안차관님의 비결이 무엇인지 궁금했다. 그러면 안차관님은 찾아온 사람들의 이야기를 끝까지 들어주는 것이 제일 중요하고, 항상 불편부당하게 일을 처리하면 결과에 불문하고 사람들이 협조적으로 된다고 대답해 주셨다. 아마도 당시 안차관님의 끈질긴 대화와 타협의 노력이 없었다면 이렇게 복잡한 이해관계의 조정은 큰 난관에 부딪치게 되어 우리 석유산업의 발전은 많이 뒤처지게 되었을 것이다. 그리고 나도 다시 한번 안차관님의 그릇이 큰 것에 감명을 받게 되었고 배워야겠다는 다짐을 하였다.

그러나 안차관님은 일에서만 솔선수범하신 것은 아니다. 야구, 스키, 골프 등 다방면의 스포츠에서 아마추어 수준을 넘는 탁월한 실력을 보여 주었다. 더욱 놀라운 것은 이런 실력이 전문 교습을 통해서가 아닌 순전히 자기 학습으로 이뤄졌다는 것이다.

스키에 대한 에피소드다. 당시 우리나라에 스키장이 하나둘 생기고 젊은 사람들 사이에 스키 붐이 불기 시작했다. 그렇지만 스키를 타려면 거추장스런 장비를 착용하고 어느 정도 사전 교육을 받는 것이 필수적이었다. 그런데 안차관님은 과원들을 데리고 스키장에 가서 몸소 스키 리프트를 타고 올라가 내려오셨다. 물론 차관님도 그때가 처음이었지만 과감히 도전하여 넘어지길 수십 번 간신히 내려왔지만 이것이 다른 사람들에게 자신감을 주었고 그때 함께 간 모든 사람이 뒤엉켜 노력하여 바로 스키를 타게 되었다.

골프에 대한 에피소드도 있다. 동료들과 주말에 라운딩을 하게 되었다. 그런데 안차관님은 독특한 포즈로 티샷을 하신다. 어디선가 본 듯한 폼인데, 찬찬히 다시 보니 완전 야구 타격 폼이다. 그래도 할 말이 없다. 직선타구에 장타인데 누가 감히 뭐라 하겠는가? 바쁜 가운데 동료들과 분위기에 맞춰 어울려야겠는데 연습할 시간은 없으니 어렸을 때 하셨던 야구 폼으로 나서신 것이다. 때론 라운딩 도중 캐디들에게 핀잔 한마디 들었을 법해도 폼보다는 서로 어울리는 것이 중요하다는 신조로 분위기를 이끌어 가셨다. 차관님의 소탈함이 절로 느껴진다.

이런 업무에 대한 열정과 조직 내 친화력으로 2008년 에너지자원실장을 거쳐 2009년 지식경제부의 제2차관에 부임하셨다. 사실 이명박 정부의 에너지정책의 근간은 모두 안차관님의 노력의 산물이었고 우리는 차관으로 승진하자 대한민국 최고의 에너지 행정 전문가가 에너지정책의 키를 잡게 되어 에너지산업이 한 단계 성장할 것으로 깊게 믿게 되었고 모두가 진심으로 축하하였다. 그러나 누가 알았을까? 이런 차관님께서 일에만 몰두한 나머지 건강을 해치고 이 세상을 갑자기 떠나시게 되었으니. 돌아가실 때 해외근무 중이어서 장례식마저 참석할 수 없었던 나로서는 큰 형님을 잃었다는 아픔으로 한동안 멍한 상태에 빠지지 않을 수 없었다.

그러나 누구보다 안타까운 것은 사랑하는 가족과의 영원한 이별일 것이다. 늦게 아들을 보시고 그렇게 좋아하셨건만. 나도 40대에 늦둥이를 본 사람으로서 차관님과 자식에 대한 마음을 가끔 나누면서 가족을 얼마나 사랑하는지 실감할 수 있었다.

이제 차관님이 떠나시니 국가적으로 그 빈자리가 너무 크다. 이 모든 숙제가 우리 후배들에게 남겨졌다. 에너지자원의 대부분을 해외에 의존하는 우리로서는 안차관님의 유지를 받들어 우리나라가 안정적인 에너지 확보를 통해 무역규모 1조불의 세계7대 강국으로 성장하는데 한층 더 열과 성을 다해야 할 것이라 각오를 새롭게 해본다.

그 곳에 또 무슨 하실 일이 있어 그리 빨리 가셨는가

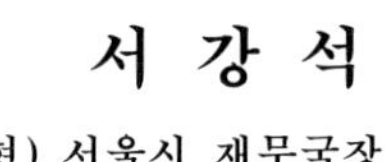
서 강 석

현) 서울시 재무국장

조금은 늦게 온 올해 가을이 막 깊어지려 하는 지난 11월에 편지를 한 장 받았습니다. 상명대학교 문헌정보학과 이명희 교수가 보낸 편지였습니다.

"... 남편이 살아계실 때 고시동기로서 가깝게 지낸 것으로 압니다. 바쁘시지만 남편을 회상하는 글을 써주시면 좋겠습니다. 아빠가 일찍 세상을 떠난 아들에게 아빠의 모습을 알려주고 싶습니다. 그냥 추억이 있다면 생각나는 대로 써주시면 감사하겠습니다…” 2009년 1월 28일 홀연히 세상을 떠난 지식경제부 안철식 차관 부인의 글이었습니다. 이교수는 늦게 본 아들 주영이가 올해 미국 위스컨신주 매디슨에 있는 초등학교를 최우수상인 대통령상(President's Award for Educational Excellence)을 받고 졸업했다며 그동안 걱정과 관심을 가져준 분들에게 대한 감사를 표하고 주영이의 상장도 한 장 복사하여 편지에 동봉하였습니다.

안철식 차관은 연배가 나보다 위셨지만 1982년 3월 사무관으로 같이 임관된 이후 오랫동안 친구로 지내왔습니다. 안차관은 2009년 1월 19일 행시25회 동기 중에서는 두 번째로 차관 발령을 받았습니다. 한해 250명씩 뽑던 행시가 갑자기 120명으로 줄어든 해에 합격한 행시25회 동기들은 다른 기수에 비해 동기간의 우애도 좋았고 각 부처에서도 두각을 나타내는 인물이 많았습니다. 안차관은 특히 지식경제부에서 자타가 공인하는 에너지 정책전문가였습니다. 지식경제부 에너지산업심의관과 에너지정책실장을 거쳐서 차관으로 승진하였습니다. 모두가 반가워하며 축하했습니다. 그런데…불과 차관 임명 9일 만에 건강하던 그가 갑자기 세상을 떠났다니 믿을 수가 없었습니다. 나의 휴대폰에 찍힌 ‘안철식 차관 소천’ 이

라는 문자가 믿어지지 않았습니다.

안차관은 사무관부터 에너지 분야에 계속 근무하면서, 우리나라 원전기술의 수출을 확대하고 해외 유전을 적극적으로 확보해야 한다는 소신을 가지고 있었습니다. 자기 업무에 대한 확실한 소신과 힘찬 추진력을 가지고 있는 사람이었습니다. 그 날도 설 연휴에 출근하여 수출대책을 논의하고 귀가한 후 호흡이 답답하다며 병원으로 가서는 다시 돌아오지 못하였습니다. 건강한 중년의 과로로 인한 돌연사였으며 홀로 남겨진 부인은 문상 온 사람들에게 “...부디 하루에 한 시간 이상 운동하고 30분 이상 가족과 대화하세요...” 라고 당부하여 더욱 눈시울을 젖게 하였습니다.

안차관은 그의 업무능력과 소신 그리고 추진력으로도 탁월한 공직자이지만 그를 더욱 빛나게 하는 것은 뛰어난 인품이었습니다. 부드럽고 온화한 얼굴은 그의 선한 성품을 그대로 나타내주고 있습니다. 그가 평생을 근무한 지식경제부에서는 고인을 '일에 대해서는 무서운 추진력을 갖고 임하지만 언제나 부드럽고 차분한 얼굴로 선후배는 물론 에너지업계 사람들까지 격의 없이 대하여 모든 사람들의 신망과 존경을 받은 분'이라고 평가하고 있습니다. 한나라당에서는 그의 사망에 대해 '삼가 고인의 명복을 기원한다. 故 안철식 차관은 일선에서 아무리 복잡한 문제도 특유의 추진력으로 헤쳐 나갔고, 작은 의견이라도 성의껏 들어주는 자세로 항상 업무에 임했다는 평가를 받아 왔다고 한다. 화합과 성실의 리더십으로 국정 과제의 한 축을 담당해왔던 분이었기에 더욱 안타까운 심정이다. 다시 한 번 故 안철식 제2차관의 명복을 기원한다.'라고 성명을 발표하였습니다.

안차관이 스물아홉 때 과천의 중앙공무원 교육원에서 처음 만났습니다. 당시에는 행정고시 합격자들이 3개월 합숙하며 신임자 교육을 받던 시절이라 서로를 알 기회가 많았습니다. 아침부터 저녁까지 세끼를 함께 먹으며 수업을 듣고 전국으로 산업시찰을 다니면서 친해졌습니다. 당시에 12개 분임으로 나뉘어 교육을 받았는데 나는 1분임 선봉조였고, 안차관은 4분임 물개조(4분임에서 왜 자기들 조 이름을 물개라고 지었는지 모르지만..)였습니다. 검은색 뿔테 안경을 끼고 선한 얼굴에 항상 웃음을 잃지 않는 안차관은 처음 만난 사이였지만 대하기가 편하였고 자주 마주치며 친해지게 되었습니다. 나중에 알고 보니 나보다 세 살이 많았지만 아무 격의 없이 친구처럼 지내었습니다. 그 후로 서로 각 부처에 배치 받고 일하느라 바쁘고 서로 유학 다녀오고, 해외 파견 다녀오고 하면서 엇갈려 몇 년씩 못보고 지내기도 하였습니다. 내가 부구청장으로 나간 2006년부터 그간 친하게 지냈던 금감위 최수현 실장과 총리실의 신정수 실장 그리고 안차관과 나까지 넷이서 한 달에 한번은 보자는 취지로 DDR(달다리의 영문 두음)이라는 모임을 만들어 가끔씩 만나며 상록에 가서 공도 치고 술도 한잔씩 하였습니다.

아직 추위가 가시지는 않았지만 얼었던 땅이 녹아서 신발에 진흙으로 달라붙던 지난 3월 6일, 신정수 실장과 최수현 실장 그리고 나까지 우리 3명은 충청북도 청원군 남이면으로 향하였습니다. 안차관 소천 일주기는 1월 28일이지만 조금 늦은 3월 6일에 우리 셋은 시간을 맞출 수 있었습니다. 주소만 가지고 찾아 간 묘소는 몇 번을 주민들에게 물어물어 찾을 수 있었습니다. '이곳은 평안북도가 고향인 실향민의 땀과 혼이 깃든 망향의 동산입니다. 평북도민회의 승인 없이 누구도 사용할 수 없습니다' 묘원의 입구에는 평북도민회의 안내간판이 크게 서 있었습니다. 안차관은 충북 청주 출신이지만 어른께서 평북이신지 그곳의 평북도민회 동산에 묻혔습니다. 우리의 친구 안차관은 고향의 뒷동산 양지 바른 곳에 그렇게 누워서 우리를 맞았습니다. 봉분은 묘석으로 잘 둘러져 있었고 큼직한 흑요석 비석이 서 있었습니다. 떼는 아직 활착되지는 않았으나 보기 좋게 심어져 있었습니다. 안차관이 다니던 지경부에서 1주기 행사를 묘소에 와서 하였는지 장관의 근조화환과 조화들이 묘소주위에 둘러져 있었습니다. 우리는 안차관에게 술을 한잔씩 따랐습니다. 두 손을 모으고 묵념을 하였습니다. 20대 젊은 청년기부터 오랜 세월 같이 해온 친구가 이렇게 묘소 안에 누워있다는 사실이 현실이지만 다시 믿기지 않았습니다. 안차관과 더욱 친하던 최수현 실장의 눈가에 눈물이 비쳤습니다. 천천히 몇 번씩 술을 봉분에 뿌리면서 중얼대듯 말했습니다 "... 아니 이 친구 정말 도대체 왜 여기 이렇게 누워있는 거야... 거기에 또 무슨 할 일이 있다고 그렇게 빨리 가는거야..."

노란 구두

최 수 현

현) 금융감독원 수석부원장

지금까지 많은 사람을 만나왔습니다. 그 중에는 한두번의 만남으로 인연을 다하는 경우도 있고, 드물지만 인생의 동반자로서 평생 같이 가는 사람도 있습니다.

'안철식 차관', 사실 저에게는 '철식'이란 이름이 훨씬 정감 있고 가슴에 다가옵니다. 1981년 3월, 20대 중반에 불투명한 미래에 대해 고민을 하던 시절에, 같은 길을 가는 학우로, 같은 목표를 지닌 젊은이로 만난 이후, 우리는 함께 길을 가는 인생의 친구였습니다.

지금 생각해보니 참 많이도 만났습니다. 흔히 얘기해서, 만남의 이유가 특별히 있었던 것도 아닌데 말입니다. 힘들다고, 약속이 없다고, 술 먹고 싶다고, 놀고 싶다고, 괴롭다고, 사무실에서 혼났다고, 그냥 심심하다고 해서 만났습니다. 그렇게 만나다보면 싫증도 나고 재미가 없을만도 한데 그렇지 않았습니다. 이와 같은 만남은 철식이와 저만의 관계만이 아니고, 철식이와 늘 그렇게 같이 했던 사람들, 선후배들, 그가 알던 모든 사람들의 관계에서도 마찬가지였습니다.

이것은 바로 그의 따뜻한 마음, 주위 사람에 대한 드러나지 않는 소리없는 배려, 격조있는 인품, 넉넉한 미소와 여유로움 때문이라고 생각합니다. 물론, 자랑스러운 대한민국 공직자로서의 출중한 능력, 청렴한 생활 및 성실한 자세도 늘 우리의 마음속에 남아 있습니다. 이런 그가 말도 없이 사랑하는 가족과 우리 곁을 떠나 영원의 세계로 갔습니다. 더 이상 만날 수가 없습니다.

저와 안차관의 마지막 만남은 차관 임명 발표 3일 전이었습니다. 둘이서 이런 저런 얘기하면서 지금까지 지나온 일, 차관 발표에 대한 불안감과 기대감이 함께 했던 순간들의 기억이 새롭습니다. 시간이 지나

가면서 그에 대한 추억도 점차 잊혀지는 것 같아 안타깝습니다.

요즈음은 안차관에 대한 생각이 더욱 많이 납니다. 제가 있는 직장이 최근 사회적 물의를 일으켜 힘들고 어려운 시기를 보내고 있는데, 이런 때 세상을 보는 안목과 지혜를 가진 안차관이 있었으면 분명히 저에게 슬기롭고 현명한 위기관리 대처방안을 말해주었을 겁니다.

철식이와 저는 운동도 함께 많이 했는데, 제 수첩을 뒤적여보니 어느 해인가는 20여번 넘게 같이 했습니다. 그러던 중, 철식이가 급기야는 홀인원을 했습니다. 2005년 8월 14일(일) 오전입니다. 얼마나 함께 했던 일행이 좋아했던지, 지금도 그 모습이 눈에 선하고 기분 좋습니다.

그 후, 운동 일행은 홀인원 기념으로 신발을 하나씩 철식이로부터 선물 받았고, 저는 노란 구두를 받았습니다. 요즈음은 이런 저런 사정으로 못 신고 있지만, 조만간 꺼내서 보려합니다. 그의 정겹고 환한 웃음을 다시 그려봅니다.

2005년 8월 철식이가 홀인원했을 때 촬영한 기념사진

천생 공무원 안철식 차관님을 기리며

홍 영 만

현) 증권선물위원회 상임위원

필자를 비롯해 118명의 행정고시 합격자들은 1982년 봄기운이 한창일 때 청운의 꿈을 안고, 개발이 한창이어서 버스가 달리면 창문을 닫아야 할 정도로 먼지가 날리는 사당동과 남태령을 넘어서 아직 시골의 모습을 탈피하지 못한 과천에 들어서며 많은 생각이 교차되었다. 관악산 자락에 덩그머니 위치한 중앙공무원교육원(이하 중공교)에 내린 우리들은 함께 국가의 미래를 짊어질 동기들이 어떤 사람들인가를 파악하며 생경한 사회생활의 첫발을 내딛고 있었다. 이전까지 대전에 있었던 중공교는 처음으로 서울권에 교육원을 설립하게 되었다고 다소 흥분된 분위기였다. 비교적 현대식으로 세워진 교육원내에서 합숙생활은 여러 인연에 의해서 삼삼오오 짝이 지어지면서 그 나름대로 즐거움을 함께 나누는 그룹이 형성되어졌다. 특별한 연고가 없어 아는 사람이 적었던 필자는 발이 넓고 매우 사교적인 '친구의 자형'(이하 자형)의 배려로 자연히 그 분이 가깝게 알고 지내는 사람들과 가깝게 되었다. 안철식 차관님, 그 분도 그 중의 한 사람이었다.

나보다 5살이나 많은 안차관님에 대한 나의 첫인상은 이웃집 아저씨 그 이상도 이하도 아니었다. 충청도 출신답게 말 수도 적고, 빼끔담배와 실없이 미소를 던지던 모습이 꼭 그러했다. 성격이 정반대인 자형이나 다른 동기들이 답답하다는 등 공격을 퍼부어도 안차관님의 그 모습은 조금도 달라지지 않았다. 옛말에도 성질 급한 사람이 진다고 했던가, 항상 자형이나 다른 형님들이 졌다. 합숙교육을 받았던 우리들은 토요일 오후에 교육원을 벗어나면 당구를 치고, 사우나에 가서 고스톱을 하거나 술을 마시며 주말을 보내는 것이 일상이었다. 고시공부 하느라 지친

심신을 보상받으려는 마음과 총각으로 별다른 소일거리가 없었기 때문이었다. 그렇게 보내는 주말의 일탈 속에서도 안차관님은 기본적인 모습 그대로였다. 당구를 치면서도 이기겠다는 의지가 없다는 것을 만천하에 공표하듯이 담배를 물고 커피를 마시며 웃고 있었다. 고스톱을 하면서도 항상 남들에게 따고 받지 못해도 콧등에 반쯤 내려와 걸쳐진 안경너머로 그냥 웃고 있었다. 술을 마시면서도 흐트러짐이 없이 어쩌다 큰 웃음을 지을 뿐 나머지는 꼭 같았다.

대부분 이런 분들이 그러하지만 안차관님은 참 입이 무거웠다. 그래서 많은 동기생들이 '크레믈린'(옛날 소련 공산치하에서 소련의 권력의 핵심부로 의뭉한 사람을 비꼬는 말로 쓰여졌다)이라는 별명을 붙여줬다. 한번은 이런 일이 있었다. 동기생 사이에 오해가 있었다. 당사자들은 모두 안차관님께 상황을 설명하고 오해를 풀고 싶어했다. 상대방이 자신들의 입장을 안차관에게 이미 말했다는 사실을 알아차린 당사자들은 하루빨리 오해를 풀고 싶어 안차관에게 상대가 뭐라고 하더냐고 물었다. 그런데 끝까지 안차관님은 어느 쪽의 말도 전하지 않았다. 아마 자신이 얘기를 잘못 전하면 싸움이 더 커질 것을 염려해서 그랬을 것으로 짐작이 된다. 정말로 믿을만한 동료가 아닌가?

나는 안차관님을 30년 가까이 알았지만 남의 욕을 하는 것을 듣지 못했다. 우리 중에 누가 남을 욕하면 충청도 사투리로 "무슨 사정이 있겄지~"하며 뜨겁던(?) 분위기에 찬물을 끼얹었다. 어쩌다 우리가 당신에게 좀 심하게 했다 싶으면 "마음대로 생각혀~"가 전부였다. 이런 얘기에서 예상하듯 안차관님은 어찌 보면 참 재미없지만, (사실은 안차관님의 이런 모습을 골려주느라 모두가 재미있어했다) 같이 있기에 참으로 편안한 분이었다. 필자는 편안함 이것이야말로 인간 안철식의 상징이자 키워드라고 하고 싶다.

나는 그때 이 분이 공무원을 할 수 있을까 의심했다. 당시만 해도 공무원은 교육원에 새겨진 교육이념처럼 "국가의 초석이 되기" 위해서 결연한 모습으로 날카롭고 위엄이 있어야 한다고 생각하는 것이 통념(?)이었기 때문이다. 그러나 내 의심은 기우였다. 안차관님은 동기들 중에서 가장 탄탄한 출세가도를 달렸다. 안차관님은 중공교를 마치고 잠시 총무처(현재의 행정안전부)에 근무한 후 바로 동력자원부에 들어가 우리나라의 자원정책만을 거의 30년 가까이 외곬로 다루어 오면서 업계, 유관정부기관, 부내의 선배·후배들로부터 가장 믿을 수 있고 존경받는 공무원이 되었으며, 급기야 이명박 정부가 들어서면서 동기들 중 2번째로 차관의 자리에 올랐다. 필자는 안차관님이 이런 성공을 이룰 수 있었던 것은 공무원에게 요구되는 기본적인 덕목을 체질적으로 타고났기 때문이라고 생각한다. 국민의 소리를 잘 듣고, 국민들을 존중해 항상 웃으며 친절하게 대하고, 철저하게 비밀을 지켜야 한다는 덕목들.

항상 동기모임에서도 다수의 의견에 말없이 따르고, 요청받지 않으면 자기의 의견을 자제했던 안차관님은 아마 어렵지 않게 민원인들의 의견에 항상 귀기울이는 자세를 견지했을 것이다. 또 동기들의 장난기어린 어떤 비난도 웃어넘기던 안차관님에게 정권을 거듭하며 내려지는 공무원 복무강령 1호인 '친절하라'는 지시는 무의미한 훈계였을 것이다. 그리고 직무로 지득한 비밀을 유지해야한다는 공무원의 또 다른 윤리는 적어도 안차관님께는 작동이 필요없는 장식물이었을 것이다. 그래서 필자는 인간 안철식은 천생 공무원일 수밖에 없는 사람이라고 규정하고 싶다. 좀 더 심하게 얘기하면, 그의 능력을 무시해서가 아니라, 그에게 공무원보다 더 나은 직장은 없었을 것이다.

안차관님을 생각할수록 제 2의, 제 3의 안철식 차관이 많이 나오면 우리 사회는(적어도 우리 공직사회만큼은) 맑아지고, 밝아지고, 희망과 행복이 넘쳐나는 사회가 되지 않을까 생각한다. 그점에서 나는 안철식 차관님의 체온이 아직도 느껴지고, 차관님의 족적이 아직 우리 곁에 있음에도 안차관님이 몹시 그립다. 차관님의 유지를 받아 후배인 우리들이 꽃피워야 하겠지만 나의 능력은 그러기에는 너무 형편없다는 사실이 아쉽기만 하다.

안차관님의 유족들에게 하나님의 가호와 건강이 함께 하며, 차관님의 유지를 이을 수 있는 희망과 힘이 충만하기를 기원한다.

Chapter 4

배려와 소통의 에너지

안철식 차관님을 그리워하며

정 재 훈

현) 지식경제부 에너지자원실장

안차관님을 처음 만났던 것은 상공부와 동력자원부가 통폐합되었던 '93년도로 기억한다. 항상 웃음을 잃지 않고 위아래로 챙기던 모습의 안선배와 사적인 인연으로 시작하여 줄곧 형제처럼 지내게 되었다.

조직개편이나 인사검증 등 업무와 관련된 일이 어려움에 봉착하여 상의를 드리면 이내 수첩을 뒤적이다가 비는 시간을 활용해서 언제든지 관계부처로 달려가 해결해 주시곤 했다. 물론 나 스스로도 품앗이 정신보다는 의리와 보은차원에서 안선배의 일이라면 발 벗고 나서서 문제 해결에 일조한 사례도 적지 않았다. 그렇게 17년 동안을 동고동락하며 보냈고 안선배가 여러 어려움을 딛고 승진을 거듭할 때마다 옆에서 축하해 드렸다.

안선배가 청와대 경제 비서관실에서 파견 근무를 마치고 2004년 말에 본부의 공보관으로 부임했을 때 그간 활성화되지 못했던 기자실 홍보업무가 눈에 띄게 개선되면서 당시 이희범 장관님이 크게 좋아하셨던 기억이 새롭다.

나는 총무과장 내정상태에서 매일 아침 열리는 장관실 공비총(공보관, 비서관, 총무과장) 회의에 참석하기 시작했고, 안선배가 신문과 방송을 아우르면서 보도 방향을 정리하고 기자들의 협조를 구하며 우리 부의 성과 홍보는 극대화하는 한편 피해를 최소화해 나가는 과정을 실감나게 볼 수 있었다. 수없이 많은 일화가 있었지만 몇 시간 만에 모 공중파 방송국 저녁 생방송 프로그램에 장관께서 참석하실 수 있게 하신 일이나, 기자단 전체와 폭탄주를 곁들이며 잘못된 보도 해명에 열을 올리던 모습이 지금도 눈에 선하다. 그때 안선배가 보여준 책임감과 열정은 훗날 내가 공보관이 되었을 때 살아있는 행동지침으로 어려울 때마다 큰 힘이 되었다.

에너지산업본부장으로 재직하실 때는 소위 지뢰밭이라는 민원업무들을 인내심과 소통을 바탕으로 소리 없이 해결하여 많은 직원들로부터 존경을 한몸에 받으셨다. 특히, 아무리 상황이 나쁘게 꼬여도 아랫사람에게 화를 내는 적이 없었고, 본인이 노력해서 얻어낸 업무성과에서 항상 윗사람들에게 그 공을 돌리는 모습들은 전형적인 리더의 모습이었고 그래서 따르는 후배들도 참 많았다.

한번은 같이 일하던 과장이 산하기관의 불미스러운 일에 연루되어 곤란한 입장에 처하게 되었다. 잘 모르고 보면 조직 전체가 매도될 수도 있는 상황이었지만 억울한 측면이 많았던 사안이었는데, 언론에 정보가 노출되어 해당 과장의 처지가 그야말로 풍전등화 같은 상황에서 안선배가 협조 요청을 해 왔다. 공보관이었던 나는 언론 데스크와 담당기자를 수배해 밤샘 통화를 하는 한편, 그 다음날 오후 안선배와 해당과장, 담당기자의 만남을 주선하였다. 결과적으로 문제의 기사는 발표되지 않았고, 우리부처는 물론 해당과장도 최소한의 명예를 지킬 수 있었다. 안선배가 후배를 끝까지 끌어안으려는 노력이 없었더라면 아마 끔찍한 결과가 나올 수도 있었을 것이다.

대선 열기가 고조되고 있던 2007년 12월 초 석탄노조가 파업에 돌입하면서 안선배는 모두의 무관심

속에 단기필마로 석탄 노조와 힘든 싸움을 벌였고, 12월 내내 밤샘 협상에 시달려야 했다. 크리스마스를 지나 석탄노조와의 협상이 마무리되자 연이어서 우리 부처를 대표하여 인수위에 파견 나가면서 다시 'No Holiday' 체제로 2008년 2월까지 열정적으로 몸을 불살랐다. 인수위에서의 활약으로 안선배는 이명박정부 출범과 함께 자원정책실장으로 본부에 복귀하게 된다. 안선배가 영전을 해서 후배로서 기분이 좋았지만 그리도 예뻐하시던 막둥이와 보낼 시간이 줄어드는 걸 보면서 나도 마음이 편치만은 않았다. 인수위 시절에는 기후변화업무에 우리 부의 핵심정책을 담기 위해 남모르는 노력을 많이 기울이셨고, 계속된 과로로 인해 피곤하다는 말씀을 처음 하시기도 했다.

자원정책실장 재직 중에는 유가 인상, 바이오디젤, 유류세 환급, 정유사 과다이익금 등의 큰 이슈들이 연이어 터지면서 여념이 없었다. 내가 안선배 방에 간혹 들러도 항상 회의 중이거나 면담 중이어서 대화를 나눌 기회도 줄어들었다. 그렇게 일에만 파묻혀 1년을 지내시다가 2009년 설날을 일주일 앞둔 시점에서 제2차관으로 발령이 나셨다. 나는 무역정책관으로 근무 중이었고 무역·투자분야는 제2차관 소속으로 되어 있어 처음이자 마지막으로 안선배를 직속상관으로 모시게 되었다. 어떻게든 잘 모시고 싶은 마음에 자원전문가로서는 생소한 무역분야에서 차관이 관심을 가져야할 사항들을 정리해서 보고 드려야겠다고 생각했다.

운명의 2009년 1월 27일, 그날은 설날 연휴 마지막 날이었는데 오후 2시에 장관실에서 1급 회의가 있었고 오후 4시경 2차관실에서 안선배와 나, 둘이서 무역분야 업무, 홍보방향 및 인사가 필요한 기관에 대한 보고와 상의가 1시간 넘게 이어졌다. 다른 때와 달리 요즘 몸이 전 같지 않다고 말씀하셔서 일찍 들어가서 쉬시고 내일 보자고 인사를 드렸었다. 내가 차관실을 나온 게 5시를 조금 넘었을 때인데 그게 마지막이었다.

다음날 새벽 2시에 정재환 비서관이 울먹거리며 전화를 했을 때 처음에는 “이 친구가 무슨 소리를 하는거야” 하고 화를 내기도 했지만 현실은 현실이었다. 새벽에 도착한 현대아산병원 장례식장에는 낙담하는 사람, 황당해 하는 사람, 흐느끼는 사람들로 채워지기 시작했고, 안선배를 떠나보내는 영결식장에서 생전의 모습이 영상으로 나올 때는 우리 모두가 오열을 멈출 수가 없었다.

안선배님 없이는 아무 일도 할 수 없을 것 같았는데 세월은 계속 흘렀다. 지난 2월에 1주기에 맞춰 본부 간부들이 안선배의 묘소에 찾아 갔을 때도 안선배는 그 추운 곳에 그렇게 혼자 계셨다.

이 원고를 쓰면서 안선배의 얼굴이 계속 떠올라 마음이 무거우면서도 그간 잊고 지내던 선배의 얼굴을 회상할 짬이라도 되어 마음 한구석엔 다행스럽기도 하다. 늘 온화하게 웃으시던 모습 그대로 "괜찮아. 다시 시작해보자"라고 말씀하시는 것 같다. 이제 우리가 할 수 있는 일은 안선배가 그토록 소원했듯이 지식경제부가 실물경제 총괄 부처로 바로 서서 정책 고객인 기업과 국민에게 제대로 봉사하는 일이라고 생각한다. 우리 부의 모든 동료 직원들이 심기일전하여 안선배의 열정과 리더십을 재현해 주기를 소망해 본다.

2005년 '전기사랑마라톤대회'에서의 안차관님과 필자

아름다웠던 안철식 차관님의 삶을 회고하며

김 경 원

현) 지식경제부 산업경제실장

가을로 접어들던 '10년 9월 어느 날 故 안차관님의 사모님으로부터 추모집 발간 계획을 알리는 이메일을 받고 세월이 참으로 빠르고 덧없음을 느꼈다. 후배들에게 귀감이 되어오신 당신께서 우리 곁을 떠난 지도 어느덧 두 해가 가까워온다는 것이다.

'93년 2월 상공부와 동력자원부가 통합되면서, 16년간을 같은 지붕 아래에서 동고동락하며 지내온 날들이 새삼 한편의 파노라마 같이 흐른다. 나보다 나이가 다섯 살이나 많지만, 당신의 진솔하고 푸근한 인품 덕에 같이 사무관, 과장으로 지내던 시절부터 스스럼없이 농담도 하고 때로는 형님같이 생각하며 그렇게 서로 편하게 살아왔다. 당신은 인간관계가 좋아 선후배 두루두루 발이 넓고 항상 찾는 사람이 많았으며, 간혹 저녁자리에서 일과 분위기를 위해 불가피할 때는 무리한 폭탄주도 불사하곤 했다.

아련하고 정겹던 기억들은 '09년 1월 28일 한밤에 들려온 믿기지 않는 비보 앞에서 멈춰선다. 선례가 없던 일이라 출근하기 바쁘게 장례절차 논의에 들어갔고, 『지식경제부장에 관한 규정』을 제정하고 장의위원회를 구성하여 1월 30일 장례를 치르게 되었다.

나는 상공부 이래 지식경제부에 이르기까지 항상 보람차고 역동성있는 우리 부에서 근무하는 것을 행운으로 그리고 자랑스럽게 생각해왔지만, 이런 갑작스런 슬픈 일에도 힘을 모아 한 치의 흠결 없이 해내는 것을 보고 그런 생각을 새삼 실감했었다.

그날 지식경제부 전 직원의 애도와 아쉬움을 담은 조사는 직제상 선임으로 기후변화에너지정책관으로 있던 내가 했다. 공식행사로 처음 하는 조사였던만큼, 긴장 속에 허망함과 아쉬움을 억누르던 순간들이 잊혀지지 않는다. 사모님은 유족답사에서 놀라우리만큼 꿋꿋하였으며, 오히려 우리들에게 다시는 이런 불행한 일이 일어나지 않도록 건강을 챙기고 삶의 여유를 찾도록 당부하기도 했다. 누구보다도 맡은 일에 철저하고자 열과 성을 다하다 보니, 당신의 건강은 물론 가족들과의 시간을 제대로 할애할 수 없었으리라 짐작이 가고도 남는다.

정말이다! 원래가 에너지자원정책은 사안 하나하나가 직접적인 이해관계자는 물론이고, 국민생활과 밀접하게 관련되다 보니 만만치가 않다. 다른 局업무는 제쳐두더라도 내가 맡았던 일만해도, '08년 여름은 유난히도 무더운 가운데 유가는 100불을 들락거려 그 어느 때보다 에너지절약대책에 노심초사해야 했고, 前 정부에서 해결하지 못하고 넘어 온 '국가에너지기본계획' 수립이며, 본격적으로 대두되는 기후변화문제와 녹색성장위원회 출범에 따른 여러 가지 복잡한 일들이며... 그러니 에너지자원 전 분야를 이끌어 가야하는 실장이야말로 하루도 쉴 날이 없는 자리이다.

그러나, 아무리 바쁘게 일이 돌아가거나 일이 그르치게 되어도, 크게 내색하거나 가슴에 맺히게 질책하는 일이 결코 없었으니 늘 직원들이 스스로 미안한 마음이 들 정도였다. 무엇보다도 남의 말을 잘 들어주고 배려하는 온화하고 너그러운 인품은 나를 포함하여 당신과 함께했던 모든 사람들의 가슴속에 깊이 남아 있다.

남은 가족들도 슬픔을 이겨내고 희망차게 잘 살아가고 있으며, 특히 그렇게나 사랑하셨다던 늦둥이 주영이도 티 없이 맑게 자라 초등학교를 졸업하면서 미국 오바마 대통령상을 받았다고 하니 한결 마음이 가벼워진다.

당신이 남기고 간 짧았지만 아름답고 의미 있었던 발자취를 새기면서, 남아 있는 우리 모두의 애도와 아쉬움을 달래본다.

모든 걱정 잊고 영면하소서 !

'경청'과 '배려'는 당신의 키워드입니다

한 진 현

현) 지식경제부 무역투자실장

"故 안철식 차관님".... 벌써 1년 반의 시간이 흘렀지만 안차관님을 생각하면 마음이 애잔해지는 것은 어쩔 수 없습니다. 마지막 보내던 아산병원의 장례식장에서 저는 몇몇 동료들과 함께 故人에 대한 아쉬움을 담배연기로 날려보내야 했습니다.

돌아가시기 며칠 전 일요일, 안선배와 함께 송파에 있는 모중국집에서 점심식사를 했다. 항상 자상하지만 업무지향적인 선배님은 그날도 예외가 아니었다. '에너지와 기후변화' 이슈를 어떻게 다루어야 하며 녹색산업을 어떻게 수출성장 동력으로 발전시켜야 우리나라가 한 단계 업그레이드 할 수 있는지.... 안선배는 당신의 고민사항을 화두로 하여 같이 동석한 에너지 전문가들과 진지한 얘기를 나누었다. 중요사항은 메모까지 해가면서 말이다. 그래도 오늘이 평일이 아닌 일요일인데다 그리고 차관임명 소식을 듣고 만난 일종의 축하자리도 겸하는 자리인데.... 그런 자리에서도 안선배는 당신이 풀어야할 여러 고민들을 떨쳐버리지 못하고... 업무의 연장선상에서 해결방안을 찾고 있었다.

내가 안선배를 업무적으로 가까이 모시고 일한 것은 안선배가 에너지산업국장으로 오면서부터이다. 그 당시 나는 석유산업과장으로 있었다. 2006년 초 이란의 핵개발로 촉발된 위기상황에 대비, '비상석유수급대책'을 만들면서 밤늦게까지 서로 토론하면서 안선배의 진가는 충분히 느낄 수 있었다. 원유 수송항로가 뜻하지 않는 상황발생으로 봉쇄되거나 우회하는 상황이 발생한다는 가정 하에 대체항로 개발, 국내 원유수급 원활, 에너지 절약 등 정부로서도 가용한 정책수단을 모두 동원해야 하는 상황이었다. 안선배는 에너지 분야에서 경험한 노하우를 바탕으로 직원이나 전문가의 의견을 끝까지 들으면서 합리적인 결론을 도출하려고 많은 노력을 하였으며, 결과적으로 대책발표는 원만하게 잘 끝났다. 준비하는 과정에서 정책발표 일정은 성큼성큼 다가오는데... 밤늦게까지 보고서 만드느라 기력이 거의 소진되었는데... 이런 와중에도 남의 이야기를 뿌리치지 않고, 끝까지 경청하는 안선배의 모습은 成佛... 그 자체라고 표현하고 싶다.

안선배의 진정성은 바이오 디젤사업을 처음으로 상용화하기 위해 여러 대책과 행사를 만들면서도 나타난다. 그 이전까지만 해도 바이오디젤의 보급에 대한 정부의 명확한 정책방향이 없었기 때문에 사업자들은 미래의 불확실성 때문에 투자를 기피하고 있고, 정부의 신재생에너지 보급정책 역시 지지부진한 상황이었다. 이러한 상황에서 안선배는 바이오디젤의 상용화를 위해 관계부처, 바이오디젤업계, 정유사 등과 연석회의를 하면서 여러 숙원사항을 풀어나간다. 마침내 대책발표와 함께 바이오디젤 상용화 보급행사가 성공적으로 마무리될 때 모든 공적을 직원들에게 돌리는 모습은 내 가슴을 뭉클하게 만들었다. “선배, 왜 뉴스 인터뷰를 선배가 하지 않고 내게 시켰수?”라고 묻자 안선배는 “내가 한 게 뭐가 있는데.... 당신들이 다 했잖아... 그래서 뉴스 인터뷰는 당신이

하는 것이 맞아"라고 답하면서 빙긋이 웃기만 하였다. 안선배의 모습은 자신을 낮추고 남을 배려하는 모습으로 내게 각인되었다.

같이 근무하면서 안선배와 겪은 에피소드는 이외에도 너무 많다. 나는 건강상의 이유로 술을 잘하지 못한다. 그러나 어쩔 수 없이 술자리에 참석할 때 상당히 곤혹스러운 상황이 발생한다. 술자리에서 폭탄주를 돌리는 것은 좀처럼 없어지지 않는 관행이다. 폭탄주가 내 차례가 될 때면, 안선배는 흑기사(?)를 자처하여 내 술잔을 대신 마셔준다. 당신 스스로가 술에 찌들어 있으면서도 부하걱정에 대신 술을 마신다는 것... 쉬운 일이 아닐 것이다. 나 같으면 그렇게까지 하지 못할 것이다. 안선배처럼 남을 배려하는 마음이 몸에 체화되어 있지 않으면... 불가능한 일이다.

안선배가 에너지자원실장으로 계실 때에 나는 국무총리실 기후변화기획단에 파견근무하고 있었다. 2008년 당시 기후변화가 글로벌 이슈화되면서 우리가 국제사회의 책임있는 역할을 해야한다는 관점에서 기후변화문제에 대한 범정부적 대책을 마련하고 있었다. 기후변화문제를 논하기 위해서는 에너지문제의 해결이 필수적인 과제다. 총리실에서 중립적 입장에서 기후변화대책을 만든다고 하니 그동안 기후변화문제에 先手를 빼앗겼던 환경부로서는 주도권을 잡을 수 있는 좋은 기회였고, 그동안 에너지 문제를 다루면서 기후변화문제를 계속 follow-up해 온 지경부는 항상 관계부처로부터 공격 받는 상황이었다. 안선배에게 총리실의 분위기, 지경부 역할에 대한 관계부처의 비판적 움직임을 전달할 수 밖에 없었고 중요한 이슈가 있을 때마다 상의를 하곤 하였다. 같은 직장에서 생활하였던 나에게 안선배가 고마웠던 것은 에너지문제에 대한 사명감과 책임의식이 있다는 것이다. 일순간의 위기를 모면하기 위해 임시 땜빵(?)할 수 있는 상황에도 불구하고 힘이 들더라도 꾸준히 설득하는 원칙론적인 자세와 강단 있는 모습은 나에게는 신선한 충격이었다. 항상 상대방을 인격적으로 대하고 따스함과 온유함을 잃지 않으면서도 당신의 주장을 조리 있게 설명하는 모습에 정책적 의견을 달리하는 사람들도 감동을 받았다.

금년 9월초 총리실 기후변화기획단에서 같이 근무했던 직장상사와 저녁을 같이하게 되었다. 총리실 근무 당시 내 직장상사는 정책입안과정에서 안선배와 항상 대립각을 세워 나에게는 아무튼 불편한 관계였다. 기후변화문제를 불과 1년 정도 공부한 사람이 공직생활의 거의 대부분을 에너지 문제에 보낸 안선배와 경험이나 지식, 문제해결 능력면에서 비교를 할 수 있었겠나… 그런 총리실 상사도 예외적으로 안선배에 대해서는 인격적으로 성숙하였고 그릇이 크다는 점을 인정한 걸 보면서 같이 동석했던 황병소 과장(당시 총리실에 같이 파견 나가 있었음)과 함께 안선배에 대한 아쉬움을 달랜 적이 있다.

안선배가 대통령직 인수위(에너지·기후변화TF)에 파견 나가 있을 때부터 기후변화와 녹색성장 문제를 다루고 있는 지경부 팀들을 모아 의견을 듣고 당신의 생각하는 바를 이야기하고 이를 계속 피드백 하여주곤 하였다. 그만큼 소통의 중요성을 잘 인지하고 있어서 인수위 시절뿐만 아니라 에너지자원실장으로 승진한 후에도 틈이 나는대로 이러한 모임은 계속되었다. 어떠한 문제든 철저하게 파헤치고 아픈 곳과 힘든 곳이 어디에 있는지 파악하려고 애쓰는 모습은 공직자로서의 진정한 표상이 아닌가 한다. “선배, 그만큼 노력했으면 되었고 이쯤해서 대충 넘어가지?” 라는 이야기를 할 때마다 그저 웃기만 하였다. 당신은 힘들더라도 전혀 내색하지 않고 易地思之의 입장에서 남을 이해하고 배려하는 모습은 차라리 아름답다고 표현하고 싶다.

안차관님! 어릴 때 야구를 하셨다는 선배이기에 건강에는 정말 문제가 없을 것으로 생각하였습니다.

항상 어느 사람의 이야기일지라도 귀담아 듣고 상대방의 입장에서 문제를 풀어 보려고 애쓰는 모습은 후배들의 귀감이 되고 있습니다. 항상 집안의 큰형님처럼 따스함과 온화함으로 대해 주셨기 때문에 오랫동안 저희들과 함께 일하면서 지낼 것이라고 생각했습니다. 특히 에너지 분야에서 같이 대부분을 보낸 저로서는 안차관님의 빈자리가 아쉽고 더욱 크게 느껴집니다.

"내가 있으면 직원들이 퇴근을 못하지? 헛~ 헛~"

김 학 도

현) 파견, 미국SAIS-ERP

전) 지식경제부 대변인

2009년 1월 27일 화요일

전일이 설날이었으니 연휴 마지막 날이다. 정부 과천청사 지식경제부 사무실에는 휴일임에도 불구하고 몇몇 직원들이 출근을 해서 새해 업무준비를 하고 있었다. 나도 내가 맡은 자원개발 동향이나 점검해 보기 위해 출근을 했다.

일주일 前에는 정부부처 次官 인사가 있었다. 우리

지식경제부는 안철식 자원실장이 무역투자와 에너지·자원을 담당하는 2차관으로 승진·취임했고, 안차관은 취임식도 생략한 채 바로 국·과장들과 주요 현안업무를 챙겨왔다. 그날도 설날 연휴인데도 출근을 하셨고 오후에는 정재훈 당시 무역국장으로부터 무역수지 대책에 대한 보고를 받으셨다. 다섯 시에 나는 명절인사나 할까하고 차관실에 들렀다. 깨끗하게 이발을 하신 말끔한 얼굴로 반갑게 맞아 주신다. 안차관님은 나한테는 청주고등학교 7년 선배이시다. 또한 안차관께서 에너지산업국장, 자원실장을 지내시는 동안, 나는 에너지관리과장, 전력산업과장, 자원개발총괄과장을 하면서 상사로 직접 모셨고 개인적으로도 동향 선후배들과 저녁자리를 할 때마다 함께 어울려왔었다.

에너지, 무역수지 등 경제동향을 포함해서 조직 내부의 돌아가는 얘기를 한 시간가량 나누었다. 특히 안선배는 "무엇보다 곤두박질치고 있는 무역수지를 회복시킬 수 있는 획기적인 대책 마련이 최대의 고민"이라고 걱정하셨다. 6시쯤인가? 안선배가 집으로 들어가신다고 책상을 정돈하고 일어섰다. "내가 있으면 직원들이 휴일인데도 퇴근을 못할테니 얼른 들어가야지? 헛~헛~" 그렇게 사람 좋은 웃음을 뿌리고 엘리베이터를 타고 내려가신 모습이 내가 안선배와

이 세상에서 작별한 마지막이었다. 휴일 근무하면서도 마지막까지 자신보다 아래 사람을 더 생각해 주던 안선배!

후배들에게 자상하고 늘 남들을 배려하면서 업무에도 최선을 다했던 안선배… 81년 행정고시 25회에 합격, 82년 3월부터 공직을 시작하여 차관이 될 때까지 만 27년을 국가 경제에 획을 긋는 수많은 일들을 하셨다. 이제 엊그제 에너지와 무역을 총괄하는 2차관이 되어 경제발전을 위해 더 많은 일들을 하시기 위해 이런저런 준비를 하고 계신 때인데… 그런데?

다음날 1월 28일 새벽 네 시가 좀 넘었나? 갑자기 울린 전화벨 소리에 잠을 깼다. 잠결에 받은 전화 너머 소리는 안선배와 학교 동기면서 지식경제부에 같이 근무하고 있던 남창현 국장이었다. "철식이가 죽었어…" 그러고는 다음 말을 잇지 못했다. 자다가 이 무슨 황당한 소리인가? 불과 몇 시간 전까지만해도 나랑 사무실에서 이것저것 얘기하셨는데… 어? 무슨 일이지?? 꿈인가??? 믿을 수가 없다… 후다닥 옷을 입고 빈소가 있다는 영동세브란스 병원으로 달려갔다. 병원에는 남선배와 김진태 선배, 이인호 운영지원과장이 먼저 와 있었다. 전후 사정을 듣는둥 마는둥. 무엇을 해야 할까? 어떻게 그렇게 갑자기?? 상식적으로는 도저히 받아들일 수 없는 상황이다. 한 시간쯤 후 빈소가 좁다고 해서 급히 서울 아산병원으로 빈소를 옮겼다. 그리고는 일단 사무실로 출근을 했다. 차관 비서실에 가서 이것저것 준비할 상황들을 정리했다. 언론에는 안차관 별세소식을 알리는 속보가 연속 쏟아지고 있었다. 일부 신문에 사인을 지병으로 보도한 것을 정정 요청하기도 했다. 이윤호 장관을 비롯한 지경부 직원들과 수많은 조문객들의 애도 속에 28, 29일 양일간 꼬박 빈소를 지켰다. 30일 오전 7시30분 영결식을 마치고 충북 청원군 고향 인근의 장지에서 발인을 마치기까지 며칠이 어떻게 지나갔는지 머리가 멍했다. 이것이 내가 존경하고 인간적으로 좋아하던 안철식 선배를 이 세상에서 떠나보낸 며칠 동안의 일이었다. 마른하늘에 날벼락이지...

당시 2009년 초에는 무역수지가 최악의 위기상황이었다. 우리 지식경제부로서는 경제회복을 위해 획기적인 무역수지대책을 마련하여야 했으나 워낙 국내외적인 여건이 어려워 당장 뚜렷한 대책을 찾기가 쉽지 않았다. 그러다 보니 담당 차관으로서 얼마나 속이 탈 노릇이었을까? 1997년 IMF 위기를 거치면서 무역수지는 급격한 적자를 보이다가 2000년 들어서는 150억~300억 불에 달하는 안정된 흑자를 시현하고 있었다. 다시 2008년에는 국제 금융위기로 무역수지가 132억 불의 적자를 나타내면서 국가 경제에 커다란 먹구름이 드리우고 있었던 것이다. 2009년 초에는 엉망이 된 무역수지를 회복시키는 것이 지식경제부의 최대 현안 과제가 되던 상황, 그 시점에 바로 안철식 선배가 무역과 에너지를 총괄하는 지식경제부 2차관에 임명되었던 것이다. 2차관이라는 자리가 금융위기를 맞아 경제를 회복해야 하는 중차대한 국가적인 사명을 떠맡은 자리인지라 차관 임명을 축하받는 둥 마는 둥 하면서 매일매일 대책 마련에 골몰해있었던 것이다. 야근과 주말근무를 반복하면서 그 과로와 스트레스가 오죽했을까 생각하니 마음이 안타까울 뿐이었다.

안선배는 여러 가지 면에서 후배들과 직원들로부터 존경을 받아왔다. 무엇보다도, 남의 입장에서 배려하고 끝까지 그 사람의 어려움을 해결해 주려고 노력한다. 항상 소통을 중시하고 이해가 다른 상대편들에게 끝까지 설명을 해줄 것을 요청했다. 어떠한 민원이 들어와도, 그것이 설령 안 되는 것이라도 가능한 대안을 마지막까지 생각하게 하고 고민하도록 하였다.

본인이 2007년 전력산업과장을 할 때이다. 전력과는 송변전, 전기공사, 전력기술 등과 관련해서 민원이 많은 부서다. 민원의 주요 내용은 전력선을 옮겨달라든지, 입찰기준에 대한 유권해석을 요청하는 것으로, 관련규정에 근거하여 운영되기 때문에 실제 해결이 어려운 사항이 대부분이다. 그래도 안국장은 우리에게 늘 대안이 없는지 생각해 보고 민원인에게 어떻게 설명해야 성의있고 이해를 할 수 있는지 상대 입장에서 수차례 고민을 하도록 요청했다. 또한, 2008년 9월에는 국가 최초로 20년 기간의 에너지 장기계획인 '국가에너지기본계획(2008~2030)'을 만들었다. 당시 원자력 공급 등 예민한 이슈와 관련하여 5~6개월 기간을 연구원, 발전사업자, 시민단체 등 수많은 이해관계자와 끊임없이 만나고 소통하면서 무리 없이 계획을 완성한 것은 당시 국정운영의 모범사례로 거론되기도 했다.

또한, 안선배는 모든 업무를 완수하기 위해서는 쉬지도 않고 늘 끝까지 최선을 다하셨다. 사무실 밖에는 직원들이 잔뜩 결재를 기다리고 있는데도 일단 방문한 민원인에게 최선을 다해 응대해준다. 그러니 저녁모임을 하면 가장 늦게 모임에 나타난다. 저녁 약속이 있어도 사무실에서 모든 일들을 다 끝내고 나오니 약속시간 1시간이 늦는 것은 자연스러웠다.

내가 옆에서 늘 지켜봐서 잘 아는데, 안타깝게도 안선배는 2007년부터 2009년 돌아가시는 날까지 근 2년 이상을 제대로 쉬지 못하셨다. 휴가 한 번 제대로 간 적이 없었다. 하루라도 좀 쉬시라고 하면, "가족들하고도 시간이 잘 안 맞아…"라며 마치 관심 없다는 듯이 말씀하신다. 물론, 2007년 당시 안선배는 에너지산업국장이었다. 에너지산업국의 석유, 가스, 전력, 석탄분야는 현안이 산적해 있어 늘 업무에 치이는 자리라 바쁠 수밖에 없었다. 특히 2007년 들어 석유, 가스등 각 분야별로 여기저기서 현안이 터지면서 일 처리에 정신이 없었고, 그해 12월은 크리스마스 때부터 설날까지 석탄노조의 농성에 대응하느라 며칠을 밤새우다시피 하셨다.

그러다가 이명박 정부가 들어서면서 2008년 1월부터 각 부처에서 우수한 인력들이 대통령직 인수위원회로 선발되었고, 우리부처에서 에너지 분야의 탁월한 전문가인 안국장이 인수위로 발령이 났다. 1월 첫째 주부터 인수위원회에서의 바쁜 생활은 시작되었다. 남들보다 더 늦게까지 야근하고 새벽 3~4시가 되어 다 정리된 다음에 퇴근하시는 일을 반복하기 일쑤였다. 당시 인수위 사무실은 한전 서울지역본부에 마련되어 있었다. 나도 몇 번 그곳으로 업무보고를 하러 간 적이 있었는데, 그때마다 안선배는 늘 전날 새벽까지 일했다고 하셨던 기억이 난다.

3월, 인수위가 끝난 뒤 안선배는 본부 자원실장으로 승진하면서 더욱 일이 바빠졌다. 3월에는 새 정부의 에너지 정책의 골격을 만들던 시절이었고, 또 얹

친데 덮친 격으로 글로벌 금융위기와 함께 국제유가가 치솟기 시작하면서 자원정책실은 하루도 쉴 틈이 없었다. 나도 자원개발총괄과장으로 자리를 옮긴 뒤로 새 정부의 해외자원개발 정책 수립과 자원외교로 아프리카 여러 나라들을 바쁘게 출장 다니고 있었다. 새 정부 초기이면서 글로벌 위기 등 경제 어려움으로 인해 정말 2008년 한해는 정신없이 바빴던 것 같다. 안선배 방에 들를 때마다 쌓여있는 서류와 각종 회의, 업무지시 등으로 바쁘게 일하시던 모습에 내 마음은 늘 안타까웠다. 오죽하면 마지막 날까지, 휴일까지 사무실에 출근해서 일하고는 세상을 뜨셨으니 말이다.

그렇게 밖으로는 공적으로 최선을 다하신 분이 왜 자신의 몸을 돌보는 데는 인색하셨는지... 안선배는 골프를 좋아하셨다. 안선배와 골프를 쳐 본 사람은 안선배의 스윙자세가 생생하다. 백스윙을 한 뒤 다운스윙을 할 때 일정한 원을 그리면서 내려오는 게 아니고, 8자형으로 돌리면서(?) 다운스윙을 한다. 그렇게 희한한 자세인데도 80초반의 핸디를 안정되게 유지할 정도로 골프를 잘 쳤다. 그런데, 새 정부가 들어서면서 바쁘다 보니 자연스럽게 공직자는 골프를 자제하는 쪽으로 분위기가 바뀌었고... 안선배는 좋아하는 골프 한번 못치고 2년 가까이 매 주말마다 출근하여 업무를 보았으니, 당연히 과로와 스트레스가 쌓일 수밖에…

2009년 1월 30일 금요일 아침 7시30분, 서울 아산병원 빈소에서 차관님 영결식은 눈물과 오열로 치러졌다. 자신의 안위를 돌보지 않고 오로지 국가경제의 발전을 위해 힘쓰셨던 故 안철식 차관님!! 오죽하면 영결식날 사모님께서 후배 공무원들에게 "앞으로 열심히 일하면서, 가족들과도 30분, 그리고 자기 자신을 위해서도 1시간이라도 시간을 써달라…"는 부탁을 하셨을까? 아마 그때는 모두들 다짐했을 것이다. '반드시 그렇게 하리라'고…

안선배가 돌아가신지 1년하고도 8개월이 후다닥 지나갔다. 영결식 날의 다짐이 어느새 가물가물해졌지만, 우리 공무원들은 오늘도 안선배처럼 열심히 국가 발전을 위해 일한다는 자부심으로 살아간다. 안선배같은 분이 계셨기에 우리 경제가 세계 어느 나라보다 먼저 글로벌 금융위기를 극복하고 발전을 지속하고 있다고 믿으면서…

이글을 쓰다 보니 우리 지식경제부의 선배이자 청주고등학교 선배이며, 그리고 '늘 남을 배려하고 매사에 최선을 다하는 삶'을 사셨던, '훌륭한 공직자의 표상'으로서의 안철식 선배가 더욱 그리워진다! "선배님~ 지금도 仁慈하신 그 모습이 눈에 선해요! 그

립습니다!!”

오늘 퇴근 후에는 생전에 그분이 좋아하시던 소주 한잔을 올려드려야 하겠다.

'소신'과 '소통'의 표상, 안철식 차관

최 태 현

현) 지식경제부 원전산업정책관

故 안철식 차관님을 생각할 때 떠오르는 이미지는 무엇일까? 항상 웃는 모습으로 대하여 상대방을 어렵지않게 배려하고 친근감을 듬뿍 주는 상사, 더러는 담배를 입에 물고 심각한듯한 고뇌의 모습도 보였지만, 언제나 믿음직스럽고 큰 형님 같이 이끌어 주는 듬직한 상사, 사무실 앞은 언제나 방문객으로 붐비게 되는 인간적 매력의 소유자 등등 각자가 느끼는 모습은 조금씩 다를 것이다. 본인이 국장 승진 후 2년

간의 외부 파견근무를 마치고 신설된 지경부의 초대 원자력국장(원전산업정책관)으로 복귀한 지금, 나에게 있어서 고인은 '소신과 소통의 인물'로 각인되어 있다.

외모만을 놓고 보면 고인은 소신이라곤 전혀 없을 것 같은 영낙 없이 마음씨 좋은 동네 아저씨 같은 모습이다. 고향 선배이긴 해도 내가 대모산 기슭 일원동 아파트로 이사 오기 전에는 고인을 개인적으로 잘 알지 못했다. 같은 직장이지만 고인은 동력자원부에서 출발한 정통 에너지 관료였고, 나는 변방에서 떠돌다 온 햇병아리에 불과했기 때문이다. 그러던 내가 원자력산업과장, 에너지자원정책과장을 맡게 되면서 고인을 상관으로 모시는 소중한 인연을 맺게 되었다. 아마도 원자력정책을 담당한 선배관료로서 고인은 나를 사뭇 지켜보면서 지도해주고 챙겨주었을텐데 개념 없는 내가 그런 선배의 심정을 깊이는 몰랐었던 것 같다.

나는 우리나라 원자력발전의 역사에서 그동안 2번의 변곡점이 있었다고 생각한다. 그 두 번 모두의 현장에 남다른 소신과 소통의 지혜를 갖춘 안차관님이 있었다. 고인은 '소신'의 인물이다. 열악한 우리나라의 에너지 현실에서 고인은 원자력의 중요성을 깊이 인식하고 업무를 추진한 국가의 충복으로서 충분한 관료였다. 김대중 정부 시절 원자력산업과장으로 근무하면서 겪었던 신임 장관과의 힘들었던 시간을 회상하며 가끔씩 이야기를 들려주곤 했다. 당시는 우리나라가 추가 건설한 원전의 노형을 두고 한참 논쟁을 벌이던 때였다. 월성 1, 2호기와 같은 노형인 캐나다의 가압중수로 아니면 미국식 가압경수로 방식으로 갈 것인지 아직 정하지 못한 상태였다. 신임장관은 부임하기 전부터 무슨 얘기를 들으셨는지 담당과장이 쓸데없는 고집을 부리고 있다는 생각을 하시고, 당시 고인에 대해 부정적인 인식을 갖고 계셨다고 한다.

이대로 물러날 것인가? 부딪혀보기로 하고 장관께 수차례에 걸친 설명과 보고 끝에 결국 장관님은 오해를 풀고 고인의 소신과 진정성을 인정하게된 것이다. 전화위복이었다. 담당과장의 확실한 판단과 소신을 장관님이 인정하신 것이었다. 만일 탄탄한 식견과 합리적인 사고와 불편부당한 자세에서 우러나온 '소신'이 아니었다면 새로 부임한 신임장관을 설득해보겠다고 나서는 것은 입장을 바꿔놓고 생각해도 쉽지 않았으리라. 영혼이 없고 소신도 없는 공무원이 넘친다는 비판을 받는 요즘의 현실에서 고인의 패기와 소신이 돋보이는 에피소드가 아닐 수 없다.

고인은 '소통'의 표상이었다. 일부러 소통하려고 찾아다니지 않아도 고인의 사무실은 항상 내방객으로 북적거렸다. 본인이 에너지 주무과장으로서 에너지자원실장을 모셔야 하는 입장에서, 처음에는 이해가 되지 않았다. 좀 더 효율적으로 시간 관리를 해야하는 것 아닌가? 때로는 얼토당토않은 말을 끝까지 들어주시다니? 이런 생각을 했던 사람은 나 혼자만이 아니었을 것이다. 그러나, 그것이 바로 소통의 비결이라는 것을 깨닫는 데 그리 오랜 시간이 걸리지 않았다. 소통의 본질은 막무가내의 설득이 아니라 따뜻한 공감에서 출발한다는 것을…

고인의 소통 마인드가 두 번째 변곡점에서 빛을 발한다. MB정부 첫해인 2008년 6월, 장기 에너지 수급전략인 '제1차 국가에너지기본계획' 수립 작업이 한참 진행되고 있었다. 큰 방향과 골격은 당시 에너지자원실장인 고인이 직접 관여하고, 수급전망과 다양한 시나리오에 바탕을 둔 전문가들과의 분석 작업이 병행되는 고된 일이었다. 문제는 사회적 수용성을 확보하는 일이었다. 국가에너지기본계획안의 핵심 내용이 국가에너지믹스에서 원자력 비중을 2006년 16%에서 2030년 28%로 대폭 늘리고, 전력생산비중은 34%에서 59%로 올리는 내용이었기 때문에 환경단체를 비롯한 NGO와의 대화가 문제였다. 우리나라와 같이 제조업 기반으로 경제성장을 이룬 국가들이 온실가스 감축이란 국제적 의무를 다하려면, 에너지 효율을 통한 에너지소비 절감뿐만 아니라 에너지 공급측면에서 원자력 외에 다른 대안이 없었다.

다행스럽게도 참여정부에서 에너지정책 거버넌스인 '국가에너지위원회'를 구성·운영 중이었기 때문에 그 틀 속에서 민간 환경단체들과 각종 분과위원회 및 T/F 활동을 통해 의견수렴과 소통을 하던 시기였다. 국가에너지위원회의 민간위원중 1/3은 NGO 추천인사이기 때문에 문제가 없는 듯이 보였다. 일각에서는 정면 돌파를 주장했지만 당시 상황은 만만하지 않았다. 미국산 쇠고기 광우병 파동으로 서울시청 앞에는 매일 밤 촛불시위가 벌어지고 있어 정부나 NGO를 불문하고 살얼음판을 내딛는 분위기였다. NGO눈치를 본다는 안팎의 지적이 있었지만, 고심 끝에 국가에너지기본계획 발표시점을 2개월 연기하는 전략적 판단을 내리게 된다. 대신에 남은 기간 동안 보다 확실한 소통과 공감대 확산을 강조하였다. 고인은 2개월 동안 환경단체와 국가에너지위원회의 민간위원들을 직접 사무실로 찾아가서 설명하는 수고를 아끼지 않았다. 시위 도중 부상을 당한 NGO 인사를 문병토록 담당과장인 본인을 보내기도 했고, 자신이 직접 일일이 위로전화를 걸기도 했다.

회고해 보면 2008년 여름의 어려운 상황 속에서 국가에너지기본계획을 무난하게 수립한 것은 에너지 분야의 탄탄한 인적 네트웍을 바탕으로 지속적으로 시민단체들과 진정성을 갖고 공감대를 확대해 나간 것이 주요 성공요인이었다고 판단된다. 국가에너지기본계획은 MB정부 최초로 최우수 정책홍보사례로 선정되었다. 그러나 청와대 수상식 참석을 며칠 앞두고 차관님이 갑자기 돌아가셔서 참으로 안타깝고 아쉬운 마음을 금할 수 없었다.

최근에 발생한 일본의 후쿠시마 원전 사고 이후 한국 원자력계는 세 번째 역사적인 변곡점을 맞이하고 있다. 예기치 못한 후쿠시마 원전 사고 여파로 인하여 안철식 차관께서 잘 이끌어 오셨던 원전 산업의 르네상스에 제동이 걸릴 위기에 처해있고, 대체에너지는 아직 뚜렷한 게 없는 상태이다. 이와 같이 어려워진 시기에 원자력산업 정책을 이끌어가야 하는 지금의 나에겐 故 안철식 차관이 품었던 에너지 강국의 꿈, 당찬 소신, 그리고 따뜻한 소통의 지혜가 사무치게 그리울 따름이다.

삼가 고인의 명복을 빕니다.

'선배님의 꾸중'을 기억하며

박 순 기

현) 파견, 여수EXPO조직위원회 전시운영본부장

전) 지식경제부 자원개발총괄과장

안선배님이 유명을 달리한 후, 우리 부처 직원들은 모두 같은 생각이었다. 안차관님이 너무 열정적으로 일을 하셨는데, 일하면서 쌓인 스트레스를 남들에게, 특히 부하들에게 풀지않고 안으로 삭이셨다는 의견들이었다. 그러면서 스트레스를 남에게 넘기는 것이 삶의 지혜라는 말을 농담처럼 건냈다.

안차관님은 에너지 관련부서에 오래 근무하셨고, 차관으로 승진하기 전에 에너지산업국장, 에너지실장을 역임하셨다. 우리부 에너지 관련부서는 업무성격

상 이해관계자가 많아서 실장님 방은 늘 손님들로 가득차 우리 직원들이 결재받기 어려울 지경이었다. 손님들은 모두 어려운 사정을 호소하며 실장님께 해결해 달라고 부탁하는 것이었다. 중앙부처에서 일을 하다보면 민원인들의 사정이 딱해도 규정 때문에, 아니면 다른 이해관계자의 반대 때문에 민원을 들어줄 수 없는 경우가 많다. 실장님은 그래도 늘 민원인의 편에서 조금이라도 민원인의 애로사항을 해소할 길은 없는지 고민하고 고민하셨다. 그러한 부담을 부하직원들에게 넘기는 것이 관행이라면 관행인데, 실장님은 부하직원들에게 부담을 주기보다는 부하직원을 항상 격려하고 장점을 강조하는 상사이셨다.

나는 독일에서 상무관 근무를 마치고 2007년 귀국해서 안선배님을 담당국장으로 모시고 석탄산업과장으로 약 1년을 함께 근무하게 되었다. 선배님은 늘 나에게도 격려와 도움의 말을 아끼지 않으셨는데, 내 경우에는 고등학교 후배이다 보니 더 많은 관심을 보여주셨다.

1년여동안 국장님으로부터 꾸중을 들은 적이 두 번 있었다. 오늘은 이 이야기를 하고 싶다. 한번은 외부 인사와의 저녁 회식자리였다. 나는 그때 집이 멀어서 차를 갖고 다녔고 그날 음주를 하여 대리운전을 하게 되었다. 그날따라 회식자리가 길어져서,

나는 조금이라도 빨리 집에 갈 요량으로 회식시간이 끝나갈 것으로 예상되는 시점에서 대리기사를 미리 불렀다. 그런데 이것이 화근이 되었다. 저녁자리가 내 예상보다 20분 이상 더 지속되었던 것. 대리기사에게 미안한 마음이 있었던 나는 저녁자리가 공식적으로 파하자마자 얼른 대리기사를 만나 집으로 출발했던 것이다.

차가 출발하자마자 얼마 안되어 선배님에게서 핸드폰으로 전화가 왔다. 선배님은 좀처럼 보기 드물게 매우 화가 난 목소리로 나를 질책하셨는데 질책의 요지는 외부 손님에게 잘 가시라는 인사도 하지 않고 먼저 출발했다는 것이었다.

이 일을 계기로 사람관계에서 나보다 남을 생각하는 태도, 예의가 얼마나 중요한지 반성하게 되었고, 이후로 나는 각종 모임에서 가급적 다른 분들을 배웅한 이후에 귀가하는 습관이 생기게 되었다. 그 때 선배님이 나를 혼내지 않았더라면 잘못된 습관을 버리지 못하고 여전히 다른 사람에게 결례를 범하고 있을 것을 생각하니 선배님의 질책이 얼마나 다행스러운지 감사하게 생각하고 있다.

다른 한번의 꾸중은 2007년 12월말 광산노련 위원장의 단식농성 때였다. 단식 농성의 주된 슬로건은 광산근로자의 이직지원금, 법적으로는 폐광대책비라 불리는 돈을 정년퇴직 근로자에게 지원해 달라는 것이었다. 하지만 농성을 촉발한 계기는 모 공단이 광산근로자 복지재단에 수십억원을 출연하는 건이었다.

나는 담당과장으로서 동 출연금의 취지는 공감하나 출연이후 복지재단의 관리방법이 매우 부실하므로 이를 먼저 보완한 후 출연하는 것이 좋겠다고 생각하여 동건에 대해 반대의견을 제시했다. 이러한 상황에서 열린 동 공단의 이사회에서 출연건이 논의되었으나, 찬반논란이 계속되어 결국 다음 이사회로 연기하기로 결정되었다. 바로 다음날 광산노련의 노조위원장이 이사회가 열렸던 장소에서 단식농성을 시작하였다. 농성의 슬로건은 정년퇴직자에게 폐광대책비의 지급을 촉구한다는 것이었다.

이 과정에서 나는 국장님으로부터 또 꾸지람을 듣게 되었다. 국장님은 동 재단에 출연하는 것에 문제가 있다는 내 판단에는 동의하셨다. 그런데 출연건이 부결되었을 경우 이에 따른 파급효과를 예상하고 거기에 대한 대책까지도 생각해 놓아야 하는데 그러지 못했다는 점을 지적하신 것이었다. 사실 나는 출연건이 부결될 경우 무슨 일이 생길지는 전혀 생각하지 않고 일을 처리했던 것이다.

그 결과 2007년 연말에 국장님은 큰 고생을 하였

다. 크리스마스 직전에 시작된 농성은 연말을 넘겨 1월 1일에도 계속되었다. 연말연시에 국장님과 나는 문제해결을 위해 백방으로 뛰었다. 국장님은 당시 인수위에 발탁되어 파견을 나가게 되었는데, 인수위의 바쁜 업무를 처리하면서도 농성건의 해결을 위해 나와 긴밀히 연락하셨다. 결국 농성은 1월초에 노사간에 합의함으로써 끝나게 되었고, 나는 선배님에게서 고생많았다는 격려의 말씀을 들을 수 있었다.

그 때 나는 선배님으로부터 공직자로서 업무를 처리하는데 얼마나 신중해야 하는지, 그리고 앞으로 벌어질 사태를 예측하는 것이 얼마나 중요한지 몸으로 깨달을 수 있었다. 이러한 경험이 지금 공직을 수행하는데 큰 도움이 되는 것은 두말할 나위가 없다.

선배님은 돌아가셨지만 선배님이 들려주신 조언과 보여주신 모범은 나의 삶에 남아서 큰 영향을 주고 있다. 나도 선배님처럼 남의 삶에 모범이 되는 인간이 되고 싶다.

철식이 형님! 그립습니다.

유 연 백

현) 지식경제부 감사관

호주에서 들은 믿을 수 없는 소식

호주 상무관으로 지낸 3년간의 생활을 마무리할 즈음인 2009년 1월에 형님의 차관 승진 소식에 반가운 마음과 곧 귀국해서 함께 일할 생각으로 마음이 들떠 있었지요. 설 연휴 마지막 날인 1월 28일에 공관 근무가 끝나고도 9홀 정도는 골프를 칠 수 있기 때문에 동료들과 아쉬운 마음에 운동을 하고 있었지요. 거의 끝날 무렵에 멜버른에 사는 김성학 사장으로부터 전화가 와서 안차관님이 돌아가셨다는 뉴스가 나온다고 하데요. 대강 마무리하고 사무실로 급히 가서 인터넷으로 확인을 해보니 믿고 싶지 않았지만 사실이더라구요. 지경부에 전화해서 확인해 보니, 연휴에도 출근해서 일하시다가 과로사를 한 것 같다고 얘기하면서 우리부 전체가 숙연한 분위기라고 전해 주었습니다. 너무 기가 막히고 마음도 울적해서 한참을 멍하니 있다가 집에 돌아오니, 왜 그렇게 기운이 없어 보이냐면서 어디 아픈 것 아니냐고 아내가 묻길래 간단히 상황을 설명하고는 내 방으로 가서 많은 생각에 잠겼지요. 머나먼 호주에 있으니, 이 상황에서 아무 것도 할 수 없어 마음만 답답하고 일도 손에 잡히지 않고 그랬지요. 그러다가 정신없이 대통령 방호행사를 마치고 귀국했지요.

함께 했던 추억들

형님과의 첫 만남은 90년대 초로 거슬러 올라가서 제가 감사원에 있을 때, 동력자원부 감사장에서 있었던 것으로 기억됩니다. 당시 형님은 석유수급과에서 석유 유통업무를 담당하면서 주유소 폴사인 제도를 정비하고 있었지요. 주유소 거래 현황과 폴사인제 필요성을 열심히 설명하시던 모습이 지금도 기억나고, 지금 석유산업과장으로서 그 일의 연장선에서 무폴 주유소 등에 대한 품질관리대책을 마련하고 있답니다.

92년 9월에 제가 감사원에서 동력자원부로 옮겨 가스관리과에서 일하게 되었을 때에도 자상하게 대해 주셨지요. 그리고 함께 테니스도 했었는데, 당시 초보 수준이던 저에게 손목을 이용하여 특유의 스핀을 넣은 일명 팽이테니스로 무척 약을 올렸었지요. 그러다가 어느 날 제 실력이 향상되면서 대등한 승부를 하던 날, 끝나고 통닭에 맥주를 하면서 함께 한 사람들한테 이야기했지요. 유사무관이 테니스 실력이 느는 걸 보니까, 저런 몸치도 하면 되는구나 하는 걸 느꼈다고 말씀하셔서 모두들 웃었지요.

95년인가 형님이 석유가스국 총괄서기관으로 있을 때, 자원정책국 주무사무관으로 일하면서 자원실 업무를 총괄하면서 많은 도움을 받았고, 빨리 과장으로 승진하시지 않고 언제까지 사무관처럼 일할거냐고 이야기할 때마다, 때가 되면 하겠지 하면서 웃었지요. 그러다가 겨우 미국 워싱턴 주정부로 직무연수를 떠나시면서 그 후로는 사무실에서 가까이 일하면서 뵙기는 어려웠지요.

미국에서 돌아와 전남도청으로 파견을 가게 되어 혼자 1년을 광주에서 지내셨지요. 그 때 제가 지역에너지업무로 광주 출장을 갔을 때, 광주시 유용빈 사무관과 함께 점심을 하면서 오랜만에 많은 이야기를 나눌 수 있었고, 형님은 그 때도 에너지업무에 도움이 될 분이라면서 교수 두 분을 제게 소개해 주셨지요. 그 후 전남과 광주의 현안해결에도 많은 도움을 주셔서 유용빈 사무관은 지금도 저만큼이나 안타까워하고 있지요.

99년 말경 광주에서 올라와 원자력산업과장이 되셨지요. 지금과는 달리 그 때는 원전건설과 방폐장 부지선정 문제 등으로 어려운 상황에서 일을 맡았지요. 그 때 저는 지속가능발전위원회에 파견 나가 있었는데, 거기에서 원전의 지속가능성에 대해 논의를 할 때, 원전의 안전성과 필요성에 대해 적극 대응했었지요. 그 후로 형님은 청와대로 가시고, 저는 미국 유학을 거쳐 원자력산업과장이 되었지요. 그 때 형님이 닦아 놓은 토대를 바탕으로 반핵단체의 반대를 무릅쓰고 방폐장 부지선정과 신고리 등 신규원전 건설을 승인하는데 일조를 했지요.

그 후 2006년부터 호주상무관으로 있는 동안 형님은 청와대에서 지경부로 돌아와 에너지산업국장, 에너지자원실장을 거쳐 차관으로 승진하셨지요. 호주와는 매년 자원협력위원회를 돌아가면서 개최하는데, 2008년 11월에 서울 신라호텔에서 개최된 한-호 자원협력위원회는 형님이 단장으로 하루 종일 회의를 주재하셨지요. 전 날 기자단하고 회식을 해서 많이 피곤해보였지만, 내색을 않고 열심히 일하시던 모습이 눈에 선하네요. 회의가 끝나고, 호주에서 왔는데 어디 가서 한 잔하자고 하셔서 함께 차를 타고 가는 동안 자원실에 현안이 많은데 깊이 아는 사람이 적으니 에너지에 애정이 많은 네가 돌아와서 열심히 해야한다고 하신 말씀이 저한테 해주신 마지막 말씀이 되었습니다. 그런데 그 날 아무래도 형님이 너무 피곤하신 것 같아 제가 호주에서 곧 돌아오니까 그때 한잔 사주시고 오늘은 쉬시는 게 좋겠다고 말씀드리고, 제가 사당동에서 그냥 내렸지요. 그것이 형님과의 마지막 만남이 되었습니다.

그 후 호주에서 돌아와 전기위원회에서 일하면서, 남창현 국장하고 형님얘기 많이 했지요. 금년 1월 1주기에 형님 계신자리를 찾아뵈면서 마음속으로 다짐을 했지요. 형님, 편히 쉬시고 남은 일은 저희들이 열심히 할테니 잘 지켜봐 주시면 좋겠다고요. 지금도 일하다가 어려우면 형님을 떠올리면서 마음을 다잡곤 한답니다.

영원한 우리들의 형님, 철식이 형!
정말 그립습니다.

당신께 감사와 사랑을 전합니다

박 진 규

현) 지식경제부 기획재정담당관

안철식 차관님을 처음 뵈었을 때부터 지금까지 20년 가까이 지났지만 아직도 생생하게 생각나는 지워지지 않는 장면이 하나 있습니다. 그 모습은 차관 때도, 실장 때도, 국·과장 때도 아닌 20년 전 사무관 시절의 모습입니다. 그 특유의 흘러내리는 안경을 내리쓰고 한 손엔 펜, 다른 한손에 담배를 든 채 철제 책상에 앉아 일에 몰두해 있던 안철식 '사무관'의 모

습. 그 강렬한 인상은 지금도 사진속의 한 장면 같이 저의 기억 속에 또렷이 자리잡고 있습니다.

제가 안차관님을 처음 만난 것은 1991년이었습니다. 중앙공무원 연수를 마치고 부처 수습배치를 받았던 부서는 동력자원부 해외자원과였습니다. 설레임과 두려움으로 첫 출근을 하던 날 따뜻한 미소로 맞이해주었던 분이 바로 안철식 '사무관'님이셨습니다. 당시 사모님의 학위과정 때문에 따님과 먼저 미국에서 귀국하신 탓에 휴일 근무에 유치원생 따님을 사무실로 데리고 오곤 하였었는데 그 따님이 이제 대학생이라니 세월 참 빠르고 무상합니다.

안차관님은 일을 할 때면 늘 담배를 찾곤 하셨습니다. 어떤 때는 담뱃불을 붙인 채 보고서에 몰두하느라 담배가 끝까지 다 타들어가 재만 길게 남은 적도 한두 번이 아니었지요. 그럴 때마다 안경도 거의 코끝까지 내려와 있었습니다. 매일같이 쌓여있는 업무처리 때문에 저녁 무렵이 되면 안차관님의 재떨이는 담배꽁초로 넘쳐흘렀고 사무실은 자욱한 담배연기로 너구리굴이 되곤 했었습니다. 많은 스트레스와 과중한 업무로 힘드셨겠지만 짜증 한번 내시고 않고 애꿎은 담배만 죽이곤 하셨던 것 같습니다.

당시에 안차관님이 맡았던 일은 해외자원개발 기본계획 수립, 심해저 자원개발, 자원조사단 파견, 자원협력위원회 개최와 같은 국제협력 업무 등이었던 것으로 기억합니다. 인도네시아, 베트남 등의 자원개발 프로젝트 발굴에서 해외자원개발법 개정까지 한가한 날이 거의 없었습니다. 그럴수록 사무실은 매일 같이 굴뚝이 되었습니다.

안차관님이 많은 일을 도맡아 하면서도 새로이 의욕적으로 개발한 업무가 심해저자원개발 업무였습니다. 태평양 3000~4000m 심해저에 널려 있는 망간단괴를 개발하여 우리 자원으로 확보하는 일이였습니다. 망간단괴는 심해저에 널려 있는 망간, 니켈, 코발트, 구리 등 전략광종의 덩어리라고 했습니다. 각국이 탐사를 통해 확보된 광구를 UN에 등록하기 위해 분주히 움직일 때 우리나라 사람들은 단지 호기심에서 그 일을 바라보고 있었습니다. 그 때 안차관님은 이러한 중차대한 과제를 단순히 호기심이 아닌 국가적인 프로젝트로 만들어가야 한다고 인식을 하고 있었습니다. 그러나 우리의 상황은 소위 '맨땅에 헤딩하기' 수준이었습니다. 법과 제도, 예산과 조직 등 관련 인프라는 아무 것도 없었습니다. 안차관님은 심해저자원개발을 위한 법과 조직 등 제도적인 틀을 만드는 한편, UN에 광구등록을 하기 위해 탐사선인 온누리호를 남태평양에 보내는 탐사작업도 동시에 추진했었습니다. 누군가 앞장서서 하지 않았다면 유망한 광구는 모두 다른 나라에 빼앗겼을 상황이었습니다. 안차관님은 뚝심과 열정으로 해저자원개발법 제정은 물론 관련 사업추진을 위한 내외부 조직을 만들었고, 그 이후 우리나라는 성공적인 탐사활동을 토대로 UN에서 7번째로 태평양의 유망지역을 대한민국 광구로 등록하게 되었습니다.

저는 햇병아리 사무관으로서 어디가 앞인지 뒤인지도 잘 몰랐을 때 당시 안사무관님으로부터 많은 일을 보고 배웠습니다. 앞으로 시간이 지나면 나도 저렇게 열정을 가지고 일을 할 수 있을까 하는 의문과 함께 공무원이라면 저렇게 일해야 하는구나라는 경외심 같은 것도 갖게 되었습니다.

안차관님은 정이 참 많으신 분이었습니다. 해외자원과에서 일 년 남짓의 만남이었지만 그 인연을 계기로 같이 일했던 직원들은 20년 가까이 만남의 자리를 가져 왔었습니다. 그 중심에 안차관님이 계셨기 때문에 가능한 일이었습니다. 2007년 초에 제가 영국에 상무관으로 나갈 때도 그 멤버들과 같이 환송회를 해 주셨습니다. 마지막 출국 인사를 드리고 나올 때도 업무 때문에 정신없이 바쁜 가운데에서도 따뜻한 격려의 말을 잊지 않으셨습니다.

그 후 제가 영국대사관에서 근무하던 어느 날, 지식경제부 에너지자원실 직원이 런던에 출장을 온다는 얘기를 들었습니다. 고마운 마음을 전할 기회가 왔다고 생각하고 조그만 선물을 하나 준비해서 서랍 속에 넣어 두었습니다. 그 직원에게 당시 에너지자원 실장으로 계셨던 안차관님께 전달을 부탁할 생각이었지요. 직원이 런던에 오기 며칠 전 안실장님이 차관님이 되었다는 소식을 들었습니다. 그 소식을 듣고 대사관 직원들에게 안차관님의 훌륭한 성품과 열정에 대해서도 많은 자랑을 했었지만 이제 실장님이 아닌 차관님께 직원을 통해 선물을 전달해 드리는 것이 적절한 방법이 아닌 것 같아 다음 기회에 직접 드리기로 하고 그냥 서랍 속에 놓아두었습니다.

그런데…… 얼마 뒤 안차관님의 과로사 소식을 들었습니다. 머리가 멍해지고 가슴이 답답해서 아무 일도 할 수 없었습니다. 믿어지지가 않았습니다. 인터넷을 통해서만 들은 얘기라 본부에 직접 전화도 걸어 보았습니다. 그리고 책상 서랍 속에 놓아두었던 전달하지 못한 그 선물을 꺼내보았습니다. 마지막 조그만 감사의 마음을 드릴 기회가 있었는데 영원히 기회를 잃어버렸다는 생각에 가슴 한편이 먹먹해졌습니다.

그 때는 멀리 떨어져 있었기에 믿어지지 않았지만 영국근무를 마치고 돌아온 지금도 믿어지지 않습니다. 지금도 어디선가에서 안경을 흘려 내리쓰고 금방

이라도 나타나 제 이름을 불러주실 것만 같습니다.

다시 본부로 돌아왔지만 청사 어디에도 계시지 않는 차관님의 자취를 이젠 마음으로 추억하며 드리지 못한 선물을 다시 꺼내 봅니다. 부디 평안한 곳에서 쉬시면서 저희들을 지켜봐 주십시오. 국가와 민족을 위해 일하는 공무원의 표상으로, 늘 저희 가슴속에 잊지 못할 큰 선배님으로 남아 계실 것입니다.

故 안철식 차관님께 감사와 사랑을 전합니다.

안차관님 영전에 삼가 이글을 바칩니다

장 석 구

현) 대구광역시 신기술산업국장
전) 지식경제부 미래섬유과장

해마다 들국화가 온 천지를 뒤덮는 천고마비의 계절이 오면 늘 우리 공무원들은 흔한 야생화의 향기와 가을정취를 음미할 겨를도 없이 국정감사에 매진해서 일해 왔습니다. 금년도 여지없이 우리부의 전 직원이 너나 할 것 없이 또 다시 국정감사준비로, 또 국정감사를 받느라 분주했으리라 생각합니다.

제가 에너지안전과장으로 근무하던 2008년 국정감

사 때의 일입니다. 정부가 LPG 안전사고를 줄이기 위해 그해 7월부터 야심차게 보급을 추진했던 차단기능형밸브(가스통과 배관이 분리되면 자동으로 가스공급이 차단되는 밸브)에 문제가 생기기 시작했습니다. 배관이 분리되면 가스공급이 차단되어야 하는데, 계속 가스가 새기 시작한 것입니다. 밸브를 잠그면 안전에 큰 문제는 없었지만 원래 기능을 상실하였기 때문에 문제가 되기 시작한 것입니다. 차단기능이 추가됨에 따라 밸브가격이 인상되어 불만이 많았던 업계에서 불평하기 시작하였으며 이를 받아 KBS 등 언론에서도 대서특필하여 보도하였습니다.

돌아가신 안철식 차관님(당시 에너지자원실장)께 당시의 심각한 상황을 보고 드렸을 때, "원래 가스는 새게 되어 있는 것"이라고 질책이 아닌 위로로 저를 달래며 침착하게 대응하라고 말씀하셨습니다. 단기적으로는 불량이 발생한 밸브를 전량 회수하기 위해 주말도 없이 밤낮으로 현장을 다니며 회수실태를 점검하고, 장기적으로는 불량이 발생한 구조적인 개선책을 마련하여 불량밸브 문제를 완전히 해소할 수 있었습니다.

그런데 문제는 국정감사때 발생했습니다. 우리부 국정감사의 핫 이슈로 등장하기 시작한 것입니다. 마치 정부가 엄청난 잘못을 한 것처럼 모 의원이 책상을 두드려가며 질책을 하기 시작했고, 장관님께서도 적지 않게 곤욕을 치루시는 모습을 볼 수 있었습니다. "이젠 끝이구나"하면서 한숨을 쉬고 있는데 더 큰 문제가 오후에 터졌습니다.

이번에는 그해 7월에 발생한 천연가스버스 폭발사고로 인해 시민의 발인 천연가스버스의 안전관리제도가 또 한번 이슈로 등장했습니다. 사실 천연가스버스는 2002 월드컵에 맞춰 시급히 보급하느라 안전성에 대한 심각한 검토가 부족한 상황에서 성급하게 보급한 문제가 있었습니다. 국감때마다 보는 장면이지만 이번에도 모 의원의 질책이 거의 비난 수준에 달했습니다. 지상을 통해 보니 금년에도 이와 유사한 상황이 있었던 것 같습니다. 안그래도 몸 둘 곳을 몰라 당황했던 담당과장인 저로서는 자포자기의 심정까지 들었습니다. 그런 와중에 휴식시간에 故 안차관님께서 저를 부르시더군요. 그리고 장관님께서 국감현장에서 직접 써준 메모지를 제게 전해주시더군요. 메모지에는 "에너지안전과에서 하는 일을 믿을 수가 없어요"라고 적혀 있었습니다. 사실 이런 쪽지를 장관님으로부터 받으면 그만두라는 소리 아니겠습니까? 장관님께 신뢰받지 못한 과장이 어찌 그 자리에 더 머물러 있을 수 있겠습니까? 故 안차관님께서도 당시 장관님께 적지 않은 질책을 받으신 것으로 알고 있는데, 차관님께서는 좌절감으로 안절부절 못하던 제게 질책대신 오히려 "사람이 살다보면 이보다 더 어려운 일도 많은데 기죽지 말고 일해라. 장과장이 열심히 한 것은 누구보다 내가 잘 안다. 걱정 말라" 하면서 위로해 주시던 기억이 떠오릅니다.

故 안철식 차관님은 이런 분이셨습니다. 늘 큰 형님처럼 다정하게 용기를 북돋아주시는 따뜻한 인간미를 가지셨던 분입니다. 또 그해 말 실시된 승진심사에서 제가 누락되었을 때는 직접 불러서 "다음에는 내가 책임지고 승진시켜줄 테니까, 맡은 바 업무에 매진해라"고 위로와 함께 조언을 해 주셨습니다. 제가 그 따뜻한 위로와 격려를 어찌 잊을 수 있겠습니까? 너그러운 품성과 부드러운 인간미를 어찌 흠모하지 않을 수 있겠습니까?

차관님, 당신의 떠나간 빈자리가 국감시즌이 되니 왜 이리 크게 느껴지는지 모르겠습니다. 더 오래 계시면서 우리부와 국가를 위해 더 큰 일을 하셔야 할 분이 왜 이리도 서둘러서 가셨는지 모르겠습니다.

비록 저 세상에 계시기는 하지만 아직도 차관님의 자상한 모습과 따뜻한 미소는 제게 큰 용기와 위로를 줍니다. 우리 후배들이 늘 본 받아 일하겠습니다. 차관님께서 못 다 이루신 일들은 우리 후배들이 그 유업을 이어 완수하겠습니다. 그러니 저 세상에 계시더라도 안심하고 편히 쉬십시오. 몸은 가셨지만 차관님께서 남긴 발자취와 인품은 우리 후배들의 영원한 귀감이 될 것입니다.

마지막으로 차단기능형 밸브는 약 1백만 개, 100% 모두 회수하였고 구조적인 문제도 해결하였습니다. CNG 불량용기도 1만개를 회수하여 획기적으로 안전성이 개선되었다는 보고를 차관님 영전에 드립니다. 안심하시고 편히 쉬십시오.

당신의 꿈과 열정을 후배들이 이어가겠습니다.

나 기 용

현) 지식경제부 원자력산업정책과장

2년 전 구정 연휴 기간 중, 고 안철식 차관님의 지시로 최초로 한-요르단 원전 건설 협력을 협의하기 위해 실무 대표단과 함께 요르단 현지에 도착하자마자 차관님 서거 비보를 접하였습니다. 불과 일주일 전에 차관으로 부임하시어 이제는 우리도 원전을 해외에 한번 수출하도록 하자며 두 손을 꼭 잡고 당부하셨는데 너무 너무 가슴이 아프고, 아무 일도 손에 잡히지 않았습니다.

안차관님께서는 에너지 분야의 전문가이셨지만 유달리 원전산업에 열성을 가지시고 헌신적으로 노력하시어 오늘날 한국 원전산업 발전의 틀을 만드신 것으로 생각합니다. 원자력산업과장 시절 많은 어려움에도 불구하고 원자력 발전소 표준노형으로 한국형 경수로를 결정하시었고, 지역주민의 반대를 무릅쓰고 신규원전 부지를 추가로 확보하고, 발전소주변지역법을 개정하여 원전 주변지역 지원을 강화하셨고, 원전 기술자립 방안을 마련하기 위해 혼신의 노력을 다하셨습니다.

에너지자원실장시절에는 2030년 원전비중을 60%로 대폭 확대하고, 기술자립을 촉진하는 국가에너지기본계획을 수립하시고, 경주방폐장 선정이후 지역지원을 추가로 요구하는 지역주민과의 대화를 통해 경주 방폐장이 착공될 수 있도록 혼신의 노력을 다하셨으며, 국가 원전산업의 백년대계를 위해 사용 후 원전 연료 처리 및 처분을 준비하는 공론화 작업과 방사성폐기물관리법안 제정도 서두르셨습니다.

아무도 우리 원전의 해외 수출 가능성을 믿지 않았을 때 우리 원전기술 자립과 수출추진을 독려하시다가 어느 날 갑자기 돌아가셨습니다. 그 때, 당신께서 그렇게도 바랬던 UAE 원전 수출이 성사되었고

지금은 세계 각국이 우리 원전에 러브콜을 하고 있습니다. 국내에서도 원자력산업은 더 이상 외면받는 천덕꾸러기가 아니라 우리 경제를 이끌어갈 새로운 산업으로 인식되고 있습니다. 당신께서는 우리나라를 세계의 원전산업을 이끌어 나갈 수 있는 위치에 올려놓았습니다.

안차관님께서는 늘 온화하신 모습으로 저희 후배들의 장점을 칭찬하시고, 부족한 부분을 감싸 주시고 다독여 주셨습니다. 당신께서는 언제나 최선을 다하는 모습을 몸소 실천해 보이셨습니다. 업무 쟁점에 관해서는 토론을 통하여 방향을 정립하여 주시고, 저희 부하 직원들이 하기 힘든 일은 직접 나서서 아무 말씀 않으시고 해결해 주셨습니다. 업무보고 관련하여 한번도 화를 내는 모습을 뵌 적이 없습니다. 과중한 업무로 심한 스트레스를 느끼셨을 것 같은데 담배 한대 피우시면서 씩 웃으시고 넘어갔던 당신의 모습이 너무 그립습니다.

故 안철식 차관님!

당신이 생전에 보여주셨던 모습은 저희 후배들이 공직자로서 나아가야할 길을 제시하고 있습니다. 당신의 꿈과 열정은 저희 후배들이 받들고 이어가겠습니다. 하늘나라에서 편히 잠드십시오.

2000년대 초 KEDO 관련차 평양방문 때의 모습

안철식표 미소를 그리며

박 덕 렬

현) 파견, 대통령실 과학기술비서관실 행정관

전) 지식경제부 플랜트팀장

고 안철식 차관님과 처음 인연을 맺게 된 것은 정확히 10년 전의 일이다. 연수원을 수료하고 처음 배치받은 곳이 바로 안철식 과장이 계시던 원자력산업과였다. 개인적으로는 고교 선배이기도 하려니와, 공직생활을 첫 출발하면서 모시게 된 과장님이어서 나에게 안차관님은 남다른 분으로 남아있다. 고시 합격이 늦어지면서 흔히 말하는 관운이 나에겐 없나보다 했었는데, 돌이켜보면 이런 분을 처음 과장으로 모시게 된 것이 바로 특별한 행운이 아니었나 싶다.

안차관님이 가르쳐 준 첫 번째 덕목은 언제나 적극적이던 뜨거운 열정이었다. 그 분은 무슨 일이 주어지든 항상 진지하고 부지런한 자세로 임했으며, 열정에 있어서만큼은 그 어느 젊은 직원에 뒤지지 않았다. 신월성 원자로 타입 결정, 신규원전 부지 선정, 발전소 온배수로 인한 어민 피해 보상 등 당시 굵직하고 사회적 논란이 많았던 업무들은 안차관님의 몸에 밴 적극성과 부지런함이 없었다면 쉽사리 해결되지 못했을 것이라 생각한다. 원전의 온배수로 인한 피해를 주장하며 지역 어민들의 항의시위가 거세게 이어지던 시기의 일이다. 초임 사무관이었던 나는 다소 위협을 느끼기도 했었는데, 안과장님은 시위현장에 몇 번이라도 찾아가 대화를 시도했으며, 어민들에게 멱살을 잡히는 등 우여곡절 끝에 결국은 합의안을 도출해내고야 마는 집념과 의지를 보여 주셨다. 일을 할 때에는 충청도 사람답지 않게 성격도 매우 급하셔서 내공이 부족했던 당시에는 호흡을 맞추어 따라가기가 매우 힘들었던 기억이 있다.

안차관님 하면 지금도 떠오르는 몇 가지가 있다. 알이 유난히도 넓었던 금테 안경, 처음 볼 때부터 우스꽝스럽던 발가락 양말, 그리고 손에서 떨어지지 않았던 가늘고 긴 담배... 그 중에서도 아직까지도 가장 뇌리에 강하게 남아 있는 것은 항상 지어보이던 소년 같은 싱그러운 미소이다. 세상 모든 것을 포용할 듯한 온화한 성품이야말로 안차관님을 안차관이게 하는 가장 큰 특징이 아닐까 생각한다. 사실 일에 대한 적극성이나 부지런함은 다른 많은 선배들도 보여주셨던 것들이지만, 이와 더불어 따뜻하고 온화한 성품으로 주변을 품어주는 것은 누구나 쉽게 할 수 있는 것은 아닌 듯하다. 고된 일과에도 가끔씩 씨익 웃어 보이시던 그 환한 미소에 주변 사람들까지 잠시 고단함을 잊고 내일의 활력을 찾을 수 있었던 것 같다.

뜨거운 열정과 따뜻한 포용력으로 주변 사람들에게 항상 귀감이 되어주셨던 안차관님. 운명하시기 바로 전날, 구정 연휴중임에도 산적한 업무를 챙기시느라 고단하셨을텐데도 예의 그 싱그러운 미소를 날려주시던 모습이 아직도 눈에 선하다.

내 공직생활에 있어서 스승과 같은, 큰 형과 같은 듬직한 존재였던 고 안철식 차관님. 그 분이 그랬던 것처럼 나 또한 뜨거운 열정을 가진 공직자로, 따스한 미소를 지닌 선배로 기억될 수 있도록 나에게 주어진 시간을 채워가리라 다짐한다. 조석으로 바람이 서늘해지고 거리엔 마른 나뭇잎이 하나 둘 뒹굴기 시작하는 요즘 안철식표 싱그러운 미소가 더욱 그립다.

저에게는 각별했던 안차관님

염 택 진

현) 지식경제부 광업등록사무소장

저는 80년대 초 동력자원부 시절부터 안철식 차관님을 늘 곁에서 지켜보아온 직장 후배입니다. 사실 사모님께서 추모집을 준비하신다는 말씀을 듣고 굉장히 망설였습니다. 쓰기는 써야 하는데, 감히 그분의 훌륭한 모습을 글로 표현할 수 없을 것 같아서였습니다. 그래도 써야한다고 마음먹은 것은 선배 어르신들께서 추도글 준비를 위해 애쓰시는데 감사를 느꼈고, 저도 차관님에 대해 몇몇 소중한 기억들이 있어 비록 서툴지만 글을 올립니다.

직원들을 참 편하게 하신 분

제가 동력자원부에서 처음 공무원생활을 시작할 무렵 80년대 초 차관님(당시 사무관, 계장)은 총무처에서 동자부 경리계로 오셨습니다. 직원들에게도 남다르게 편하게 해주셨고, 그래서 직원들에게 평이 아주 좋으셨습니다. 저는 기획실 말단 직원이었는데, 당시 경리계 직원들이 계장님 자랑을 많이 했던 기억이 납니다.

편하게 해주시고, 일도 쉽게 쉽게 하시고, 가끔은 댁으로 불러 '막걸리파티'도 해주신다는 자랑이었습니다. 막걸리파티? 당시 안계장님은 신림동 어디엔가 단칸방에 신혼생활을 하셨는데, 거기에 직원들을 불러 막걸리파티를 여러 차례 했다는 겁니다. 파티가 보통이 아니었더라구요. 막걸리를 마시다가 한참 술에 취하면 젓가락으로 술상을 두드리면서 노래도 하고 했다는 겁니다. "그때 그럼 사모님은 어디에 계셨냐?"고 물어봤죠. "사모님은 주방에도 계시다가 밖에도 나가셨다가 하셨다"는 겁니다. "아무리 그래도 그렇지, 어떻게 남의 신혼 방에서 젓가락으로 상을 두드리며 노래까지 부르냐? 상 다 부숴졌겠다. 상은 다시 사 드렸냐?"

여하튼, 직원들을 참 편하게 해주신 분이십니다.

저에게는 각별한 분

80년대 중반쯤으로 기억됩니다. 어쩌다가 늦게까지 사무실에 남아있었는데, 안계장님이 우연히 지나시다가 “택진아. 술 한잔 할까?” 저하고 같이 근무하시는 것도 아닌데 또 누가 있나싶어.., “누구하고요?”, “너하고....”

“(왜 그러시지? 무슨 일 있나?) 예, 어디로 가시려고요?”

“강남으로 가자, 차에 타”. “왠 강남이세요?”(늦게까지 혼자 남아있는 제가 안쓰러워서 그 당시 퇴근길에 직원들이 자주 하던 대로 광화문 뒷골목 어디에서 소주 한잔하자는 걸로 생각했는데, 갑자기 강남으로 가자셔서 되물은 겁니다.)

“너하고 술 한잔 하고 싶어서 그래” 하면서 도착한 곳이 강남의 어느 카페 같은 양주집이었던 것 같습니다.(술집 이름은 기억나지 않음) “어머! 안사무관님, 이게 얼마 만입니까? 얼굴 잊어먹겠네요”(마담 넋두리)

“갑자기 술 한잔 생각이 나서...” 술자리가 준비되고, 그 독한 양주가 스트레이트로 서너 잔 오갔습니다.

"계장님 무슨 일 있으세요?" "마담언니 진짜 예쁘네요"

"염박사, 눈이 그 정도밖에 안 돼? 높은 줄 알았는데...."(계장님이 멋져보임)

"계장님 무슨 일 있으세요?"

"너 요즘 마음이 아프다며? 유학 가려다 못 가게 되었다면서?"

(당시 유학준비를 마치고 총무과장 결재를 받아야 하는데, 직급이 낮다는 이유로 담당자가 결재를 못 받았고, 몇 날 며칠을 술로 지내던 때였음)

"열심히 했는데, 그리 되었습니다"

"자, 술 마셔, 기회는 또 있는 거야. 어차피 유학은 한번 가지 두번 가는 거 아니잖아? 자 마셔"(순간 순시울에 눈물이 핑 돌더라구요) "유학, 안갑니다 안가요. 진짜 열심히 했는데....., 책 다 태워버렸습니다."

"그렇게 생각말고...., 열심히 해. 기회는 또 있는거야"

"계장님, 능력이 부족하고 직급이 낮은 자가 유학 가는 것이 더 소중한가요? 아니면 능력 있는 자가 유학 가는 것이 더 소중한가요?"

"그거야 당연히 전자겠지. 하지만 세상이 어디 우리 마음하고 같으냐? 네 맘 안다. 기회는 또 있다. 자 마셔"(그날 양주 엄청 마셨습니다.)

직속부하도 아니었는데, 사전에 제 고민을 상의한 것도 아닌데, 제가 모셨던 다른 계장님들은 아시는지 모르시는지 위로 한마디 없는데.......

정말 고마웠습니다.

고민이 있으셨던 분

겉보기에 고민이 없을 것 같던 안차관님도 한때는 고민이 있으셨던 것 같습니다. 2000년대 초반인가 시점은 정확히 생각나지 않는데, 그해 가을 어느 날, 그날 오후 청사옆 노랗게 물든 단풍나무 아래 벤치에 앉아 담배를 한대 피우고 있는데, 마침 안국장님도 쉬러 나오셔서 우연히 만나 잠시 담소를 나눈 적이 있습니다.(부서가 달라 평소 뵙기 힘든 상황이었음)

"택진아, 왜이리 힘드냐?"

"왜요?"

"아~~~, ..." 말없이 한 10여초 지났습니다.

"무슨 일 있으세요?"

"무역업 한번 해볼까? 해외에 있는 친구가 제안이 왔는데......."

"아, 그것 괜찮은데요. 그런데, 무슨 일 있으세요?" 하고 되물었던 기억이 납니다.(제 질문에 대답 없었음)

제가 그분 말씀에 그렇게 대수롭지 않게 되물은 것은 저보다 훨씬 지체가 높으신 분이고, 사모님도 현업에 계시다는 것을 이미 알고 있었고, 그래서 저하고는 비교도 안될 만큼 여유가 있을 것 같은 분이 갑자기 돈버는 얘기를 하시니까 그냥 지나가는 얘기, 가벼운 소회 정도로 여겨졌기 때문입니다.

안국장님은 다시 한 5분여 그 사업 얘기를 이어나가시더니 "자, 이제 들어가자……"

"예, 혹시 사업하시면 저도 좀 불러주세요." 저는 끝까지 농담어린 대답을 드렸던 기억이 납니다.

아마도 그 당시 안차관님은 공보관으로 근무하실 때였던 것 같은데, 왜 그때 그런 얘기를 하셨는지 지금도 모릅니다. 출입기자들 비위맞추기가 힘드셨던지, 아니면 성품에 그 업무가 맞지 않으셨던지, 할 일은 많은데 뜻대로 되지 않아 답답하셨던지, 아니면 갑자기 집안에 금전적으로 어려운 일이 있으셨던지, 아니면 당시 일간지 등에 자주 거론되던 재벌 2~3세들처럼 멋지게 놀아보고 싶은 생각에 푸념을 하셨던지……?

저는 안국장님의 그런 여린 모습, 고민하는 모습을 그날 처음 보았습니다. 그날 단풍나무 밑에서 평소에는 절대 푸념 같은 것 안하시는 차관님께서 저같은 하급 직원에게 고민 아닌 푸념을 덜컥 토해내셨을 때는 분명 무슨 고민이 있으셨을텐데...........!

왜 그런 말씀을 하셨는지 그날 끝까지 여쭤보지 못한 게 아쉽기만 합니다.

가족사랑이 누구보다도 크셨던 분

그분은 외모도 외모지만 자상하시고 일에 열성적이시다 보니 항상 주변사람들로부터 호감을 사는 분이셨습니다. 그래서 직원들로부터 총애 받고, 친구들이 좋아하고, 청와대 등 외부에 파견 가셔서는 새로운 친구들이 많아지셨을테고, 그러다보니 저녁에는 잦은 술자리, 주말에는 골프를 안하면 안되었을테고, 그러니 그분이 가정에 제대로 신경을 쓸 수 있었겠나? 아마도 사모님 속 많이 썩혀드렸을 테고, 그래서 쓴 소리도 많이 들으셨을 것 같은 생각이 듭니다. 그럴 때 차관님도 좀 답답하셨을 겁니다.

저도 충청도인데 차관님도 충청도이시더라구요. 충청도 남성들은 밖에서는 모르겠는데 집안일에는 좀 등한히 하는 성향이 있습니다. 왜냐면 '당연히 집안은 내것이니까, 내편이니까, 믿으니까' 하고 소홀히 하는 겁니다. 허지만, 속으로는 가족을 제일 소중히 생각하는 것도 충청도 남성입니다. 차관님도 마음속 가족 사랑이 이 세상 누구보다도 컸으리라고 생각합니다.

차관님 승진 축하기운도 채 가시기 전 "비보"라니?

30여년 전 어려운 시기에 공직에 임하셔서, 여러 가지 난관과 갈등을 무난히 극복하시고 마침내 차관에 임명되시는 순간 우리 모두는 박수를 쳤고 축하 메시지를 띄웠습니다. 저는 그때 통일부에 파견나가 있었는데, 광화문에 있는 통일부 사무실에서 안차관이 누구냐는 질문에 "직원들에게 싫은 소리 절대 안 하시고, 주위 사람과 소통을 잘하시고, 일에 열성을 다하시고, 에너지 자원분야에 대해서는 특히 전문가 이시다"라고 타부처 직원들에게 대변했던 기억이 있습니다.

진짜 차관님 승진소식을 들었을 때는 제 속이 다 시원했습니다. 그런데 이게 웬 말입니까? 그런 기분도 채 가시기전에, 불과 며칠이 지났을까 TV 뉴스자막을 통해 차관님 비보소식을 접한 겁니다. 저는 거실 소파에서 저절로 벌떡 일어나 "뭐야", "왜 그랬지?", "큰일 났네", 그 세 마디가 그냥 나왔습니다. 주방에 있던 아내가 "여보, 뭔데", "왜", "어머, 어떻게 하냐" 아내도 세 마디를 연이어 묻더라구요.

진짜 슬펐습니다.

그 슬픔은 우리 지식경제부 전 조직은 물론이고 불과 며칠 전 임명장을 주신 대통령을 비롯한 청와대, 그리고 매스컴을 통해 온 국민이 슬픔을 함께 했다고 생각합니다. 저는 그때 "아! 새로운 대통령을 모시고 본인이 그동안 가꾸어온 성품과 능력, 철학을 바탕으로 참 좋은 세상을 만들려고 하셨을텐데, 그리고, 사랑하는 가족에게도 이제는 찬사를 받으면서 멋진 남편, 좋은 아빠가 되고 싶었을텐데......" 눈물이 그냥 나오더라구요.

그분에 대한 소회와 인사

차관님을 그리며, 기억을 더듬어 그분에 대한 저의 특별한 마음을 담아보려 했습니다. 하지만, 마음속의 그분을 어찌 글로 다 표현 하겠습니까.

한 직장 안에서 그분을 지켜본 저의 소회는 그 분은 친구를 만들 줄 아는 분, 남의 허물과 아픔을 감싸줄 줄 아는 분, 주위사람들을 감동시켜 설득할 줄 아는 소통능력을 가지신 분, 업무를 열심히 하고자하는 열정을 가지신 분, 하지만 유독 자신에게만은 냉정했던 그런 분이셨습니다.

절대 남을 서운하게 할 줄 모르시는 분, 만나는 사람마다에게 좋은 인상만을 남기셨던 분, 그리고 누구보다도 가족을 많이 많이 사랑하셨던 그런 분이셨습니다.

온 가족이 건강하시고, 항상 좋은 소식 주시기를 기대하겠습니다. 힘내세요.

웃음의 여유를 가르쳐 주신 차관님

윤 영 진

현) 파견, 녹색성장위원회 기후변화대응팀장

전) 지식경제부 서기관

항상 온화한 웃음과 "응, 어서 앉아"라는 말씀으로 따뜻하게 직원들을 맞아주시던 고 안철식 차관님. 에너지산업정책관, 에너지자원실장으로 2년여를 모시면서 러시아 PNG 도입 사업, 가스산업 구조개편 등 굵직한 업무를 대과 없이 수행할 수 있었던 것은 차관님의 에너지산업에 대한 열정과 풍부한 행정경험, 그리고 무엇보다도 웃음을 잃지 않으시며 직원들을 배려해 주시던 차관님의 섬김의 리더쉽이 있었기에 가능했다. 덕분에 칸막이가 되어 있는 조그마한 국·실장 시절 차관의 집무실이 낯설지 않게 느껴졌었고, 실패를 두려워하지 않고 적극적으로 업무에 임할 수 있었다.

항상 끝까지 보고를 들으시며, 다양한 이해관계가 충돌할 때에는 최선의 대안을 도출하기 위해 논리적으로 무장하고 마지막까지 상대방을 설득하는 유연한 모습을 지금도 잊지 않고 가슴에 간직하고 있다. 정책수요자의 입장에서 한쪽으로 치우침이 없도록 정책을 수립하되, 잊지 않고 꼼꼼하게 실행할 것을 당부하기도 하셨다. 사석에서는 세대를 넘나드는 유머로서 분위기를 주도하시는 모습에 직속상관이라기 보다는 친근한 선배라는 느낌을 받았고, 학창시절 복싱과 야구선수로 활약하고 스키실력도 수준급이어서 마운튼 스키까지 타셨다는 말씀에 적지 않게 놀라기도 했다.

2008년 한국과 러시아의 정상간 합의에 따라 긴밀하게 추진되고 있는 러시아의 천연가스 도입 프로젝트는 차관님의 역량이 고스란히 녹아있는 사업이다. 2007년 7월 에너지산업본부장이던 차관님께서 갑자기 러시아 천연가스 확보를 위해 열흘 이내로 한·러 에너지담당 국장급 협의를 준비하도록 지시하였다.

러시아는 광활한 영토에 세계 최대의 천연가스를 보유하여 서부지역에서는 수만 km에 이르는 배관을 통해 유럽에 천연가스를 공급하는 세계 1위의 천연가스 수출국이지만, 사할린, 야쿠츠크 등 동부지역에 있는 가스전은 인프라 부족으로 개발이 상대적으로 늦어지고 있고 러시아 정부가 개발계획을 수립중이라는 소문만 무성할 때였다. 우리나라는 연간 소비량인 2,500만 톤의 천연가스 대부분을 중동과 동남아로부터 수입하고 있어, 도입선 다변화와 안정적 천연가스 수입원 확대를 위해 러시아의 가스전 개발 진행상황을 주시하고 있었다. 특히 지리적으로 가깝고 개발여력이 무궁무진한 러시아 가스전 확보는 우리나라의 에너지 안보에 상당한 기여를 할 수 있는 국가적 프로젝트로서 PNG 방식으로 도입될 경우 최초로 해외 에너지망과 연계가 이루어지는 상징적인 의미도 있다. 러시아 가스전 확보를 위한 주변국의 경쟁도 치열하여, 중국은 2006년 3월 중·러 정상회담에서 2011년 이후 연간 80BCM의 천연가스를 배관을 통해 수입하기로 합의하였으며, 일본은 미쯔이, 미쯔비시 등 대형 종합상사 중심으로 러시아 가스전에 대한 투자를 확대하고 있었다. 우리나라도 러시아에서 한국으로 배관을 통해 천연가스를 공급하도록 협력한다는 한·러 가스협력협정을 2006년 체결하였으나 러시아 측에서는 가스전 개발계획이 수립되지 않았다는 이유로 그간 양국 간 협의가 지지부진하였다.

우리나라는 이미 2000년대 초반 한국과 러시아, 중국 3국의 민간기업 중심으로 러시아의 천연가스를 배관을 통해 공급하는 이르쿠츠크 PNG 사업을 추진하였으나, 러시아의 에너지산업 국유화 정책에 따라 가즈프롬 주도로 '동부가스계획'을 추진하면서 민간의 PNG 사업이 무산된 바 있어 정책당국간의 긴밀한 협의의 필요성을 인식하고 있었다. 차관님께서는 자원분야의 오랜 식견과 정보력을 활용하여 당시 에너지자원을 바탕으로 영향력을 확대하고 있던 러시아와의 자원협력관계 수립에 중대한 시기라고 판단하고, 러시아 정부와의 협력관계를 강화하기 위한 움직임에 나선 것이다. 2박 4일의 짧은 일정으로 러시아에서의 체류기간은 채 이틀이 되지 않아 점심은 차량에서 햄버거로 해결하는 등 긴박한 출장이었지만, 러시아에 한국정부의 확고한 자원 확보 의지를 밝히는 중요한 계기가 되었다.

불과 2개월 뒤 러시아 정부는 사할린, 이르쿠츠크 등 동부지역 4개 대형가스전을 개발하고, 단일 배관망을 통해 각 가스전을 연결한 뒤 일부는 내수로 공

급하고 일부는 동북아 등으로 수출하는 동부가스계획을 발표하였다. 러시아의 가스전 개발계획이 구체화되면서 러시아 천연가스확보를 위한 경쟁의 장이 마련된 것이다.

2008년 12월 러시아 모스크바에서 개최된 한·러 자원협력위원회에도 한·러 간 천연가스 공급 사업이 최우선 과제로 논의되었으며, 한국측 대표로 참석한 차관님께서는 러시아측 파트너인 Yanovsky 에너지 산업국장과의 친분을 바탕으로 양국 간 자원분야의 돈독한 협력관계를 다시 확인하였다.

우리의 의지와 정성을 확인한 덕분일까. 러시아는 2009년 3월 러시아의 천연가스를 북한을 통과하는 배관을 통해 한국으로 공급하는 방안을 제안하였다. 동 방안의 가장 큰 과제는 북한을 통과하는 배관 건설의 실현가능성과 향후 배관 파괴 등 북한의 고의적인 행위로 인한 가스공급중단 가능성이었다. 차관님께서는 북한이라는 변수가 있는 이상 우리 정부가 동 방안을 유일한 대안으로 수용할 수는 없으며, 배관을 통한 공급과 LNG로 액화하여 공급하는 두 가지 방안에 대한 타당성 조사를 실시하여 보다 경제적이고 실질적인 방안으로 러시아 천연가스를 도입키로 우리측 입장을 정하고, 정상회담 의제로 논의할 것을 함께 러시아 측에 제안하였다. 수차례 실무회의를 통해 양측의 입장을 조율한 뒤 차관님께서 2008년 6월 정상회담을 위한 자원분야 수석대표간 의제 조율을 위해 러시아를 방문하여 양국의 정상회담 의제로 러시아의 천연가스 도입사업을 논의하기로 최종 합의하였다.

국내 산적한 에너지 산업분야의 현안을 두고 1년 동안 3차례 이상 러시아를 방문하여, 러시아의 천연가스 공급제안을 이끌어 내고 정상회담간 합의사항으로 사업을 추진키로 한 것은 차관님의 전략적 사고, 국제 에너지 시장을 통찰하는 시각, 자원 확보에 대한 열정이 없으면 불가능한 것이었다.

차관님은 떠났지만 그가 남긴 업적과 가르침은 후배들의 가슴에 그대로 남아 있다. 30여년 공직생활 동안 항상 에너지 산업의 중심을 지켰던 차관님은 우리나라 에너지 산업의 산 증인이요 역사라고 해도 과언이 아니다. 그 이전에 후배들에게는 여유로운 웃음을 지니신 자랑스러운 선배의 모습으로 남아 계실 것이다.

러시아 출장 중 차안에서 햄버거를 드시며 웃음짓던 모습이 떠오른다. "러시아에서 먹는 햄버거도 맛있구나. 많이 먹어. 윤서기관"

태평양 바다속 우리땅 확보에 초석 이룬 분!

황 의 덕

현) 지식경제부 정책연구관실
전) 지식경제부 광물자원팀장

최근 중국과 일본의 조어도(釣魚島) 분쟁으로 야기된 희토류 수급문제와 관련하여 국내·외 언론에서 희토류를 포함한 희유금속의 가격급등 및 수급 등에 대하여 많은 우려를 표명하는 기사를 보면서 지금은 우리 곁을 떠나가신 안철식 차관님 생각이 떠오른다.

1990년 당시 미국 일리노이대학에서 유학을 마치시고 동력자원부 해외자원과 행정사무관으로 부임하신 안철식 차관님은 그때 처음으로 시작한 북방자원외교와 이름도 생소한 심해저 망간단괴 탐사사업을 담당하시게 되었다.

심해저 망간단괴는 하와이 동남방 약 2,000km 공해상 C-C해역(Clarion-Clipperton Fracture Zone) 평균수심 5,000m 하부에 있는 감자모양의 단괴로 망간, 니켈, 코발트, 구리 등 주요 전략금속광물이 다량 함유되어 있어 산업적 중요성이 크고 이 때문에 "바다의 검은 노다지" 또는 "검은 황금"으로 비유되고 있으며 UN은 심해저에 부존된 이 망간단괴를 "인류 공동의 유산(Common Heritage of Mankind)으로 천명, 관리하고 있었다.

우리나라에서 당시 심해저망간단괴 탐사사업이 과학기술처의 R&D 사업으로 다소 미진하게 추진되고 있어서 선행투자가로서 광구 등록을 위해서는 광물자원을 담당하는 동력자원부에서 추진하는 것이 효과적이라는 판단 하에 안철식 차관님께서는 체계적인 탐사 및 광구등록을 위하여 심해저 광물자원개발사업 추진계획(안)을 경제장관회의 안건으로 상정키로 하여 준비를 시작하였다.

그 당시 해외자원과 직원들로서는 해외자원개발사업, 북방자원외교 등 할일이 많아 야근이 잦았는데 유엔해양법 협약, 망간단괴 및 심해저 광구 등 용어부터 어설픈 사업을 경제장관회의 안건으로 상정하기 위해서는 장관님까지 결재는 물론 타 부처 협의를 거쳐야하는 등 긴 여정이 필요한 사업에 대한 달성여부를 의심하는 직원들이 많았다.

안철식 차관님은 직원들의 이런 걱정을 알고 당시 탐사의 주체인 한국해양연구소 연구원들에게 매일매일 설명을 듣고 토론을 거쳐 기본계획을 수립하는데 심혈을 기울였다. 자원공학을 전공한 직원들도 어려워하는 심해저 망간단괴 관련 탐사, 개발 제련 기술 및 용어를 사무실에서 늦게 귀가하실 때에는 관련 서류를 집에 가지고 가셔서 과에서는 제일 먼저 관련기술 및 용어에 대하여 파악하여 결재 시 상사들에게 유창하게 설명하시곤 함으로써 자원공학을 전공한 우리들을 부끄럽게 하실 정도로 열성적으로 심해저망간단괴 사업에 매진하였다.

매일 바쁜 나날 속에 안철식 차관님께서는 늦게까지 야근을 할 때면 괜히 직원들에게 미안해하시면서 저녁도 사주시고 끝나고 갈 때면 늦은 시간에도 그 짧은 시간에 소주를 같이 한잔 하는 정이 깊으신 분이었다. 여직원에게는 택시를 태워 보내면서 꼭 택시번호를 적어두라고 당부하셨다. 또한 부내, 관련기관 및 부처 간 업무협의 시 상대측과 합의가 어려울 때도 언쟁보다는 시간을 갖고 항상 웃는 얼굴로 상대를 설득하시는데 귀재이셨다.

모든 어려움을 극복하고 드디어 1991년 8월에 경제장관회의에서 의결되어 우리부의 자원개발사업으로 전환하여 연 4차례 C-C 해역탐사를 수행할 수 있게 되었으며 우리부내에 해저자원과를 신설하여 동 사업을 담당하게 되었다.

안철식 차관님의 혼신적인 열정으로 만들어낸 심해저 망간단괴 사업은 1994년 4월14일 유엔해양법준비위원회에서 대한민국이 선행투자가로서 법적요건을 충족하여 등록이 확정되었다. 이에 따라 우리나라는 태평양상에 남한면적 3/4(7.5만㎢)에 해당하는 배타적 권리를 갖는 심해저 광구를 갖게 되었다.

우리나라의 자원영토를 확대하는 데 헌신하신 안철식 차관님의 공로를 우리 국민 모두가 기억해야 할 것으로 생각한다.

보고싶은 안철식 차관님을 그리며

박 대 규

현) 지식경제부 신재생에너지과장

하루하루 업무에 치이면서 살다보면 소중한 많은 사람들을 잊고 지내는 것이 인지상정인가 보다. 故안철식 차관님도 나에게 정말 소중한 분이셨는데…….

내가 차관님에 대한 글을 부탁받았을 때 나에게 처음 드는 생각은 더 잘 모시지 못해 죄송하다는 것이었고, 이어서 정말 보고싶다는 그리움이었다.

사실 내가 차관님을 모신 기간이 2년 정도 밖에

되지 않아, 그분과 절대적으로 많은 시간을 같이 보냈다고 할 수는 없다. 그러나 나는 그분이 가장 열심히 나라를 위해 근무하셨던 마지막 기간을 같이했다는 측면에서, 내가 그분과 보낸 시간에 귀중한 의미를 두고 싶다.

2007년 4월 내가 미국상무관보 근무를 마치고 귀국한 후, 석유산업과에 보직을 받았을 때 당시 에너지산업국 국장님인 차관님과 첫 인연을 맺게 되었다. 일반적으로 승진을 앞둔 고참 사무관은 국이나 실의 선임과에서 근무를 하는데, 소속된 과에서 본연의 임무를 수행하는 동시에 소관국장님 또는 실장님의 업무를 직접 챙겨드리는 1인 2역을 하는 경우가 많다. 그런 내가 당시 부내에서 같이 근무하고 싶은 순위 1위였던 안철식 국장님을 모시게 되었으니, 주위에 있는 많은 사람들로부터 상사福이 있다는 부러움을 받으면서 본부 일을 시작한 것은 어쩌면 당연한 일일 것이다.

그러나 부러움과 기쁨도 잠시, 당시 안철식 국장님이 계신 에너지산업국은 우리부에서 가장 바쁜 곳이었다. 석유·가스·전력·석탄 산업을 총괄하시던 국장님은 정말 화장실 가실 시간도 없이 일을 하셨다. 2007년 한 해 동안, 원유가격 배럴당 140불을 돌파(사상 최고치), 국내 가스도입 인프라 추가 확충, 전력수요 급증, 석탄산업 구조조정 압력 증가 등 어느 하나 만만한 문제가 없이 모든 일들이 국가에너지 수급을 좌우할 중대한 정책이슈들로 채워졌지만, 안철식 국장님은 한마디 불평도 없이 앞장서 해결해 나갔다. 사실 불평은커녕 힘들수록 웃음을 잃지 않으시고, 온화한 미소로 보고하는 직원들과 찾아오는 손님들을 맞이하곤 하셨다. 이런 국장님 모습을 보고 직원들은 국장님의 인품에 감복을 금할 수 없었다. 사실 어떤 직원들은 국장님을 부처님에까지 비유하곤 했다.

그러나 지금 생각해 보면, 그분도 인간이었는데 어찌 힘들지 않으셨으랴? 내가 나중에 들은 이야기를 몇 건 소개하면 차관님이 얼마나 바쁘고 치열하게 생활하셨는지를 설명하는데 도움이 될 것 같다.

돌아가신 차관님께는 송구스러운 이야기지만, 직원들 사이에 차관님께서 치질이 있으시다는 소문이 돌았다. 화장실에 가시면 10분에서 20분정도 나오시지 않으시니, 보고와 결재를 기다리던 직원들과 손님들 사이에 그런 소문이 돈 것은 어쩌면 당연한 일이었을 것이다. 그러나 나는 차관님으로부터 돌아가시기 얼마 전에 차관님께서 너무 일이 밀리고, 전화가 폭주할 때면 사무실에서 멀리 가지는 못하고 잠시 화장실에서 생각을 정리하곤 하셨다는 이야기를 들었다. 당시 우리국의 업무량을 감안했을 때 충분히 가능한 이야기일 거라고 생각한다. 나는 그 말을 듣고 정말 마음이 찢어지게 아팠다. 주무 서기관으로서 그런 분에게 잠깐의 여유도 드리지 못하고 화장실로 가시게 했던 내 자신이 너무 후회스러웠다.

차관님은 많은 별명이 있으셨지만, 그중의 하나가 줄담배 때문에 붙여진 '보고서 한 장에 담배 한 대'라는 것이었다. 그래서 나를 비롯한 직원들은 보고서가 부실할 때면 국장님 건강을 위해 보고서를 간단히(?) 정리했노라고 국장님 보고를 넘기곤 했던 기억이 난다. 그렇다고 국장님이 업무를 대충하셨다는 이야기는 결코 아니다. 본인이 계속적인 노력과 공부를 통해 보고서 분량을 줄이더라도 당신께 업무보고가 가능하게 하셨고, 그 이상의 보고(장차관 보고)는 당신의 역량으로 커버해주시곤 하셨다. 직원들에게 남은 시간을 보다 창의적이고 생산적인 업무에 투입할 수 있는 여지를 주셨던 것이다.

그렇게 차관님을 국장님으로 모신 2007년이 가고, 2008년 새해가 밝았다. 그해 1월 1일 국장님과 나는 일생동안 가장 힘들었던 3개월의 기간을 같이 보내게 되었다. 바로 대통령직 인수위원회에서 근무하게 되었던 것이다. 나는 정식 파견근무가 아니었지만 국장님을 보필하여 근무 지원하는 자격으로 아무나 할 수 없는 귀한 경험을 할 수 있었다.

그 기간 동안 젊은 나도 견디기 힘든 업무량과 스트레스를 견뎌야 했는데, 국장님은 어떠하셨을까? 그러나 힘든 순간순간 국장님은 인자하심과 여유로움을 잊지 않으셨고, 특유의 친화력으로 주위사람들에게 모범을 보이며 새롭게 출범하는 정부의 밑그림을 그리셨다. 철야근무를 해야 할 경우에도 아래 직원들에게만 지시하시고 퇴근하시는 법이 없으셨으며, 끊임없는 아이디어를 가지고 이견을 조정하는데 탁월한 실력을 발휘하셨다. 사실 그 당시 업무의 대부분은 기후변화 대응, 해외자원 개발, 국가에너지 기본계획수립 등 산자부와 환경부, 외교부, 과기부 등 관계부처, 그리고 과학계, 학계, 기업가 등 많은 계층의 이해가 첨예하게 부딪치는 영역이었으나, 국장님은 그 조정을 회피하지도 일방적으로 밀어붙이시지도 않고 수많은 이해관계자의 의견을 듣고 이를 조정하시곤 하셨다.

대통령직 인수위원회 근무가 끝날 무렵 나는 인수위 정리를 위해 설날에 고향을 못 가게 된 적이 있다. 그 때 국장님께서는 혼자만 시골에 다녀오시게 되었다고 미안해하시면서 나에게 작은 선물을 주셨던 기억이 있다. 나는 그 순간 국장님의 순수함과 직원에 대한 진정한 사랑을 다시 한 번 느낄 수 있었다. 그리고 얼마 후, 언제 시간이 되면 같이 스키 한번 같이 타러가자는 약속을 하고 국장님과의 인수위 근무를 마쳤다. 당일치기로 야간에 가면 차도 막히지 않고 시간도 걸리지 않는다고 하시면서...

그해 봄, 새정부 출범과 함께 국장님은 에너지자원실장으로 승진하셨고 나는 미래위원회 파견근무를 나가면서 안철식 차관님과 같이 근무하는 기회는 일단락되었다. 비록 안철식 차관님과는 물리적으로 떨어져 있었지만, 업무적으로 나는 당시 실장님으로부터 많은 도움을 받으며 미래위원회, 그리고 지금 근무 중인 녹색성장환경비서관실에서 일을 했었다. 내가 입안했고 참여했고 추진 중인 국가에너지기본계획 수립, 신재생에너지 개발 및 보급, 한국형 원자력발전소 수출, 에너지효율 제고, 국가 온실가스 감축 목표 수립 등 우리정부의 녹색성장 주요 정책들 하나하나에서 나는 안철식 차관님의 자취를 찾아볼 수 있다.

2009년 설 연휴 마지막 날 오후, 나는 차관님의 마지막 음성을 들을 수 있었다. 나는 친구들과 관악산에 오르고 있었고, 차관님께 안부전화를 드리니 차관님께서는 취임하신지 얼마 되지 않아 새롭게 업무를 맡으신 무역과 투자관련 보고를 받으시기 위해 휴일임에도 불구하고 출근해 계신다고 하셨다. 그 바쁜 중에도 산길이 미끄러우니 조심하라는 당부와, 조만간에 한번 만나 소주나 한잔 하자는 말씀이 마지막이 될지 그때는 정말 몰랐다. 아마 알았더라면 나는 관악산에서 한달음에 내려와 흙 묻은 신발이지만 차관실로 가서 그분의 모습을 한번이라도 더 보았을 것이다.

이제 계절은 어김없이 돌아와 가을이 깊어간다. 청풍명월의 계절이 돌아온 것이다. 清風明月 - 나는 이 단어가 차관님께서 늘 같이 하고자 했던 그분의 이상향이었다고 생각한다. 그분은 이 단어를 통해 늘 고향을 생각하셨고, 후배들에게 청량하고 맑은 모습을 전달하고 싶었으리라.

오늘처럼 고요한 가을 달을 볼 때마다 나는 안철식 차관님을 떠올리며, 그분이 걸어가셨던 길을 영원히 떠올릴 것이다.

그 미소의 의미를 조금은 알 것 같습니다

이 명 진

현) 지식경제부 에너지절약정책과 사무관

"어서와 ! .. 어서 들어와 ! ... 이리 앉아 !"

서서 보고를 드리려 했더니 앉으라고 하신다. 언제나 그렇듯 국장님은 늘 특유의 미소를 지으시면서 반갑게 맞아 주신다. 뭐랄까... "헤헤" 하고 웃으시는 표정이 순박하다 못해 약간은 바보스러운(죄송스러운 표현이지만...) 표정이다.

이 보고서를 보시면 국장님이 스트레스를 받으실

텐데.. 하던 긴장이 좀 풀어진다. "뭐가 문제지?", "LPG 관련된 사안입니다"라고 말씀드리며 결재판을 펴고 설명을 드리려고 하니 말없이 그냥 주욱 훑어 보신다. 순간적으로 이마가 약간 찌그러지시는 것도 같다.

에너지 분야에 베테랑이신 분이니 설명을 드리지 않아도 금방 문제를 파악하신 것 같다. LPG 업무는 관련업계간의 이해상충으로 갈등 현안이 많아 모두들 기피하는 3D업무로 소문이 나 있다고 한다.

"알았어! ... 내가 어떻게 해 주면 되겠나?"하고 내 의견을 물으신다.

나는 "이렇게 저렇게 조정을 해 보는 게 좋을 것 같습니다" 하고 말씀드리니, "그래!... 그렇게 해봐 ! 고생 많지!"하시면서 격려를 해주신다.

야단맞을 각오로 결재 들어갔다가 되레 격려의 말을 듣고 나오니 죄송한 마음이 들면서도 한편으로는 나를 믿어 주시는 것 같아 앞으로 더욱 잘해야겠구나 하는 생각과 의욕이 솟는 것 같다.

다른 자원분야 업무도 그렇겠지만 LPG업무는 분명히 제도적 개선이 필요한데 개선하려고 하면 이해당사자간 밥그릇 싸움으로 번져 논리보다는 억지와 목소리 큰놈이 득세하는 양상으로 판이 벌어진다.

"LPG경차 허용문제"로 관련규정을 개정할 때의 일

이다. 허용을 원하는 LPG사업자와 반대하는 정유사업자간 첨예한 다툼으로 업무가 계속 지연되고 있던 때에 국장님이 장관님께 보고를 드리는 자리에 배석해 보니 장관님은 허용방침에 최종 결재를 하시면서 반대하는 업계를 충분하게 설득하라고 지시를 내리셨다. 그러나 이 사안은 애당초 설득해서 해결될 사안이 아닌 건이다. 하지만 국장님은 수차례 간담회를 주재하시면서 반대업계의 가시돋친 의견(심지어 비아냥거리기까지 하는)을 다 들어주면서 무리 없이 마무리해 나가셨다.

난 간담회에 배석하여 메모하면서 '어떻게 저런 말까지 듣고 참고 계시나...' 할 정도의 경우도 있었는데, 국장님은 유연한 리더쉽으로 정유업계와 자동차업계 등의 이견을 조정해 나가시는 모습을 보고 참 탁월하신 외유내강형 리더쉽이라고 감탄했던 기억이 새롭다.

나는 상공부때 공직에 들어와서 상공자원부, 통상산업부, 산업자원부, 지식경제부를 거치면서 수많은 국장님들을 모셔왔지만 이분처럼 너그러운 리더쉽의 상사를 모신 기억이 없는 것 같다.

대다수 분들이 본인 출세지향적으로 골치 아픈 업무는 기피하고 생색내기 좋은 업무만 찾아다니고, 또한 직원들이야 스트레스를 받든 말든 야근시키며 마

구 쥐어짜 본인 업적만 챙기고 일년이 멀다하고 떠나가는 경우가 비일비재한데, 국장님은 골치 아픈 업무만 겹겹이 쌓여 있는 에너지산업국을 남들처럼 일년도 아니고 2년 반 가까이 맡으시면서... 그것도 직원들을 칭찬과 격려로 다독거리면서 본인한테 쌓이는 스트레스는 담배와 특유의 미소로 당신이 다 감수하시고... 아마 이것이 그분을 요절하게 한 원인중의 하나가 아닐까 하는 생각도 든다.

차관님 떠나신 이후, 요즘같이 스트레스 쌓이는 일이 많은 날은 큰 형님 같았던 당신이 그리워집니다.

후배를 칭찬하고 다독여주시던 큰형님, 안차관님!

이 판 대

현) 지식경제부 원자력산업정책과 사무관

차관님께서 우리 곁을 떠나신 지도 어느 덧 두 해가 되어갑니다. 늘 온화하신 모습으로 저희 부하 직원들을 따뜻하게 대해주시던 모습이 눈에 선한데 벌써 적지 않은 시간이 흘렀습니다. 시간은 많은 것을 잊게 하는가 봅니다. 어느새 당신의 모습이 조금씩

희미해지니 말입니다.

차관님, 당신은 저희 후배들에게는 늘 형님 같은 모습이셨습니다. 저는 당신께서 원자력발전과장 시절 같은 과에서 모시고 일한 적이 있고, 승진하신 이후에도 늘 같은 분야에서 보필하는 위치에 있었습니다. 때로는 즐거운 일도 있었지만, 어렵고 힘든 일도 수없이 많았습니다. 당신의 온화한 미소는 어려운 일을 앞에 두고 편안한 마음으로 부담없이 찾아가 상의드릴 수 있게 해주었습니다.

당신께서는 언제나 변함없이 저희 후배들의 작은 장점을 크게 칭찬하시고, 부족한 부분을 감싸 주시고 다독여주셨습니다. 힘들 때 찾아가 쉴 수 있는 그늘이 되어 주셨고, 지친 마음을 다스릴 수 있게 해주는 관대함을 갖고 계셨습니다. 그래서 당신의 부재는 더욱 진한 그리움과 아픔으로 남는 것인지 모르겠습니다.

故 안철식 차관님 !

당신께서는 언제나 최선을 다하는 모습을 몸소 실천해 보이셨습니다. 어려움과 반대에 부딪치면 최선을 다해 설득하고 토론하며 새로운 대안을 모색하셨습니다.

10여년 전 당신께서 원자력발전과장으로 재직하실 때 원전 관련 지역 주민들은 사흘이 멀다하고 찾아와 불만을 터뜨렸고, 받아들일 수 없는 요구들을 쏟아놓기 일쑤였습니다. 당시 저의 기억으로는 우리나라 원자력산업은 시민사회단체의 반대는 물론 정부 내에서조차 그다지 지지를 받지 못하였던 것 같습니다. 하지만 당신은 포기하고 좌절하지 않았습니다.

정성을 다해 그들을 설득하고 원자력산업의 앞날을 위해 준비하셨습니다. 원자력발전이 지역주민들로부터 인정받고 지역사회와 함께 성장할 수 있도록 발전소 주변지역 지원에 관한 법률을 개정하여 주변지역에 대한 지원을 강화하셨고, 원전 기술자립 방안을 마련하기 위해 혼신의 노력을 다하셨습니다.

그 때, 당신께서 그렇게도 바라던 우리나라의 원전 기술자립은 UAE 원전 수출이라는 열매로 돌아왔고, 우리나라를 세계의 원전산업을 이끌어나갈 수 있는 위치에 올려놓았습니다. 원자력발전은 더 이상 외면받는 천덕꾸러기가 아니라 우리 경제를 이끌어갈 새로운 산업으로 인식되고 있습니다.

이처럼 당신께서 씨를 뿌리고 가꾸어 놓았던 많은 것들이 아름다운 열매가 되어 돌아오고 있으며, 할 수 있다는 자신감과 희망을 만들어 주고 있습니다.

故 안철식 차관님!

당신이 생전에 보여주셨던 모습은 저희 후배들이 공직자로서 나아가야할 길을 제시하고 있습니다. 당신의 꿈과 열정은 저희 후배들이 받들고 이어가겠습니다.

당신께서 미처 다 이루지 못했던 일들은 저희 후배들에게 맡겨 두시고 하늘나라에서 편히 잠드십시오.

故 안철식 차관님의 영전에 사랑과 평화와 영광을 바칩니다.

"너 때문에 피우는거 아니야"

최 보 선

현) 지식경제부 2차관실 비서관

차관님을 떠올렸을 때 나에게 가장 익숙하고 친숙한 모습은 집무실 탁자에 앉으셔서(봉황무늬 명패가 놓여진, 묵직한 권위가 느껴지는 커다란 책상보다는 항상 회의탁자에서 업무를 보셨다) 담배를 무시고 핸드폰 통화를 나누시는 모습이다.

항상 머리 아픈 현안 속에서 지내시면서, 담배를 찾으셨다. 업무탁자에 재떨이가 치워지고, 껌통이 그

자리를 차지하고 있는 날은 며칠 지키지 못하실 금연선언을 하신 날이었다. 과중한 스트레스를 아랫사람에게 풀기보다는 혼자 삭히시는 편이라 이내 곧 담배를 다시 찾으셨다. 차관님께서 실무담당자의 보고를 들으시다가 담배를 찾아 피우시거나, 특히나 끊었던 담배를 다시 찾으실 때는, 아 그 심정은 쉽게 표현하기 어렵다.

2007년 10월 당시, 2012년 세계박람회 여수 유치를 위해서 범정부적인 역량을 집중하고 있었고, 마지막 지지표 결집을 위해서 대통령 특사 자격으로 당시 김영주 산자부 장관을 오만으로 급파하였고, 에너지 산업국장이셨던 차관님께서 방문 실무를 담당하셨다. 중동 국가의 특성상 사전에 면담 일정 조율이 쉽지 않다. 특히 해당국 정부 고위급의 경우는 현지에 도착해서야 일정이 확정되는 경우가 많다. 당시 특사 파견의 경우에도 비슷하였고, 특히 급하게 추진되다 보니 비행기 출발 당일 아침까지도 면담 일정이 미정이었다.

출발 일정은 잡아두었는데, 현지에서 누구를 만나게 될지, 만날 수는 있는지도 알 수가 없으니, 출장 실무진들의 마음 고생은 말로 할 수 없었다. 출발 이틀 전 국장님께 이 상황을 보고 드렸더니, 역시나 큰 한숨과 함께 담배를 찾아 무셨다. (당시에 금연 중이셨는지는 명확히 기억나지 않는다) 그 상황에 내 얼굴이 편안해 보이지 않으셨는지, 국장님께서 "너 때문에 피는 거 아니야"라고 말씀을 건네셨다. 그런 상황에서는 화도 내고 싫은 소리도 하실 법도 한데, 어쩔 줄 몰라하는 부하 직원에게 격려를 해주셨다.

출장의 결과는? 물론 성공적으로 마쳤다. 국왕을 비롯한 국가경제부 장관, 석유가스부 장관과 면담을 갖고 여수 지지를 당부하고, 여수에 대한 긍정적인 의사를 확인하였다.

또 한가지, 쉴 새 없이 울려대는 차관님의 핸드폰, 통상 다른 사람이 어떤 핸드폰을 쓰는지는 잘 기억나지 않는다. 더욱이 그 사람의 핸드폰 벨소리가 무엇인지는 더더욱 기억나지 않는다. 그런데 차관님 핸드폰과 그 벨소리는 언제든 명확히 생각이 나고, 요즘은 듣기 어려운 벨 소리인데, 길을 지나다가 그 소리를 들으면 반사적으로 차관님이 떠오른다. 밤낮을 가리지 않고, 무수히 많은 사람들에게서 오는 전화의 양만큼이나 차관님의 업무부담도 크셨으리라.

당시 에너지산업국장이시던 차관님을 모시고 만찬 식사를 간 적이 있었다. 식사 중에도 여러 번 전화가 왔었는데, 나는 잘 모르는 내용이었지만, 무언가 급하고 중요했던 건이었던 것 같았다. 동석자들에게 양해를 구하시고 통화를 위해 자주 자리를 뜨셨다. 식사를 마치고 댁으로 돌아가려고 차에 오르셔서는, "최사무관, 조금만 있다 출발하자. 잠깐 생각 좀 하자" 하셔서 한동안 주차장에 머물렀었다.

댁 앞에 내리셔서 아파트 상가를 지나 오르막길을 힘겹게 타박타박 올라가시던 차관님 뒷모습을 한동안 바라보고 있었던 기억이 난다.

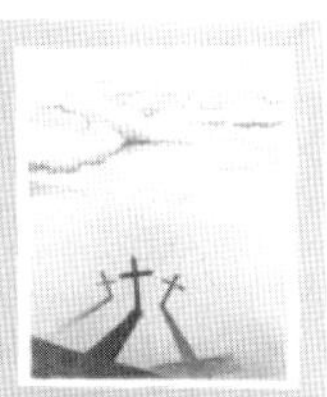

First, love your God
Second, serve your family
Then, dream big
And if you're faithful with a few
things
God will lift You up.

Chapter 5

소중한 인연

후덕한 마음씨와 겸손한 성품의 사람 | 조윤제
넉넉한 사람, 안철식 선배를 추모하며 | 노영민
사람과 세상을 위해 자신의 에너지를 전부 불사른 사람 | 소문상
함께 일했던 청와대 시절을 기억하며 | 권찬호
심해저 자원개발 선도국가 진입에 원동력 되신 분! | 강정극
'안철식 가스파이프'를 기다리며 | 박용범
처음 만난 사람 | 손 철
"쥐가 왜 독 안에 들어간 줄 알아요?" | 이재호
"나는 야구선수가 꿈이었다" | 조경호
안집사님과의 짧은 만남 | 채경락
고 안철식 선생님을 추모하면서... | 여성철
목멱에서 온 편지 | 이학노
행복 바이러스 "위(上)하(下)여(興)" | 이경미
Dear Mr. Philip Ahn | 최종호
포용력 넘치는 가마솥 같은 당신 | 김주완

후덕한 마음씨와 겸손한 성품의 사람

조 윤 제

현) 서강대학교 국제대학원 교수

전) 대통령 비서실 경제보좌관

작년 설 연휴의 끝자락이었던 것으로 기억한다. 나는 동네의 목욕탕에서 목욕을 마치고 땀을 식히려 TV앞에 앉았다. YTN의 자막에 안차관의 별세 소식이 떠올라 있었다. 저것이 사실이 아닐 수는 없지않은가? 나는 옷을 꺼내 입는 것도 잊고 망연자실해 잠시 그 곳에 주저앉아 있었다.

안철식 차관 - 그를 생각하면 지금도 가슴이 답답

하고 안타까움과 비통함으로 차오르고 그가 이제 더 이상 이 세상 사람이 아니라는 것이 잘 믿겨지지 않는다. 같은 방에서 근무하던 사람들의 모임을 가지면 지금도 그 밝고 겸손한 미소를 얼굴에 가득 담고 방으로 들어올 것 같다. 그와 같이 일한 약 2년간, 그는 우리 방의 모든 사람들로부터 신뢰받고 사랑받는 사람이었다.

내가 안차관을 처음 만난 것은 2003년 2월 말이었다. 당시 나는 새로 출범한 참여정부의 경제보좌관 내정을 통보 받고 아마 그 다음날인가 임명장을 받게 되어 있었는데 당시 이미 경제보좌관실에 발령을 받아 있던 안철식 차관과 김근수 현 여수세계박람회 준비위원회 사무총장이 나를 찾아온 것이 그와의 첫 만남이었다. 첫눈에 그는 순박한 고향친구 같은 인상을 주었고, 정직하고 선한 사람이라는 느낌을 주었다.

안차관은 나와 함께 근무한 약 2년 동안 우리 방의 선임행정관으로서 후배직원들을 잘 리드하여 늘 방 분위기를 화목하게 하였고, 또 궂은 일은 먼저 솔선수범하여 도맡아 나섰다. 그는 이미 지난 정부부터 청와대에서 근무했기 때문에 청와대의 행정이 어떻게 돌아가는지를 잘 알고 있었고, 또 그의 후덕하고 겸손한 성품으로 청와대 내에서 많은 신망을 얻고 있었다. 그런 안차관 덕분에 나는 학교에 있다가 들어가 익숙치않은 청와대의 생활을 참 편하게 할 수 있었다. 내가 대통령을 보좌하는 정책업무 이외의 잔일에는 신경쓰지 않을 수 있도록 늘 배려해 주었고, 아마 지금도 내가 모르는 많은 잔일과 귀찮은 일들을 그가 능숙히 처리해 주었으리라 짐작된다.

나는 당시 청와대 불자회장도 맡고 있었는데, 이와 관련되는 일 역시 안차관이 맡아서 해주었다. 그는 불자가 아니라 기독교 신도였음에도(이것도 처음에 내가 신경쓸까 보아 말해주지 않아 후에 다른 직원으로부터 듣게 되었다) 우리 방에서 이 일을 도와주는 일을 기꺼이 맡겠다고 나선 것이다. 여러 사찰들을 방문하고 각종 불교 행사에 참석했었는데, 안차관은 교통편에서부터 사찰과의 연락, 의전문제에까지 당시 시민사회수석실의 성제도 행정관과 함께 모두 꼼꼼히 챙겨주고 또한 나와 동행해 주었다. 그리고 절에 오면 기분이 좋아진다고 말하는, 안철식 차관은 그런 분이었다.

각 수석, 보좌관실별로 주말에 춘계체육모임을 가졌을 때 우리 방에서는 관악산으로 등산을 갔었는데 그 때도 안차관은 숨차하면서 땀을 뻘뻘 흘리면서도 본인 때문에 다른 사람들의 걸음이 느려질까봐 오히려 제일 먼저 올라가는 것을 보았다. 그 때 땀이 범

벽이 되어있던 그의 얼굴모습, 그러면서도 즐겁다면서 함박웃음을 지고 올라가던 모습, 그런 모습들이 그의 별세 소식을 들었을 때 제일 먼저 떠올랐다.

그는 보기에 후덕한 시골 친척같이 생겼지만 일에는 철저하고 생각이 깊은 분이었다. 일을 절대로 건성으로 대하지 않고 주어지는 일마다 치밀하게 분석하고 최선을 다해서 계획하며, 추진하는 분이었다. 경제보좌관실에서 산업, 기업, 에너지, 환경, 무역동향 등의 일을 책임지고 있던 그에게 나는 많이 배웠고, 또 정책업무라는 것이 단순히 정책을 다루는 것이 아니라 사람과 여론을 상대하며 설득하는 것이라는 것을 그는 늘 내게 상기시켜 주었다. 무엇보다 그와 같이 일하는 것을 즐겁게 해주는 분이었으며, 본인이 힘들고 어려운 것은 결코 내색하지 않으면서 남의 힘들고 어려운 것은 놓치지 않고 나서서 챙기려하는 분이었다. 내가 공직을 떠나 학교로 돌아와 일하는 지금 그와 같은 동료를 아쉬워하는 때가 한두 번이 아니다.

그가 한참 일할 그 아까운 나이에 일찍 세상을 떠난 것도 바로 그의 그런 성품 때문이었을 것이라고 생각하니 더욱 가슴이 아프다. 늘 일을 완벽하게 처리하려고 애쓴 그가 분명 새로 차관으로 승진하여 맡은 업무를 빨리 파악하여 장관과 동료들에게 본인의 몫을 충실히 하고, 국가와 정부에 소임을 다하려고 본인의 건강을 돌보지 않았을 것이다. 피곤이 쌓여있음에도 내색하지도, 쉬려고 하지도 않았을 것이다. 웃으며 일을 챙기고 내색하지 않으니 주변에서인들 쉬라고 말릴 수 있었겠는가? 너무나 안타까운 일이다. 人命은 在天이고 壽는 타고난다고 했으니, 그 말로 이 아깝고 그리운 분의 별세를 받아들이는 수밖에 없다고 생각된다.

그가 별세하기 몇 주 전에 청와대 같은 방에서 근무하던 직원들이 모여 송년회를 가졌었는데, 그는 그때 또 다른 모임이 있어 먼저 자리를 뜨면서 미안해하던 모습과 밤 늦게 다시 내게 전화를 해 먼저 자리에서 일어난 것을 미안해하며 곧 다시 만나자고 했던 것이 그와는 마지막 만남이 되어 버렸다. 그리고 약 2~3주 후 그의 차관 임명소식을 듣고 기뻐서 내가 전화를 했을 때 곧 만날 날짜를 잡아 내게 연락을 주겠다고 했던 것이 내가 그의 음성을 마지막으로 듣는 것이 되리라고 어찌 상상이나 했겠는가.

그가 떠나고 나서 불시에 그를 잃게 된 미망인과 두 자녀가 어떻게 지내는지 늘 걱정이 되었었는데 최근 모두 잘 지내신다는 소식을 듣고 마음의 큰 위안이 되었다. 미망인 이명희 교수께서는 상명대학 도서관장으로 재직하신다니 늘 아내를 자랑스럽게 생각하던 그가 (그는 이 자랑도 부끄러워 못하는 분이었으나 아내에 대해 얘기할 때 나타나는 그의 표정을 보면 금방 알 수 있었다) 저승에서도 뿌듯해할 것 같은 생각이 든다. 딸 정연이도 경희대 국제학부를 잘 다니고 있고 무엇보다 그토록 아끼고 사랑하던 늦둥이 주영이가 미국에서 지난 여름 초등학교를 졸업하면서 대통령상을 받았다는 소식을 듣고 기뻤다. 안차관이 있었으면 얼마나 좋아했을까? 이명희 교수께 주영이가 이런 기쁨을 주고 있는 것만으로, 그 아버지를 좋아했고 그리워하는 사람으로서 너무나 고맙고 자랑스럽게 생각된다.

안철식 차관은 이제 다시 이 세상에 돌아오지는 않을 것이다. 그의 밝은 웃음도, 후덕한 마음씨도, 일을 붙들고 잘해보기 위해 고심하던 모습도, 그리고 늘 스스로 낮추던 겸양지덕의 인품도 나는 다시 대할 수는 없을 것이다. 그러나 지금이라도 모임에 나타날 것 같은 그의 모습과, 그가 함께 함으로써 더욱 즐겁고 밝아지던 그와의 모임을 영원히 그리워할 것이다. 그리고 그가 나와 함께 근무하며 성심을 다해 일하고 나를 도와주려고 애썼던 그 너무나 인간적이고 따뜻했던 모습들을 나는 결코 잊지 못할 것이다.

그가 저 세상에서나마 편한 휴식을 취하고, 또 그가 그토록 사랑했던 가족들을 계속 지켜주실 것이라

고 믿는다.

2003년 청와대 뜰에서 불교 관계자들, 안차관과 함께한 필자

넉넉한 사람, 안철식 선배를 추모하며

노 영 민

현) 국회의원, 민주당

011-247-xxx8

2009년 1월, 믿기지 않는 소식을 들은 이후 아직도 나의 휴대전화에는 안철식 선배의 전화번호가 지워지지 않고 담겨 있다. 번호를 지우면 선배와의 만남도 추억도 모두 지워져버릴 것 같아서다. 비록 선배의 갑작스런 죽음이 소중한 사람들로부터 그를 데려갔어도, 내게 기억되는 선배와의 만남과 추억은 결코 지워서는 안 될 훌륭한 것들이 많아서이다.

나는 입법부의 국회의원으로, 선배는 행정부의 공무원으로 첫 만남은 시작되었다. 우리는 청주고등학교 선후배 사이이기도 했다. 공적으로 만났지만 내게 선배는 개인적으로 많은 의지가 되어주었다. 선배는 성실성과 전문성을 함께 갖춘 정책전문가이자 마음 씀씀이 또한 넓고 후덕한 인물이었다. 많은 이들이 선배를 따르고 존경했다. 특히 상임위원회에서 공적인 파트너로 일하면서도 선배는 내게 법안과 정책 등 많은 부분에서 잔잔한 목소리로 조언과 가르침을 아끼지 않았다. 그런 선배의 말에는 거역할 수 없는 진솔함이 배어있었다.

선배는 공무원 사회에서도 존경을 받는 인물이었다. 온화하고 부드러운 미소와 차분하고 자상한 태도는 모두에게 한결같았다. 맡은 일을 완벽하게 해내는 성실성은 밤낮도, 휴일도 마다하지 않는 것으로 유명했다. 선배는 항상 성실하게 최선을 다하는 공무원의 모습으로 주변의 귀감이 되어왔다.

선배의 죽음은 개인적으로 선배를 아는 이들에게도, 함께 일해 온 동료들에게도, 참으로 많은 이들에게 안타까운 일이다. 훌륭한 인재를 잃었기에 국가적으로도 그렇다. 내게는 학교 선배이자 인생의 선배로서 특히 소중한 분이기도 했다. 술자리에서도 언제나 마음 편하게 술잔을 기울일 수 있는 몇 안되는 사람

중 하나였다.

계절은 한 바퀴를 돌아 또 다시 겨울이 찾아왔다. 선배의 부재가 칼바람을 타고 마음을 휑하니 휘젓는다. 모든 후배들에게 자상하고, 먼저 배려를 보여주었던 인의로운 사람. 넉넉한 얼굴, 넉넉한 마음, 넉넉한 웃음, 결코 잊지 못할 것이다.

2008년 국제 전력 IT 및 전기설비전 개막식에서의
필자와 안차관

사람과 세상을 위해 자신의 에너지를 전부 불사른 사람

소 문 상

현) 중부대학교 객원교수

전) 대통령비서실 정무비서관

"형, 정말 축하드립니다. 바쁘신 일 한 숨 돌리시고 편안하실 때, 우리끼리 삼겹살에 소주 한 잔 나누시지요."

"승진했다는 기쁨보다는 어깨가 점점 무거워지네요. 설 연휴 마치고 동네에서 한 번 봅시다."

2009년 1월 나는 안철식 선배와 차관 승진 축하전화를 나누었다. 내가 아는 공무원 중 누구보다 일에 열심이었고, 사람에게 열과 성을 다했던 선배의 승진이었기에 마치 내 일처럼 기쁘고 들떴던 며칠간이었다.

그리고 그게 안철식 선배와의 마지막 통화가 되어버렸다. 설 연휴 마지막 날 안철식 선배는 비통하고 안타깝게도 선배가 그렇게 사랑하던 모든 사람들과 이별하고 말았다. 차관 승진 축하를 나눌 겨를도 없이, 설 연휴에도 숨 돌리지 않고 맡은 일에 최선을 다하다가 갑자기 그렇게 영면의 길로 떠나고 말았다.

내겐 지금도 안철식 차관이라는 직책보다는 '안철식 선배!', 혹은 '철식이 형!'이라는 호칭이 더욱 자연스럽다. 하긴 승진하자마자 순직하셨기에 '안차관님!'이라고 한 번도 불러보지도 못했다. 내가 선배를 처음 만난 것은 십여년전 선배가 미국 연수를 마치고 돌아온 뒤부터였다. 나는 당시 국회에서 보좌관으로 일하고 있었고, 선배는 연수를 마치고 돌아와 잠시 지방에서 일하던 중이었다. 같은 고향 선후배로서 자연스럽게 만나게 되었지만, 곧바로 선배가 당시 산업자원부로 복귀하면서 국회 출입을 자주 하게 되어 종종 더 만날 기회가 있었다. 선배는 내가 일하던 상임위원회는 아니었지만 가끔 소주잔을 기울이면서 세상 돌아가는 이야기, 나라 돌아가는 이야기, 각자

계획하는 인생 이야기, 가족 이야기 등 많은 이야기를 나누었다. 항상 너그럽고 훈훈한 미소, 자신의 일에는 언제나 열정을 다 바치는 선배가 개인적으로 친형제가 없었던 내게는 너무 멋있었고 좋았다.

주어진 일만 아니라 자신을 필요로 하는 일에 열정을 바쳤던 사람

2003년 참여정부 출범과 함께 나는 안 선배와 한 일터에서 일하게 되었다. 당시 나는 비서실장의 보좌관으로 일했고, 국민의 정부 시절부터 청와대 파견근무를 하고 있었던 안선배는 참여정부 대통령비서실 경제보좌관실의 국장으로 발령받았다. 사무실도 같은 층 바로 옆이었고, 사는 동네도 비슷해서 자연스레 많은 시간을 함께 보낼 수 있었다.

청와대는 부처에서 파견되어온 일반직 공무원들과 정치권, 시민사회, 학계 출신의 별정직 공무원들로 구성되는데, 일반적으로 부처 출신의 일반직 공무원들은 자기가 소속된 부서의 일에만 최선을 다하려는 성향이 강했다. 청와대의 일반적인 업무가 기획, 통합, 조정, 점검, 관리 등이라면 일반직 공무원들은 아무래도 소속 부서의 일을 빈틈없이 점검하고 관리하는 데 역량을 집중하는 편이었다. 자신과 부서에게 주어진 일은 정확하게 해내는 대신에 업무 경계가 애매하거나 통합적 시야와 업무 협조가 필요한 일에는 소극적이었다.

하지만 안철식 선배의 모습은 매우 달랐다. 선배가 몸담던 경제보좌관실의 업무 영역 자체가 매우 광범위하고 소관 부처가 아닌 국가적 차원의 넓은 시야와 기획조정력이 필요했기에 선배는 주어진 일만 아니라 자신이 해야 할 일들을 새롭게 발굴하고 대안을 만드는 데 누구보다 열심이었다. 다른 사람은 다 퇴근한 적막한 사무실에 홀로 남아 숙달되지 않은 워드 실력으로 밤늦게까지 보고서를 만들던 선배의 모습이 지금도 눈에 선하다. 또한 선배는 2003년 국가적 이슈로 부각되었던 방폐장 건설 문제의 합리적 해결을 위하여 백방으로 노력하였다. 방폐장 문제는 청와대에서 선배에게 직접 부여된 일은 아니었지만, 선배는 산업자원부에서 근무했던 경험을 바탕으로 직접 발로 뛰면서 많은 사람들과 대화했다. 자신에게 과제로 주어진 일만 아니라 자신을 필요로 하는 일에는 열과 성을 다했던 워크홀릭, 안 선배의 진면목이 나타나던 순간이었다.

항상 열린 마음으로 누구와도 소통했던 사람

안 선배는 자신의 업무와 직접 관계되지 않은 다양한 사람들과 항상 열린 마음으로 대화하고 소통하였다. 자원 및 에너지 분야의 전문가였던 선배는 자신과 생각이 다른 사람들, 정부의 정책 방향에 매우 비판적인 사람들과도 허심탄회하게 대화하고 그들의 목소리를 경청하였다. 전공 분야가 아닌 민간 금융분야나 일반 제조업의 전문가, 행정 분야 및 시민사회 분야의 전문가들과 토론 겸 스터디 모임을 만들어 연구하고 토론하였다.

주로 정당과 국회에서 몸담았던 나에게도 사회 구석구석에서 일하고 있는 많은 사람들을 소개시켜 주었고, 그들과 함께 다양한 문제를 공유하고 토론할 수 있는 자리를 만들어 주었다. 안선배는 평소 각자 자기 입장에서, 자신의 틀로만 세상을 바라보게 되면 균형과 조화를 이룰 수 없다며 항상 개방적인 태도로 다른 사람들의 목소리를 경청했다. 특정 분야에서 전문가로 성장해온 고위직 공무원이 빠지기 쉬운 자기 확신의 오류와 경직성을 경계하면서 항상 겸손한 자세, 개방적인 태도로 사람들과 소통했다.

사람과 세상에 대한 사랑과 에너지가 넘쳤던 사람

안선배 주변에는 항상 사람이 모여들었던 것으로 기억된다. 선배가 다른 사람을 압도하는 카리스마적 풍모를 가진 것도 아니고, 엄청난 힘이 있어서 이해관계를 같이할 무엇이 있는 것도 아닌데 다양한 사람들이 선배와 함께 인생과 사회와 세상을 이야기했다. 청와대에서 일년 정도 짧은 인연을 맺었던 사람들과도, 그리고 업무 관계상 그냥 스쳐지나갈 수도 있는 사람들과도 소중한 인연을 만들면서 서로 각자의 인생에 조언자가 될 수 있는 관계를 만들었다.

아마도 안선배가 갖고 있는 사람에 대한 애정과 헌신, 부드러운 표정과 미소 속에 담긴 열정이 안선배 주변에 사람을 모이도록 했던 것으로 생각된다. 안선배는 인연을 맺은 사람들을 소중하게 생각하고 그들의 일을 항상 자신의 일처럼 기뻐하고 슬퍼했다. 나도 정신적으로 스트레스가 있거나 일이 힘겨울 때면 때론 전화로, 때론 소주잔을 기울이며 위안을 받곤 했었다. 서로 업무가 아주 바쁘고 스트레스가 많던 어떤 날 밤늦게 만나서는 술을 먹으면 오히려 피로가 쌓일 수 있다며 한 게임에 천원씩 하는 내기 당구를 치며 잠시 업무로부터 벗어나기도 했다.

특히 안선배는 사회적 약자에 대한 애정과 배려가 넘쳐났다. 자신보다 잘나고 힘있는 사람에게 다가서기보다, 힘없고 소외받은 사람들의 행복과 더불어 사는 공동체를 위하여 항상 정책적으로나 개인적으로 노력하고 헌신했다고 생각한다.

아마도 안선배가 평소에 가장 안타까워했던 것은 가족과 보다 많은 시간을 함께 보내지 못했던 점일

것이라 생각된다. 그리고 사람과 세상에는 자신의 에너지를 다 쏟아부으면서 정작 자신의 건강을 돌보는 일에는 소홀했기에 선배를 기억하는 많은 사람들을 안타깝게 했을 것이다. 그러나 안선배의 사랑하는 가족들은 누구보다 아빠를 그리워하고 자랑스러워하면서 씩씩하게 세상을 헤쳐나갈 것이고, 선배를 기억하는 많은 사람들은 선배의 사람 사랑, 세상 사랑의 에너지를 재충전시키고 발산시켜 나갈 것이다.

돌아오는 안선배의 기일에는 충청도에 있는 선배의 묘역에 가서 소주라도 한 잔 올려야겠다.

'철식이 형! 영면의 세계에서마저 열심히 일하고 계시지는 않겠지요? 이제는 온전히 당신만을 위하여 편안하게 잠드세요. 형이 사랑하는 가족, 형을 사랑하는 사람들 모두가 열심히 살아가고 있으니까요.'

함께 일했던 청와대 시절을 기억하며

권 찬 호

현) 상명대학교 행정학과교수

전) 대통령 비서실 의전비서관

안차관님을 기억하시는 모든 분들이 그랬겠지만 차관님의 부음 소식을 접하고 참으로 놀라고 안타까운 마음을 금할 수 없었다. 짧지않은 기간 동안 안차관님과 함께 일반직 공무원으로 청와대에서 근무하면서 유독 성실하고 인자하신 면모에 적지않게 감동하고 있었기 때문이었다. 나는 그 후에 직장을 학교로 옮겼는데 안차관님의 사모님이신 이명희 교수님

께서 우리 학교에 계시다는 것을 알게 되었다. 이교수님은 현재 상명대학교 도서관장님으로 재직하고 계시는데 뵐 때마다 자연스럽게 안차관님 말씀을 나누면서 차관님의 소박하고 인간적인 품성을 다시 확인할 수 있었다. 이처럼 두 분을 다른 시기에 따로 뵙는 기회를 가지면서 차관님의 업무에서의 성취와 가정에서의 가치를 재확인하게 되고 그의 부재를 더욱 아쉬워하게 되었다.

우리는 2000년대 전후 청와대 근무를 같이 하였다. 알다시피 청와대 근무는 다른 조직과 달리 업무의 난이도가 매우 높다. 이른 아침에 출근해야 하고, 업무 수행 중에 느끼는 긴장의 강도가 매우 크다. 또한 모든 부서의 기능을 모아 종합행정 기능을 수행하기 때문에 횡적인 업무협조가 매우 긴요하다. 각 부처에서 인정받는 우수공무원들은 대체로 부처에서 중요한 보직을 밟으며 성장하다가 청와대의 부름을 받아 봉사하고, 다시 부처로 복귀하며, 다시 간부가 된 이후 청와대에서 봉사하는 싸이클을 밟는다. 안차관님은 이 과정을 두루 거쳐 약 4년간 청와대에서 봉사하셨다. 그만큼 다양하고 중요한 일을 많이 수행하면서 능력을 키워가신 것으로 볼 수 있다. 차관님의 경력과 성실성을 종합하여 본다면 그 분은 이미 평생하실 일들을 다 하신 것이 아닌가 하는 생각도 든다. 차관님의 유일한 오류는 자신을 돌보는 데에 충실하지 않았다는 것 뿐이다.

청와대에서 안차관님은 경제부서에서 업무를 수행하였고, 나는 정무와 외교안보 분야에서 봉사하였기 때문에 가끔씩 업무협조가 필요하였다. 나는 주로 경제가 정무나 안보문제에 미칠 영향을 파악하기 위하여 안차관님을 찾았고, 안차관님은 정무나 외교의 사실관계나 전망을 파악하기 위하여 나를 찾았다. 내가 차관님을 찾는 빈도수가 더 많았지만 차관님은 언제나 편안하게 안내해 주셨고 성의껏 도와 주셨다. 부서간 업무협조라는 것이 말처럼 쉽지는 않으며 의외로 횡적인 협조가 잘 되지 않는다. 오늘날 상하간 부서간 코뮤니케이션이 조직문화의 가장 중요한 요소로 인정받는 이유가 바로 여기에 있다.

일반적으로 경제부처 소속 공무원들은 학력수준이 높고 채용성적도 우수하며 업무수행 능력도 뛰어난 엘리트들이 많다. 따라서 국가의 중요정책을 결정하는 시스템의 상위수준에서 일하게 된다. 이들이 바른 의식과 안목을 가지고 정책을 결정하기 위해서는 다른 부처나 부서와 유기적으로 협력하면서 종합적으로 업무를 파악하는 것이 매우 중요하다. 안차관님은 소관업무에 대해 다른 부서 인사들과 매우 협조적이면서도 타 분야 업무를 파악하고자 하는 의지가 매

우 강하셨다. 그의 이러한 협조정신이 업무수행을 위한 안목을 키우고 스펙트럼을 넓히는데 중요한 역할을 한 것으로 믿는다. 어려운 문제도 단순화시켜 추진력을 발휘하셨고, 작은 의견이라도 성의껏 수용하고 협조하시는 분으로 평가를 받아오신 것은 결코 우연이나 과장이 아니었다.

그동안 차관님께서 역점을 두셨던 에너지 분야와 녹색성장 업무가 중요해지면서 안차관님의 타계는 국가적으로도 큰 손실이 아닐 수 없다. 그가 계속 그 업무를 추진할 수 있었다면 국가나 국민에게 더 많은 기여를 하였을 것이다. 그러나, 이제 우리 모두는 그가 국가적 과업에서 벗어나 편안하게 쉬도록 해드려야 한다. 나를 포함한 후배 공무원들과 후학들과 자제분들이 그의 뜻을 이어받아 더욱 열심히 일한다면 우리의 슬픔은 조금 줄어들 것이고 그도 덜 외로워할 것이다.

다시 안차관님과 함께 일하고 보람을 나누는 시간이 없을지라도 함께했던 시간을 내 인생에서 소중하고 귀한 부분으로 고이 간직하고자 한다. 또한 학교에 계시는 사모님께서 차관님을 추념하시는 일들을 적극 도와드리는 것이 차관님에 대한 그리움과 안타까움을 달래는 길이라고 생각한다.

심해저 자원개발 선도국가 진입에 원동력 되신 분!

강 정 극

현) 한국해양연구원 원장

2년 전, 우리에게는 너무나 당혹스럽고 받아들이기 힘든 소식을 접해야했던 시간이 있었습니다. 벌써 고 안철식 지식경제부 제2차관님께서 우리의 곁을 떠난다는 얘기도 없이 너무도 황망히 떠나신지 2주기가 다가옵니다.

유명을 달리하신 그 순간까지도 여러 현안 문제들

을 해결하기 위해 몸을 아끼지 않으시며 강한 의욕과 집념으로 일을 처리하시던 모습이 아직도 생생한데 무심히도 시간은 이렇게 흘렀습니다.

고인께서는 초임 사무관 시절부터 차관에 이르기까지 누구보다도 열정적으로 우리나라 광물 및 에너지 자원 분야의 난제 해결을 위해 무한한 노력을 기울이신, 자타가 공인하는 자원정책 전문가입니다. 특히 해외 광물자원 개발 광구나 유전을 적극적으로 확보하기 위한 자원외교를 몸소 실현하기 위해 동분서주 하였습니다.

그 노력의 결과로 1991년 경제장관회의에서 심해저 광물자원 개발사업의 추진을 국가전략사업으로 의결한 후, 본격적으로 사업추진을 시작한 이래 약 20여년간 심해저 자원연구는 전량 수입에 의존하는 광물자원의 공급원 확보를 위한 국가 핵심추진 연구 분야로 발전하여 왔습니다.

국제동향 변화와 심해저 자원개발의 장기적인 국가정책 사업으로서의 추진 필요성에 의거하여 우리 정부는 1991년 8월에 제 11차 경제장관회의에서 '심해저 광물자원 개발사업 추진계획'을 의결함과 동시에 심해저 사업주체를 과학기술처에서 동력자원부로 이관함으로써 심해저 자원개발 분야는 새로운 도약의 발판을 마련하게 되었습니다.

또한, 1993년 12월 경제장관회의에서는 '심해저 광물자원 개발사업 추진계획'을 안건 제 292호로 의결함으로써 1994년까지 유엔에 선행투자가 광구등록과 동시에 할당광구 15만 km^2를 확보하고 실용기술 개발을 추진하는 국가정책이 결정된 바 있습니다. 이 모든 과정의 하나하나에 고인의 노고와 신념이 함께 하였음을 기억합니다.

그 동안 각고의 노력에 의해 태평양 공해상에 망간단괴 개발을 위한 독점적 개발광구를 확보한 심해저 자원개발 사업은 명실 공히 21세기 심해저 광업시대의 개막과 첨단기술을 선도하는 국가 주요 해양개발 정책으로 추진되고 있습니다. 특히 심해저 광물자원 조사 및 탐사활동을 통하여 우리나라의 해양과학 기술이 선진국과 비교우위 경쟁력을 갖는 국제적 수준에 진입하는 계기가 되었습니다.

심해저 광물자원 개발은 연간 300만톤 규모의 망간단괴 상업생산 시 15억불의 경제적 가치를 가지게 됩니다. 이는 고인께서 바라셨던 광물자원 공급원 확보를 우리 스스로 이룰 수 있게 되는 것입니다. 현재 심해저 자원개발 사업은 더욱 발전하여 망간각 그리고 해저열수광상 개발 사업으로 다변화 되었으며, 우리나라의 국가 경쟁력을 확대하고 다양한 광물자원을 확보하고자 합니다.

해양자원 연구분야의 30년 역사 속에서 불모지나 다름없는 심해저 자원개발 분야가 세계의 기술을 선도하고, 선진국과 어깨를 나란히 할 수 있는 현재의 수준까지 발전하여 온 것은 고인께서 보여주셨던 열정과 노력이 우리 가슴속에 녹아들어 원동력으로 작용하였기 때문입니다.

이제 우리는 그분과 만날 수 없지만, 우리의 모습과 삶 안에서 영원히 그분의 열정과 노고를 잊지 못할 것입니다.

삼가 머리 숙여 고 안철식 차관의 명복을 빕니다.

'안철식 가스파이프'를 기다리며

박 용 범

현) 매일경제신문 기자

솔직히 고백하건데 기자는 그에게 짓궂은 존재였다.

2008년 말 어느 날로 기억된다. 안철식 당시 지식경제부 에너지자원실장은 기자실을 찾아 심혈을 다 기울여서 마련한 녹색성장 관련 정책을 브리핑했다. 그날 기자는 안실장을 상대로 여러 차례 질문을 했다. 팽팽한 질의 응답 시간이 마무리됐다.

그로부터 30분이 지났을까. 안실장이 휴대폰으로

기자에게 전화를 걸어왔다. 공식 브리핑 시간에 설명이 미진했다며 추가로 설명을 하기위해서였다. 그의 진실한 태도에 기자의 마음도 녹았다. 그는 이처럼 따뜻한 마음의 공직자였다.

한창 고유가로 나라가 들썩였던 2008년 어느 날 밤 12시가 다 됐을 무렵 그는 기자에게 전화를 걸어온 적이 있었다. 짧은 몇 마디였지만 과로 속에 괴로움을 겪고 있는 그의 속내가 전화 선 너머로 느껴졌다.

2008년 3월 어느 날 일이다. 안실장 책상에는 문서가 하나 놓여 있었다. 문건의 제목은 '러시아 PNG(파이프라인 천연가스) 도입 추진안'. 안실장 방을 찾았던 기자는 '참여정부에서 추진하다 흐지부지된 안을 정권이 바뀌었다고 포장만 달리해서 재탕하나'하는 생각이 스쳐지나갔다. 그도 그럴 것이 당시는 에너지 가격이 사상 최고로 치솟는 시기였다. 자원부국들의 콧대는 하늘 높은 줄 모르고 올라갔다. 가스때문에 우크라이나는 물론, 전 유럽을 쥐고 흔들며 아쉬울 것이 없는 러시아가 왜 한국에, 그것도 리스크가 큰 북한을 경유해 가스관을 깔아줄 것인가 하는 점에 대한 회의론이 높았다. 그러나 그로부터 6개월 뒤인 지난해 9월 말, 한·러 정상회담에서 양국은 역사적인 PNG 프로젝트에 서명했다.

2008년 그 해엔 유난히 에너지 관련 이슈가 많았다. 초고유가 기조 속에서 2030년까지 장기 국가 에너지 기본계획 실무안을 만든 사람도 안실장이었다. 이런 공적은 정부도 인정했다. 그는 2009년 1월 19일 에너지·무역업무를 총괄하는 지경부 2차관으로 승진했다. 그리고 9일 만에 과로로 쓰러져 27년간의 고단한 공직 생활을 마무리했다. 유명을 달리하기 6시간 전까지 휴일임에도 불구하고 과천으로 출근해 수출실적을 챙겼다. 호흡이 답답해져도 별일 아닐거라며 병원에 갔지만 그것이 마지막 길이 됐다.

러시아산 천연가스는 우리나라의 든든한 에너지 버팀목이 될 것이다. 러시아 가스가 본격 도입될 때, 그의 이름을 기릴 수 있는 가스수송 선박이나 가스관, 저장시설이 하나 생겼으면 한다. 그의 어린 아들이 훗날 아버지의 공적에 자긍심을 갖도록 하기 위해서라도.

처음 만난 사람

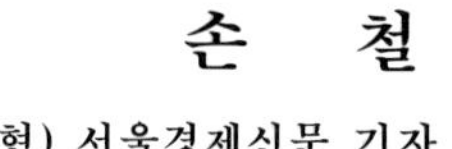

손 철

현) 서울경제신문 기자

정직하게 쓰겠다. 그 사람에 대한 글이니까.

출국하는 길에 출출했다. 인천공항에서 수속을 마치고 탑승까지 시간을 재며 라면을 시켰는데 전화가 왔다. “안철식 차관을 잘 알지 않아요?” 지식경제부를 출입하는 후배 기자의 목소리였다. ‘안철식’ 이란 이름을 듣는 순간 잠시 아찔했다. 왠지 모르게 기분이 언짢아 애꿎은 후배에게 쌀쌀맞고 까칠하게 대꾸했다. “갑자기 안차관 얘기는 왜 하느냐”고. 당황한 톤으로 그 후배는 잠시 숨을 고르곤 말했다. “애석하게 가신 안차관의 추모집을 엮는데 글 하나가 펑크 났다"며 자신이 원고 청탁을 받았는데 안차관님을 잘 모르니 내게 부탁하고 싶다는 얘기였다. 빙긋 웃던 그 분의 얼굴이 떠올랐지만 냉정히 말했다. "마감 시간이 너무 촉박하면 쓸 수 없다"고. 시간이 없다는 것은 핑계에 불과한 것을 알고, 마음은 이미 그 사람을 그리며 줄달음질치고 있는데 왜 선뜻 승낙하지 않았는지 그 때 내 마음을 설명하긴 지금도 힘들다.

글을 쓰겠다고 결정하진 않았지만, 라면이 입으로 가는지 코로 가는지도 모르면서 난 어느새 2005년 2월 을씨년스럽고 황량했던 과천정부청사 민원실 앞에 가 있었다. 당시 4년차 햇병아리 기자로 관가는 첫 출입이었다. 산업자원부 건물 1층의 안내도에는 산업, 자원, 무역, 기술 관련 직책들이 어지러이 늘어져 있고, 생전 처음 본 과(課) 이름들이 빽빽이 들어차 있었다. 아득했다. '어디서, 누구부터 만나야 하나' 이런 답답함부터 시작해서 '앞으로 얼마나 많은 '물'(낙종)을 먹어야 이곳을 알게 될까' 걱정이 가득했다. 기자단 등록서류를 제출하고 산자부 기자단 휴게실 소파에 앉아 조직도를 살피는데 문이 열리며 동네 아저씨같은 푸근함에 호랑이 눈을 한 체구 좋은 중년 남자가 들어왔다. 첫 눈에도 기자는 아닌 듯 싶어 "서울경제에서 새로 출입하게 된 손철입니다."하고 인사를 건넸는데 그는 나보다 더 허리를 숙이며 쑥스럽게 "전 '안철식'이라고 해요" 하고 말했다. 그게 잊을 수 없는 그와의 첫 만남이다.

그 날 이후 그에 대한 호칭도 '국장님', '형님', '실장님' 등등으로 바뀌며 꽤나 많은 추억들을 쌓은 것 같은데 안차관님을 생각할 때면 항상 맨 먼저 그 첫 인사를 나눴던 장면들이 머리 속 스크린에 펼쳐진다. 아마도 동병상련의 느낌이 사무쳐서 그런 듯하다. 내가 그에게 과천에서, 산자부에서 처음 만난 '공무원'이라고 말하자, 그도 공보관에 내정된 후 내가 처음 만난 '기자'라고 말해줬다. 그러면서 "방금 전 대변인 내정 통보를 받았는데 뭘 어떻게 해야 할 지 잘 모른다" 며 "서투르고 부족한 점이 있어도 많이 이해해 달라"고 덧붙였다. 내가 드릴 부탁말씀을 반대로 들으며 황송하면서도 한편으론 반가운 마음이 들었던 것 같다. 섬처럼 외롭게 떨어져있다는 느낌만 가득하다가 새 인연으로 기댈 언덕 한 곳이 생긴 것 같아 마음 속 긴장감이 봄 눈 녹듯 풀렸던 기억이 생생하다.

돌아보면, 사실 나와 안차관님의 그때 처지가 같은 것은 아니었다. 20년 이상 동력자원부와 산자부 등에서 잔뼈가 굵은 베테랑 관료였으니 그는 대변인 업무가 설사 낯설더라도 부처업무 전반에 정통해 있었고, 이미 알고 있는 기자들도 많았다. 친분이 깊은 언론사 데스크(간부)도 적지 않은 듯했다. 그렇게 서로의 차이가 분명해도 잠시 아래로 내려와 힘 빠져 있는 젊은 기자와 눈높이를 맞춰주는 사람이 '그'였다. 전쟁터 같은 취재 현장에서 처음 만난 배려심 깊은 남자였다.

첫 만남 이후, 내가 산자부 출입을 중단할 때까지 약 2년 6개월 가량을 형님, 아우하며 때론 기자와 취재원으로 줄기차게 만났다. 브리핑실에서 치열하게 정책을 놓고 창과 방패처럼 논쟁을 벌이기도 했고, 밤늦게까지 통음하며 산자부의 주요 이슈들을 이야기하며 갑론을박한 날들도 열 손가락만으론 꼽기 어렵다. 그가 대변인을 마치고 이동한 보직이 '지역경제국장'이었는데, 사무실이 기자실과 같은 1층에 있어 화장실에서도 자주 만났다. 서로 볼일을 보며 어색하게 얼굴을 마주할 때도 그는 내가 쓴 기사를 칭찬해주며 기(氣)를 복돋워 주었다.

그랬다. 어느 모임에서라도 안차관님을 회고하면, 공통된 주제가 '여간해선 화내지 않는 그의 좋은 성품'이었다. 어린놈이 건방지게 말할 때도 있고, 서투른 재주를 뽐낼 때도 많았을텐데 그는 나의 단점을 꼬집기보다 장점을 찾아내어 격려해 주었다. 어떤 지적에도 웃으며 긍정적이었다. 그렇게 많은 것들을 받기만 했는데 그가 세상을 뜨기 전 감내했을 엄청난 스트레스와 부담감을 조금이라도 나누지 못한 것 같아 이 글을 쓰는 지금도 가슴이 먹먹하다. 고백컨대, 그가 지식경제부 2차관에 임명된다는 소식을 듣고 누구보다 기뻐한 것이 사실이지만 마음 한 구석엔 세계적 경제위기 속에 에너지 전문가인 안차관께서 얼마나 수출입 업무 등 무역 전반을 잘 챙기는지 지켜봐야지 하는 '알량한' 기자적 사명감이 자리하고 있었다.

작은 깜냥에 취해 '큰 바위 얼굴' 같은 그를 잊고 있었기에 안차관님의 소천은 청천벽력이었다. 안타까운 그의 죽음 앞에 여러 이유들이 주변에서 나왔지만 귀에 들어오진 않았다. 그보단 나의 무심함과 속좁은 생각들이 뇌리를 파고들어 죄책감을 지울 수 없었다. 가끔 거울을 보다 그의 얼굴이 떠오를 때가 있다. 거울 속 내 얼굴을 닦고 또 닦으며 자세를 가다듬어보지만 허전함만은 채울 수 없다. 다만 '처음 만난 사람'이 그렇게 따뜻하고 훌륭한, 다시 만나기 쉽지 않은 사람이 될 수 있다는 걸 "잊지 말자"고 스스로를 다짐하며 새로운 첫 만남을 위해 옷깃을 여민다.

“쥐가 왜 독 안에 들어간 줄 알아요?”

이 재 호

현) 내일신문 기자,
전 지식경제부 출입기자단 간사

순수

2009년 1월 20일. 이날은 고(故) 안철식 차관이 청와대에서 임명장을 받은 날이었다. 시간은 정확치 않지만 오후 2~3시쯤 되었을까, 안차관이 기자실을 방문했다. 어린 아이처럼 순수하고 해맑은 얼굴로 “임명장을 받고 오는 길에 점심때를 놓쳐 수행비서와

둘이 자장면 한 그릇 먹고 지금 과천청사로 들어오는 길"이라고 말했다. "정말 오랜만에 자장면으로 끼니를 해결했는데, 옛날 생각나고 맛있더라"는 말도 덧붙였던 것 같다. "차관 취임 후 첫 식사가 참 소박하셨다. 지금까지도 잘해오셨지만 우리나라 에너지산업과 무역발전에 많은 노력을 해달라"는 등의 덕담이 오갔다.

그러던 중 당시 대변인실에 근무하던 정재환 사무관을 가리켜 "공보실에 있은 지 1년쯤 됐는데, 참 성실하고, 성격이 활달해 대인관계가 좋다"며 "비서관 아직 정하지 않으셨으면 정재환 사무관 쓰시면 흡족하실 겁니다"고 말했다. 사실 기자들로서는 함께 부대껴온 정사무관을 좋은 여건에서 일할 수 있는 곳에 보내주십사 하는 덕담수준의 부탁이었는데, 다음날 정사무관을 2차관실 비서관으로 전격 발탁했다. 고마웠다. 알고보니 정사무관에 대한 평판이 좋은데다 기자실의 의견을 앞으로도 잘 반영하겠다는 뜻이었다.

신뢰

기자실에서 안차관의 인기는 매우 높았다. 지경부 기자실에 30여개가 넘는 매체의 출입기자들이 모여 있으니 자연스레 "조직의 누구는 이렇고, 누구는 저렇다"는 식의 이야기가 나오기 마련이다. 당시 출입 기자단 간사였던 나는 거의 매일 기자실에 상주할 수밖에 없었는데, 맹세코 안차관의 뒷담화를 듣거나 불평을 들은 기억이 없다. 특히 기자들이 무엇인가를 물어보면 '소위 메이저라고 불리는 매체이건 마이너 매체이건' 가리지 않고 "친절하고, 공손히 설명해준다"는게 공통된 의견이었다. 이렇듯 매체를 편애하지 않고 공평하게 잘 대해주신 점이 간사인 나로서도 참 감사한 일이었다.

그는 또 업무관계로 기자들과 전화통화를 못했을 경우에도 반드시 콜백을 해줘 신뢰를 쌓았다. 나도 사실 전화를 걸어 한번에 연결된 경우는 잘 기억나지 않는다. 전화를 시도할 때마다 방에 손님이 찾아와 미팅중이거나 회의 중이거나, 아니면 외부 행사에 참석 중이거나…그랬다. 하지만 밤 9~10시가 됐던, 이튿날 아침 7~8시가 됐건 꼭 전화를 주셨다. "어제는 이러이러한 상황 때문에 전화를 못 받았다"는 설명과 함께….

겸손

안차관의 공손함과 겸손함에 대한 평판은 공직사회에서도 다르지 않았다. 안차관이 유명을 달리한 뒤 임채민 국무조정실장(당시 지경부 제1차관)과 저녁식사를 할 기회가 있었다. 자연스레 화제는 고 안차관에 대한 이야기로 넘어갔다. 임실장은 "서로 업무가 바쁘다보니 안차관 취임 이후 8일째 되던 날(설 연휴 마지막 날)에야 비로소 둘이 처음으로 내방에서 마주앉을 기회가 있었다"며 "20~30분간 인사문제 등 업무 현안 등을 논의했다"고 회고했다. 이어 "이야기를 마치고 안차관이 나가다 말고 다시 문을 열더니 크게 인사를 하고는 '차관님 여러모로 감사합니다. 저를 항상 실장(1급 관리관)으로 대해 주세요'라고 하시더라"고 전했다. "무슨 쓸데없는 말씀을 하시냐"며 웃어넘겼지만 그게 그와 마지막으로 나눈 대화였다"고 가슴아파했다. 이어 "그 정도로 겸손하셨고, 내게 보여준 마지막 모습이 평생 살아온 안차관의 모습이었다"고 덧붙였다. 임실장은 "사실 안차관이 나보다 행정고시 기수는 늦지만 나이가 서너 살 많다보니, 이전부터 예우를 했다"면서 "하지만 안차관은 한 번도 스스로 나이가 더 많다고 이를 내세운 적이 없었다. 그러다보니 윗사람이나 아랫사람 모두가 그를 아끼고 따랐던 것 같다"고 평했다.

교훈

'♩거치른 벌판으로 달려가자 ♪~내일의 희망을 마시자 ♬~ 보석보다 찬란한, 무지개가 달려있는 저 언

덕너머~ 내일의 희망이 우리를 부른다 ♬♬~'
가수 김수철씨가 부른 '젊은 그대'라는 노래의 일부분이다. 안철식 차관이 이 노래를 부르던 모습이 선하다. 노랫말이 희망적이어서 좋고, 소박한 모습의 김수철씨도 좋다는 설명이었다. 내가 안철식 차관을 처음 알게 된 때는 2004년이었던 것으로 기억된다. 당시 산업자원부 출입 기자였던 나는 공보관으로 부임한 그를 만났다. 공보관을 6개월쯤 했던 것으로 기억하는데, 짧은 기간이었지만 그때의 인연으로 좋은 관계를 계속 유지할 수 있었다.

안철식 차관하면 나에게는 특별히 잊히지 않는 기억이 있다. 내가 기자단 간사가 되고, 얼마 후 축하 인사를 건네면서 해주신 말이다.

"이 간사님, 사람들이 독안에 든 쥐라는 표현을 간혹 쓰는데, 왜 쥐가 독안에 들어간 줄 알아요?"

" … "

"독 안에 쌀이 가득 들어있었대요. 그걸 본 쥐가 나중은 생각지도 않고 일단 저 안에 들어가면 당분간 실컷 먹을 수 있겠구나 하는 생각으로 자기가 들어간 거지요"

'눈 앞의 것만 쫓지 말라'는 안차관의 소중한 경험에서 우러난 덕담은 그때나 지금이나 앞으로도 내가 살아가는 데 값진 교훈이 될 것이다.

“나는 야구선수가 꿈이었다”

조 경 호

현) 과천신문사 대표, 과천클럽 회장

2008년 6월26일(목요일) 오후7시 과천그레이스호텔(과천에서 가장 큰 13층 호텔) 4층 용궁(정통 중국요리집) 대연회장. 과천클럽 6월 정기모임이 있는 날이다. 약간은 덥게 느껴지는 날씨였지만 깔끔하게 차려입은 회원들이 한명 두명 모여들고 있었다, 정원이 50명이지만 40여명은 얼추 돼 보였다. 남성들 사이로 여성회원들의 모습도 언듯언듯 보였다. 이 연회장은 3개 홀의 조립식 미닫이 문들을 한 켠으로 밀어 몰아세우면 큰 홀이 되곤한다. 주로 정부청사에서 장관, 차관이 참석하는 행사에서 이 장소를 이렇게 변

형시켜 사용하다보니 입소문이 나 명품홀이 됐다.

"자, 이제 자리에 앉읍시다."

"오늘 여인국 시장님, 조경환 피부과 원장님, 지식경제부 안철식 실장님이 좀 늦는다고 연락이 왔습니다."

사회자의 멘트와 회장의 인사, 회원들의 동정 등 한달간 있었던 소소한 이야기들까지 광고형식으로 알려지는 시간이다. 광고내용이 많았던지 어느새 테이블마다 참이슬병과 카스병이 분주히 옮겨다니고 "건배.....", "위하여...." 등을 외치며 술잔 부딪히는 소리가 여기저기서 들려온다.

참석자들이 허기를 메우고 술도 거나하게 됐을 무렵 여인국 시장 등 좀 늦는다고 했던 사람들이 왔고 이들 역시 "건배....", "위하여...."를 연거푸 외쳐댔다. 여기저기서 폭소와 시시콜콜한 이야기서부터 직장, 사무실, 자녀, 출장 뒷 이야기, 주식, 부동산 문제, 정치, 사회, 스포츠, 연예계이야기 등 무슨 사연들이 그리 많고 할 말들이 많은지 홀 천장이 들썩들썩거렸다. 무릇 자주 만나는 관계일수록 할 말이 많다고는 하지만 이날 만남의 분위기는 정점을 향해 무르익어갔다.

이같은 분위기가 한참을 지나 홀에 걸린 대형 벽

시계가 9시를 가리킬 무렵 앞문이 열렸다. 그리고 검정색 바탕의 양복을 입고, 하얀 얼굴에 안경을 쓴 신사가 들어왔다. 지식경제부 안철식 실장이었다. 안실장은 늦은터라 엘리베이터에서 내려 홀까지 약 40여 미터를 급히 걸어오느라 숨을 가쁘게 쉬었고, 얼굴에는 피곤이 뚝뚝 떨어지는 모습이었다. 업무에 눌려있는 모습이 역력해 보였다.

"여러분, 잠시 조용해 주세요! 지경부 안철식 실장님이 오셨습니다."

"박수..., 박수...", "어서오세요, 실장님..."

"오늘도 늦으셨네요(웃음), 늦게라도 참석해 주셨으니 정말 감사합니다."

"예, 늦어 죄송합니다. 요즘 국회도 열렸고, 해외출장도 잦아졌고, 청와대에서 수시로 찾고 있어서 바쁘네요."

"네... 그러시겠죠, 시장하실텐데 어서 식사부터 하시죠."

"그래도 실장님이 과천클럽 모임엔 안 빠지려고 하시니 과천클럽이 잘 될 수 밖에 없습니다."

"가능하면 와야죠. 저도 여기오면 재미있습니다. 사람들 살아가는 이야기, 세상이야기, 이런 것들을 좀 듣고 살아야하는데......."

과천클럽과 지경부를 "위하여...", "위하여..."

술잔은 이리저리 옮겨지며 부딪혀갔다. 사실 안실장의 이날 참석이 몇달만이기 때문에 모두들 반가워했다.

시간이 가면서 벽시계도 술에 취한 듯 시계추의 좌우 이동 움직임이 더디어졌고 똑딱똑딱 소리도 잠에 졸린 듯 점점 작아지는 듯 했다. 눈치 빠른 사람들은 하나둘씩 도망이라도 가듯 뒷문 쪽으로 살금살금 빠져나가 홀 안에 남아있는 사람들은 절반밖에 남지 않았다. 모두 분위기에 흠뻑 젖어 있었고 면면을 보니 엉덩이가 좀 무거운 사람들만 남아있는 듯했다. 원래 이 집도 10시면 문을 닫아야 하는데 눈치없는 이창호 사장이 같이 있으니...

"자, 우리끼리 한잔 더 합시다. 안실장님도 모처럼 오셨으니......"

남은 사람들은 홀 한쪽으로 옮겨 월례회 제2막의 꽃을 피워나갔다.

이날도 역시 안철식 실장이 대화를 주도해 나갔다. 안실장이 있는 자리엔 항상 사람들이 모여들었다. 안실장은 대화를 머리가 아닌 가슴으로 하는 스타일이다. 어법은 충청도라 빠르지도 않고 느리지도 않다. 된장냄새가 나듯 군데군데에서 정을 느끼게 하는 멘트도 섞어 쓴다. 대화의 소재는 주로 생활주변에서 일어나는 현실적인 이야기들이다. 이날도 미국 유학생활 이야기, 유학가기 전 잘못된 재테크 경험담, 그로 인해 사모님께 미안했던 이야기, 막둥이 주영이에 대한 이야기들이 메뉴였다.

"우리 주영이를 미국에 혼자 떼어놓고 있는 아빠로서 걱정이 많습니다. 함께 지내지 못하고 있어 아쉬움이 큽니다. 아직까진 잘하고 있는데......"

모두 가슴에 와 닿는 이야기들이었다. 그러면서 "우리 주영이가 성장했을 때 어린 시절 아빠와의 추억거리가 없다는 것을 생각하면 반쪽교육이라는 생각도 들죠. 왜, 저라고 아이하고 야구도 하고, 여행도 하고 함께 있고 싶지 않겠어요. 생각하면 유학이라는 것이 얻는 것도 있고, 잃는 것도 있어요."

안실장은 이런 이야기를 하면서 이따금씩 흘러내리는 금테 안경을 고쳐 쓰느라 버릇처럼 오른손 둘째손가락으로 안경테를 곧추세우며 미간을 약간 찡그리는 모습을 보이곤 했다.

이날도 헤어스타일은 8대 2로 가지런히 나누고 염색을 해서인지 흰 머리카락은 잘 보이지 않았다. 머리 숱은 아직 신경쓰지 않을 정도로 괜찮아보였다. 안실장의 가슴으로 하는 이야기는 계속됐다.

안실장은 "공무원이 안됐으면 야구선수가 됐을 것이다"라며 처음 듣는 이야기를 했다. "청주에서 자라

면서 줄곧 야구를 했다"는 안실장은 "공부보다는 야구에 취미가 있었고 소질도 있어 선수로 꿈을 키워 나갔다"고 속내를 털어놨다. 이 이야기를 들으며 마침 옆에 있는 안실장의 허벅지와 종아리, 팔뚝을 만져보니 장난이 아니었다. 나무기둥 같았다. 생김새는 곱상하게 생긴 양반이 몸은 동글동글하고 단단한 몸매였다.

"저는 공부보다는 야구에 관심이 많았었죠. 그리고 잘 했어요. 그런 이유로 그 당시 저의 주변에는 공부 잘 하고 조용한 아이들보다는 좀 거칠고 드센 야구하는 아이들이 많았죠. 그러던 고2때 어느 날 어머님이 저를 앉혀 놓고 말씀하셨어요. 야구도 좋지만 공부해서 대학가는 것이 낫겠다. 내가 내일 학교에 가서 선생님들을 만날테니 걱정 말고 공부만 열심히 하도록 해라." 안실장은 당시 어머니의 말씀을 기억해 냈다.

"예, 어머니, 저는 사실 야구선수가 됐으면 좋겠는데 어머님이 정히 그러시다면 야구를 그만두겠어요"라고 말씀드린 것이 제 인생의 진로가 바뀌게 된 것이라고 했다.

안실장은 이렇게 해서 야구의 꿈을 과감히 접고 정상적인 학업에 전념하게 되었다고 했다. 그 후 대학을 졸업하고 일반회사에 취업해 직장생활을 하다가 행정고시에 합격하게 되어 공무원에 몸담게 되었고 그동안 장관 비서실, 공보관, 청와대 근무 등 요직을 두루 거쳐 현재 지식경제부 에너지실장까지 오게 되었다고 설명했다.

"박수..., 박수..."

"말씀을 듣고 나니 안 실장님은 정말 효자시네요... 그렇게 좋아했고 또 소질도 있었던 것을 포기하기란 예나 지금이나 참 어려운 결정인데요..."

"만약 야구 쪽으로 갔다면 지금쯤은 어디서 무얼 하고 있을까요?"

"대학선수, 국가대표선수, 프로야구선수를 거쳐 어느 프로야구팀의 감독, 아니면 프로팀구단의 머리쯤 돼있겠죠."

그때 누군가 "에너지실장 다음엔 차관이에요?"라고 묻자 안실장은 "그건 아직 아무도 모르는..."

* 과천클럽은 12년 전에 50명의 회원으로 구성된 친목모임이다. 회원의 자격은 직장, 자택 등 과천에 연고를 두고 언제나 "과천을 사랑하는 사람들의 모임"이란 의미를 자랑스럽게 생각하는 사람이다. 격월로 만나고 있는데 매달 만나자는 의견이 압도적일만큼 잘 되는 모임이다. 50명 회원들의 직업이 50가지로 겹쳐지거나 중복된 직업이 없고 모두 전문직에 종사한다는 것이 특색이다. 각 과의 의료인들과 약사가 참석하고 있어 불우이웃 무료진료봉사 등 이웃돕기 봉사도 창립목적에 포함돼 있다.

안집사님과의 짧은 만남

채 경 락

현) 일원동교회 담임목사

그게 이 땅에서 마지막 만남이 될 줄은 생각지도 못했습니다. 그 주일 점심 식사, 안집사님과의 첫 만남이었는데... 주님께서 이끌어 주셨는지, 그날은 왠지 그분과 마주앉아 식사를 하고 싶었습니다. 단정하고, 푸근하고, 사람을 대하시는 모습이 참 신실하고 예의바른 분이었습니다. 고위직 공무원에게서 풍길 수 있는 우쭐함보다는 오히려 겸손함이 몸에 밴 분이었습니다. 참 기분 좋은 만남이었습니다.

정부에 대한 생각이 조금 바뀌는 계기도 되었습니니

다. 나 역시 젊은 사람 특유의 비판의식을 가진 사람인데, 안집사님의 얘기를 들으면서 생각의 틀이 조금 바뀌었습니다. 밖에서 아는 것보다 더 깊이 생각하고, 일반인들이 모르는 많은 자료와 방향성을 가지고 정책을 세우고 있구나... 사실 자세한 내용은 잘 이해할 수 없었지만, 진심으로 나라와 국민을 생각하는 한 공무원의 마음을 엿보는 것으로 충분히 의미 있는 만남이었습니다. 그분 덕에 내가 사는 나라를 조금 더 따뜻한 마음으로 대할 수 있을 것 같습니다.

나와의 짧은 만남에도 이런 좋은 것들을 주셨으니, 그간 수십 년 인생을 살면서 필시 많은 사람들에게 좋은 영향력을 남기셨을 겁니다.

안집사님! 주님 품 안에서 편히 안식하시고, 나중에 천국에서 뵙겠습니다.

고 안철식 선생님을 추모하면서...

여 성 철

현) 한무쇼핑 주식회사 상임감사

세월은 참 살같이 빠릅니다. 우리집에서 일주일에 한번 목장모임을 갖는 날이면 주영이는 늘 어머니 이명희 집사님을 따라와 장난감을 갖고 놀던 초등학교 3학년짜리 조그만 아이였는데 이제 벌써 중학생으로 듬직하게 큰 것을 보니 세월의 빠름을 새삼 실감합니다.

주영이가 미국에서 처음 공부를 시작했을 때 함께 가셨던 이명희 집사님께서 "주영이가 너무 힘들어하는 것 같습니다. 미국 학교생활에 잘 적응할 수 있도록 기도해 주세요"하고 메일을 보내 오셔서 "처음이라 그렇지 한 6개월만 지나면 아마 이집사님보다 영어를 더 잘하게 될 겁니다. 너무 걱정하지 마세요"하고 답신한 기억이 납니다. 얼마전 주영이가 미국 대통령상까지 받고 우수한 성적으로 6학년 과정을 마쳤다는 이야기를 들으니 참으로 기쁘기 짝이 없습니다.

작년 어느 날인가 사무실에 출근해 컴퓨터를 켜니 인터넷 조선일보에 빨간 글씨로 적힌 "속보"가 눈에 확 들어오더군요. "아니, 안철식 선생님이 돌아가시다니. 그럴 리가. 오보 아닐까. 며칠 전에도 건강한 모습을 보았는데..." 도저히 믿겨지지가 않아 다른 몇 개의 인터넷 신문을 더 뒤져 보았습니다. 온종일 일이 손에 안잡힐 정도로 허망한 마음이 가득했습니다. 그리고 문득 낯선 타국에서 공부하느라 애쓰고 있을 주영이 생각이 났습니다. 어린 것이 얼마나 애통할까. 슬픔을 잘 이겨내야 할텐데하고 말입니다.

제가 안철식 선생님을 알게 된 것은 불과 4~5년밖에 되지 않습니다. 이명희 집사님과 함께 일원동교회에 출석하시면서 처음 뵙게 된 것이지요. 회사업무상 산업자원부의 통상파트에 근무하시는 분들과는 더러 안면이 있었지만 안선생님은 주로 에너지 분야

에서 일을 하신 관계로 평소에 뵐 기회가 없었습니다. 하지만 같은 교회에서 신앙생활을 하게 되면서 비록 짧은 기간이지만 안선생님과는 함께 식사도 자주 하고 여러 가지 이야기도 나누는 등 다른 산자부 분들보다 더 많은 교제의 시간을 보냈다고 할 수 있겠습니다. 하나님을 믿는 신앙공동체 안이어서 가능한 일이었습니다.

요즈음 국무총리를 비롯한 고위직 공무원 인사청문회에서 여러 사람들이 낙마하는 과정을 지켜보면서 참으로 안타까움을 느낍니다. 그 사람들이 낙마해서 안타깝다는 것이 아니라 이런 혼란의 시기에 안철식 선생님이 계셨으면 국민에게 실망을 안겨주는 일 없이 국가를 위해 그 열심과 능력을 마음껏 펼쳐 보일 수 있었을텐데 하는 아쉬움입니다.

안 선생님은 산자부 에너지정책본부장으로 일하실 때부터 TV에서 자주 뵐 수 있었습니다. 그 당시 국제유가가 천정부지로 올라서 국내에서도 에너지정책이 초미의 국민적 관심사였기 때문입니다. 우리나라의 에너지정책을 총괄하는 일을 하시면서 일요일에도 교회에서 간단히 식사를 하시고는 요즘 너무 할 일이 많다면서 과천으로 달려가시는 걸 종종 볼 수 있었습니다. 그래도 워낙 체격이 좋으셔서 건강을 상하실까 걱정은 조금도 하지 않았었는데 아마도 건강이 나빠지셨다면 그 때의 과중한 업무 탓이 아니었나 뒤늦게 생각해 봅니다.

그렇게 바쁘신 가운데서도 저의 장모께서 돌아가셨을 때 밤늦게 문상을 와 주신 것은 결코 잊을 수 없는 고마운 일이었습니다. 산자부에서 함께 일해보신 분들로부터 안선생님이 항상 상하좌우로 모든 사람들의 궂은 일을 자상히 돌아볼 줄 아는 진정한 신사라는 말을 들어오긴 했지만 업무관계도 아니고 단지 교우의 상가에, 그것도 실질적으로 단 하루 밖에 안되었던 짧은 문상기간을 무심히 지나치지 않고 직접 찾아오실 줄은 생각지도 못했던 것이지요.

안 선생님이 차관으로 영전하셨다는 소식에 저를 비롯한 많은 분들이 함께 기뻐했습니다. 그의 영전이 개인의 영화라서가 아니라 성실과 열정을 가진 보통사람의 정의가 승리한 것이라는 느낌이었기 때문이었습니다. 그러나 그런 기쁨도 잠시, 안선생님은 영전 며칠만에 우리 곁을 떠나 가셨습니다. 왜 그리 일찍 가셨는지요. 좀 더 우리와 함께 계시면서 열심히 나랏일 하시는 모습을 보여주셨으면 안되셨나요. 하지만 저희는 안선생님께서 살아계신 동안의 좋은 기억만으로도 영원히 당신을 잊지 않을 것입니다.

안선생님, 이제 하늘나라에서 하나님께서 주시는 평안을 누리시기 바랍니다. 주영이가 열심히 공부하

고 있으니 반드시 아버지 못지않게 국가의 훌륭한 인재로 성장해 나갈 것이라 믿습니다. 이명희 집사님도 대학교 도서관장으로, 일원동교회의 여전도회장으로 열심히 살고계시니 너무 걱정하지 마시고요. 저희들이 주영이와 이명희 집사님을 위해 늘 기도할테니까요.

목멱에서 온 편지,
이 편지를 고 안철식 차관님께 바칩니다.

이 학 노

현) 동국대학교 사회과학대 교수
전) 산업자원부 석유산업과장

느닷없는 차관님의 별세 소식은 엄청난 충격이었습니다. 그럴 수가 없었습니다. 믿을 수가 없었습니다. 오십줄 넘으면서 신문이나 텔레비전에서 나오는 뉴스가 남의 일같지 않게 되어버린 터이지만 그래도 이건 아니었습니다.

평소에 너무도 진중하셨던 차관님이었기에 갑작스러운 이별은 상상할 수도 없는 것이었습니다. 누구보

다도 자상하고 후배를 아끼고 동료애가 두터운 분이셨기에 아쉬움은 몇 배 크게 다가왔습니다. 많지 않은 봉급에 과도한 업무지만 늘 국사를 최우선시하고 몸을 돌보지 않았던 차관님이셨기에 안 계신 자리는 더욱 휑하게 보이는 것 같습니다.

지금은 어언 과거가 되어버렸지만 차마 표현할 말이 없고 남들은 어렴풋 짐작하기조차 어려운 고통을 차관님과 공유했던 저이기에 차관님을 잃은 슬픔과 상처는 영영 아물지 못할 것 같습니다. 이제는 어려움도 하소연도 털어 놓을 사람도 없어지는구나 하는 서러움이 가슴 속 깊이 파고듭니다.

차관님은 과중한 업무에 따른 누적된 심신상의 과로로 돌아가셨습니다. 매일 업무에 열중하시고 일을 우선하면서도 부하 직원들에게 먼저 퇴근하라고 말씀하시고 당신은 남아 일을 마무리하시려 했었습니다. 공은 부하에게 돌리고 과는 당신이 지려했습니다. 힘든 일도 어려운 말도 다 맡고, 또 들어주려 하셨습니다. 옛날 말에 지도자가 덕이 있어야 아래가 편안하다고 했습니다. 차관님은 덕이 있었던 리더이셨고, 그래서 부하들은 차관님을 흠모하고 애석해하면서 차관님을 마음에서 보내드리지 못하고 있는 것 아니겠습니까.

차관님, 저도 차관님의 돌아가심에 어떤 면에서는

공동정범입니다. 아니 주범일지도 모릅니다. 차관님을 모신 조문 병원에서 제가 십퍼센트 정도는 책임이 있을거라는 동료의 지적은 한잔 두잔 많이 마셔 술 취한 저에게도 바늘처럼 아프게 다가왔습니다. 차관님, 많이 죄송하고 깊이 사죄드립니다. 하루 낮의 업무에서나, 이어지는 야근에서도, 저녁 자리에서도, 주말 비상근무에서도 살아계실 때 차관님을 더 위하지 못한 점 진심으로 뉘우칩니다. 더 사려깊게 처신하고 조신하게 행동하지 못하여 어려움을 안겨드린 것 절절히 후회합니다.

그게 업이 되었는지도 모릅니다. 하여 소설 등신불의 소신공양(燒身供養) 만적선사에 비유하는 것은 어림 반푼도 없는 것이겠습니다만 그래도 처음 해보는 백팔번의 절을 쉬임 없이 일어났다 앉았다 하면서 참말로 질긴 번뇌와 집착을 끊고자 이를 악물었는지도 모릅니다. 타고 내리는 것이 땀인지 눈물인지도 모르면서 이십오륙년 전보다도 더 오래 전에 성당에서 가슴을 두드리면서 되뇌인 '내 탓이로소이다'를 다시금 떠 올렸는지도 모릅니다. 매일 보던 얼굴을 못보고 오순도순 점심 못 나누는 이 지경이 다름 아닌 지옥일 것이라는 비참함에 한없는 나락에 빠지는 듯 아득함을 느꼈는지도 모릅니다. 이박삼일의 옛 절간 합숙 수련회에서 이백육십육자 반야심경을 생으로 외우면서 파고드는 회심(悔心)으로 잦아들었는지도 모르겠습니다.

100년마다 한번 씩 내려온 선녀들이 새 깃털보다 가벼운 옷깃으로 한번 스치고 올라가고 또 한번 스치고 올라가고 해서 가로 세로 각 40리(16km?)가 되는 그런 거대한 바위가 다 닳아서 없어지는 시간이 일 겁이라든가요? 맹구부목(盲龜浮木)이라해서 앞이 안보이는 거북이가 백년에 한번 물 위에 올라올 때 망망대해를 떠돌던 판자의 구멍 사이로 그 거북이 목이 나오는 것을 인연이라고 하던가요? 차관님하고 저는 영겁의 세월을 기다리다 만난 기막힌 인연이었을 것입니다.

차마 우리는 차관님을 보내드리지 아니하였습니다만 이제 그 소중한 인연은 남은 자의 가슴에 간직하고 다시 영겁의 세월을 기다려야 할 것 같습니다. 혹여 문득 보고 싶으시면 한강변 목계장터 위에 구름 혹은 바람이 되어 돌아오소서, 차관님.

* 이 글은 지식경제가족 2009. 6월호에 게재된 글임.

행복 바이러스
"위(上)하(下)여(與)"

이 경 미

현) 충북테크노파크 지역산업평가단 단장

사람을 행복하게 해주는 사람은 평화를 지닌 사람입니다. 그런 선배님은 우리들 곁을 떠나셨지만, 아직도 회식자리에서 당신이 주신 "위하여"의 건배구호는 지금도 남아 있습니다. 선배님 죄송합니다. 간혹 저에게 기회가 올 때마다 라이선스 비용도 안내고 제가 자주 도용하고 있습니다. 절도있게 다 같이 구호를 외치면서 잔을 위로, 아래로, 그리고 상대를

향하여… 그럴 때마다 선배님에 대한 그리움과 함께 묘한 단결력을 느끼게 해준답니다.

선배님은 제가 그 단어를 좋아한다는 것만 아셨지, 왜 소중히 여기는지 모르셨을 겁니다. 낯설고 경험이 없는 지역산업정책분야에 몸을 담고 한참 어설퍼하는 저에게 에너지정책의 달인이자 대학선배임을 알게 되었고, 제 고향이 청주 '무심천'임을 확인시켜 주시고, 어떠한 난관에도 극복할 수 있는 교훈을 주셨지요. 그때 어린마음에 "아~ 남의 말을 들어주시는 타고난 서비스 능력을 가지신 분이구나" 느꼈습니다. 제가 9년여 지역산업진흥을 위해 충북테크노파크에서 일을 하며 난관에 봉착할 때마다 선배님의 그러한 고객의 꿈을 귀기울여 듣는 자세, 즉 '배려'라고도 할 수 있는 그 부분을 되새김질하고 반성하게 됩니다.

그런데, 선배님 어쩌죠? 가시기 바로 전 충북의 '태양광육성위원회'를 증평에서 개최하고 저녁자리에서 걷은 곗돈 11만원을 아직도 제가 보관하고 있습니다. 봉투에 고이 넣어 보관하고 있는데… 그 봉투를 볼 때마다 울컥하네요. 나중에 선배님과 소주한잔할 자금으로 들고 가겠습니다. 그날 밤도 식사도 제대로 할 수 없을 만큼 전화가 계속 왔고, 바쁜 일정을 계속 소화하시느라 심신이 지쳤을텐데도 우리들을 위하여 역시 "위하여"를 해 주셨습니다. 그것도 늘 그렇듯이 세 번 연속으로... 시원하게~~요.

그 편한 자리에서 외치던 "위(上)하(下)여(與)"가 저에겐 지역산업진흥을 위한 저만의 '정신'이 되어 실천하려고 노력하고 있습니다. 해석하는 사람, 시점, 장소에 따라 얼마나 많은 의미가 담겨있는지 모르겠습니다. 그래서 저는 편한 사람들과 좋은 자리를 함께 할 때면 더 더욱 목청 높게 외쳐댑니다. 여러분과 나와 모두를 "위하여" 지역과 국가와 세계를 "위하여"...

'형만한 아우 없다'고 합니다. 선배님의 순수한 마음 "위(上)하(下)여(與)"의 반만이라도 남은 생 닮아보도록 노력하겠습니다.

Dear Mr. Philip Ahn

최 종 호

현) 퀸튼홀딩스 대표이사,
최동규 전 동력자원부장관 차남

Let me introduce myself to you. My name is Chong-ho Choi, the second son of Dong-kyu Choi who was the Minister of Energy and Resource in Korean government. Your father, Chul-shik Ahn, was the first secretary to the Minister. The first secretary is a job that only well-qualified government officers can take.

Two years ago, I saw you for the first time at your father's funeral. At that time, you looked like a humble boy starting to enter teenage years. Now that you are bigger, I believe you have become an intelligent young man with strong confidence to face the world.

First of all, I would like to congratulate you for receiving the "Outstanding Academic Excellence" certificate by the U.S. President Barack Obama. Your father must be feeling very proud of you in heaven.

I met your father when I was only a little bit older than your current age and had seen him from time to time after my father's retirement. I've heard so much about your father, especially when my father told me about his story as a government officer.

My father passed away on September 30, 2009. I met your father 3 weeks before my father's funeral when your father heard that my father had a cancer. More than 20 years had passed since I had first met your father but he hadn't changed much. I met your father again just a month before he passed away and I never imagined that it would be the last time to see

him. When I went to see him in his office at that time, he was very busy and I had to wait for more than an hour even though he knew I was there. This means that he was a very important person and had a lot of heavy work to do for both the government and the people of Korea.

Mr. Ahn, I am writing this letter thinking about the memories of your father and to share them with you and give some useful advice as your good friend.

I. Remember your father

The first impression I had about your father when I was young - I don't remember the exact age – was that your father had a really white face with a shy but wonderful smile which made everybody feel that he was a very nice person. I also remember him wearing the same kind of glasses all the time. (I wondered if he was wearing the same ones after 20 years as well. I guess living as a government officer in Korea, he had to care about the government rather than fashion.)

Every time I met your father, he was very nice to me and also to others. Although I didn't understand all the work and achievement he had contributed to the Korean government and its people, one thing was very clear to me. He was doing his best to serve the government as a government officer. You will also find this out in other writings about your father's achievements, especially from the ones that his colleagues have written.

I want to tell you another story about your father when he was serving as the first secretary to my father. As a government officer, he had lots of reports and presentations to make in front of the president and other cabinet members. It is an honorable job to present his achievements and plans for the sake of the Korean citizens in front of the president and other government officials. It was very late, and my father and other people were working together. They were in my father's house to finalize the presentation and I remember them working on the upper floor. Suddenly, I heard my father yelling to the people because some of them had made mistakes. I wasn't sure what mistakes they had made, but my father was very upset and the other people were busy trying to fix the problems. Team members were busy going up and down the stairs with red faces. At that time, I couldn't ask anything about what happened. After fixing the problems, they were able to finish the presentation successfully and my father invited all of them to celebrate their success and had a little party.

On that day, I asked your father what had happened. He told me exactly as follows and I feel very happy and lucky to remember this. "We made a big mistake in a place where we were not supposed to. The important thing is that how we fixed it as fast as we can without blaming each other. For example, suppose you are in a marathon race and fall down. The important thing is that you don't quit the race but get up again and finish it with greater confidence. This is what we did. I hope you remember this when you face similar situations in the future." Your father told me with a warm smile. His saying on that day has become one of my mottos to live the world today.

This kind of wisdom is not something you can learn from school. Not many people tell you these things. But your father did. I am very thankful and I live with this saying engraved in my heart everyday to get through this tough world. I hope that you, as well, keep this in mind and live strong.

II. Living as a government officer in Korea

You might not have much memory with your father, especially during the age when you need to spend time with your father. Neither do I. However, living as family members of a Korean government officer, family's sacrifice is one of the things we have to go through for it is not an ordinary person's job. Government officers have to work very hard to make people's lives better, not just their families'. Their job is to make Korea a better country and contribute to developing the Korean society to benefit the whole. This kind of job necessarily requires the sacrifice of the family members.

Many people in Korea might not realize your father's hard work and contribution to their lives but never mind that. It is important that, as his son, you must remember him and feel proud. Always, always remember him with your family and your children.

III. Be a strong man

Living without your father can be lonely and difficult as you get older, especially when you go through the time when you are getting out of childhood and becoming an adult. Studying in the States, you will someday feel the need to talk with someone heart to heart, or discuss what you want to become. There will be times that you will want to talk to somebody like your father.

I recommend you to do as the following when you need someone to talk to or feel lonely.

First, look at the sky at night and find your father's star. Just talk to him and listen. You will find your way to become a great person who cares for family, yourself, and all the other people. Your father will always be watching over you.

Second, if you really need someone to talk to, go visit your father's colleagues. Listen from them. They may not be able to give you every answer that you seek but at least you'll be able to find your father's figure and feel his presence through them. They are good friends of your father's.

Third, you can always contact me. My son and you have only 4 years of difference in age. I can be your close friend.

I would like to give you some more advice and finish my letter.

1. Face the world with great confidence and always be strong.
2. Believe in God. treasure what is right and despise what is wrong. Follow your heart.
3. Believe in yourself and think positively.
4. Fortune favors the brave.

I think your father would have wanted to tell you these things as well.

"With men this is possible, With God all things are possible."

Your friend, Chong-ho Choi

포용력 넘치는 가마솥 같은 당신

김 주 완

현) 한나라당 중앙위 체육분과수석부위원장,
한국전력기술 경영고문
전) 지식경제부 전기위원회 위원

갑작스런 세상과의 이별이란 당신의 비보를 접했을 때가 엊그제 같은데, 벌써 유명을 달리한지가 2년이 지났다니 실감이 나질 않습니다. 너무도 큰 충격이었기에 아직도 안 차관님이 세상에 존재하지 않는다는 사실이 믿겨지지 않고 있습니다.

모든 것을 포용할 수 있는 가마솥 같은 사람,
훌륭한 인품과 넘치는 포용력을 갖춘 인물,

뚝심과 저력으로 다져진 황소 같은 일꾼,

굳은 의지와 확고한 신념은 안차관님의 표상입니다.

차관님이 에너지자원실장직을 맡았을 때에 본인이 지식경제부 전기위원으로 같이 활동 했던 것이 저와의 첫 인연이었지요. 그 후 차관님께서는 공무원의 최고봉우리인 차관이 되셨습니다. 당시 차관 임명 소식을 듣고 제가 바로 축하 전화를 드렸을 때 "고맙습니다. 정말 열심히 해 보겠습니다" 면서 의욕을 피력 하셨는데... 그리고 빠른 시일 내에 전기위원회 남창현 국장과 같이 소주 한잔 하자던 활기찬 목소리가 지금도 귓전에 생생합니다.

차관 기용과 관련해 훗날에 들은 얘기지만 에너지자원실장 재직 시 그 능력을 높이 평가한 이명박 대통령께서 직접 낙점을 했다는 말을 청와대 지인으로부터 직접 듣고 나서 정말 대단한 분이라고 생각했습니다. 이대통령께서는 안차관님이 '국가에너지기본계획'을 발표하실 때 많은 감명을 받으셨다고 합니다.

안차관님이 수많은 경쟁자들을 물리치고 당당하게 차관이 되신 것은 오로지 자신감 넘치는 실력으로 승부를 걸었기 때문입니다. 당시 지경부 차관직 임명은 지식경제부 직원 모두가 공감하는 일이었고 또한 모두의 영광이었을 것입니다.

제가 안차관님과 쉽게 가까워질 수 있었던 계기는 아마도 저와 동향이고 동갑이고 성격도 비슷하고 술도 좋아했기 때문이 아닐까 싶네요. 차관 임명장을 받고 나서 전기위원들과의 축하연 자리에서 세상에서 가장 멋지게 활짝 웃던 모습이 잊혀지지 않습니다. 다음날 아침 중요한 조찬모임이 있음에도 불구하고 자리를 뜨시지 못하시면서 “다음 달 제가 위원님들을 꼭 모시겠다”고 하시면서 나가시던 뒷모습이 잊혀지지 않습니다. 그런데 어찌 이런 황망한 일이 일어났는지 믿기지가 않습니다.

대한민국 국가경제의 발전을 위해 밤낮을 가리지 않고 오로지 국가와 국민이 우선이라며 일에만 매진하셨던 안차관님이야말로 이 나라의 진정한 참다운 공직자였습니다. 그 동안 당신이 흘렸던 많은 땀과 불꽃같은 열정은 이제 대한민국의 활기찬 성장엔진이 되어 세계를 향한 이 나라의 힘찬 동력이 되고 있습니다.

잊지 않겠습니다. 늘 기억하겠습니다. 많은 사람들이 아직도 당신을 그리워하고 있습니다. 이제 당신도 하루 빨리 하늘나라 잠에서 깨어나시어 환도중생 하시기 바랍니다.

또한 당신이 가장 소중하게 생각하고 끔직하게 사랑했던 아내와 자녀, 가족, 그리고 이승에서 당신과 맺었던 많은 인연들이 건강하고 행복하고 슬기롭게 삶을 헤쳐 나갈 수 있도록 천상에서 그들을 끝까지 잘 살펴봐 주시기 바랍니다.

2008년 지식경제부 전기위원회 현판식에서의
고인과 필자 및 관계자들의 모습

Family motto

First love you God

Second serve your family

Then, dream big

And if you are faithful with a few things

God will lift you up.

Chapter 6

명륜골 은행나무 아래

그리운 친구 안차관을 추모하며

김 기 흥

현) 경기대학교 경상대학장, 경제학과 교수

2년 전 가을 문턱에서 방금 피어난 함박꽃처럼 활짝 웃던 사진속의 안차관을 기억하며 함께 공부하고 마음을 나누던 지난날을 회상합니다. 안차관과는 청주고등학교 1년 선후배 관계 동창이면서 성균관대학교 경제학과를 같이 다녔습니다. 그는 7년동안 학교를 같이 다닌 둘도 없는 친구로서 깊은 우정을 나눈 동창생입니다.

'78년경에 대학교의 학교 고시실에서 같이 4년간

공부하여 먼 미래를 기약하였습니다. 안차관은 행정고시에 합격하고, 나는 당시 국제경제연구소에 들어가서 근무하다가 유학을 갔다와서 90년 초에 다시 만나서 한국 경제의 발전에 대하여 토론을 벌이곤 하였는데, 젊은 패기넘친 공무원의 사명감에 가득찬 안차관의 모습이 눈에 선합니다.

특히 안차관은 고시에 합격한 후에 동자부의 에너지 부분에 계속 근무하여서 이 분야의 전문가가 되었습니다. 에너지 부분에 대한 체계적인 학문적인 정리를 위하여 내가 재직하고 있는 대학의 박사 과정에 입학을 권유하여서 마지막 논문 작성만 남겨 두었습니다. 앞으로 국가와 충북지역의 큰 동량으로 일해줄 것을 충북인들은 믿었습니다.

2년전 안차관의 갑작스러운 죽음을 듣고 떠나던 그날은 많은 충격을 받았습니다. 55년의 짧고 젊은 생애가 아픔의 피를 흘리며 이승의 터널을 조용히 빠져나갈 때, 젊음을 단숨에 태워버린 안차관의 삶이 정열적으로 살고 슬프도록 아름답고 성실해서 안차관을 아는 이들은 가슴으로 울었습니다.

안차관과 같은 사람을 이 세상에서 친구로 두었다는 것이 얼마나 행복한가 ?

만리 길 나서는 길 처자를 내맡기며
마음 놓고 갈만한 사람 안형!

온 세상 다 너를 버려
마음이 외로울 때에도
너뿐이야 하고 믿어주는 안형!

탔던 배가 가라앉을 때
구명대를 서로 사양하며
너만은 제발 살아다오라고 할
그 사람, 안형!

잊지 못할 이 세상을 놓고 떠나려할 때
너 하나 있으니 하며 빙그레 웃고
눈 감을 그 사람 안형!

온 세상의 "예" 보다도 "아니오" 라고
가만히 머리를 흔들며 진실로 충언해주는
그 한 사람 안형!

마음을 다 쏟아 놓아도 받아줄 친구,
자신의 은밀한 죄를 토설하여도 품어줄 친구,

밤새워 인생에 대해 이야기해도
지루해하지 않는 친구,
언제든지 속마음을 다 털어놓아도
찝찝하지 않고 개운한 친구 안차관!

예수님은 우리를 향해
“내 친구 너희(눅12:4)”라고
말씀하시면서
“사람이 친구를 위하여 자기 목숨을
버리면 이보다 더 큰 사랑이 없나니
(요15:13)”라고 말씀하시고 있습니다.

나는 안차관을 우리의 평생 좋은 친구로
삼아 온 것으로 영원히 간직합니다.

사랑하는 친구, 안차관

삶이 너무 바빠 당신을 잠시 잊고 있었지만 안차관이 남기고간 흔적을 추억하며 우리들보다 조금 먼저 길을 떠났다고 말하고 싶어. 영원한 고향에서 하

나님의 사업을 위해 힘겨워하는 우리들에게 힘을 주고 기도해줘~~ 보고싶소 ~~ 다시 돌아올 수 없는걸 알면서도 안차관의 항상 해맑은 미소가 너무~~ 너무 그리운 오늘입니다.
부디 평안하길 안녕~~ 안차관!

1980년 2월 성균관대 졸업식장에서 함께한 안차관과 필자

우리의 영원한 친구 안차관을 기다리며

김 성 진

현) 금오공과대학교 신소재시스템공학부 교수

어제 외국에서 돌아와 밤새 기말고사 성적처리를 하고, 안차관과 관련한 그 옛날의 대학시절의 사진을 찾는다고 새벽부터 사진첩을 뒤적이다가 안차관의 조그만 옆모습 사진만 찾아서 아쉬움을 뒤로 남기며 이글을 적어 본다.

항상 마음속에서 떠나보낼 수 없는 안차관과의 인연은 당시에 증평읍이란 곳에서 내가 청주로 유학을 가게 되면서 부터이다. 청주중학교! 자랑스러운 마음

으로 중학교를 다니던 나는 보통 키에 힘도 별로 없는데 지는 것은 싫어서 동기생들과 언제나 지는 싸움만 하면서, 중학교를 그야말로 많이 맞으면서 성적도 좋지 못한 상태로 억지로 마치게 되었다.

이어서 청주고등학교에 들어간 후, 대학은 좋은 곳에 가야겠다는 각오로 공부를 시작하게 되고 일학년 때부터 성적이 좀 올랐다. 그러던 1학년 가을 어느 날, 중학교 때는 그냥 지나치던 철식이가 이제는 좀 사람으로 느껴졌는지 방과 후에 공을 같이 차자는 제의를 해왔다. 증평 촌놈이었던 나에게 본래 착하고 항상 웃는 얼굴의 철식이와 몇 명 안되는 고만고만한 친구끼리의 핸드볼 골대에서 같이 하던 동네 축구가, 공부 잘하던 철식이와 중고등학교 시절 가장 가까이 지내게 되는 계기가 되었던 것으로 기억된다.

그렇게 고등학교 시절을 지내고 2년이 지난 후, 성균관대학교에서 대학시절을 같이하게 되어 안차관과의 많은 만남의 기회를 가지게 되는 계기가 되었다. 그러나 안차관은 뜻한 바 있어 고시에 마음을 두고 열심히 공부하고, 미식축구라고 하는 좀 무식한 운동을 하고 지내던 나의 학창시절은 그렇게 그렇게 지나가고 있었다. 그러는 와중에도 동창모임에는 빠지는 일이 없고 동문회 총무 일을 도맡아하는 등 선후배를 정말 아끼고 좋아했던 철식이가 다시 생각난다. 당시에 나는 대입에 재수하고 안차관은 삼수한터라 형식상으로는 내가 동문회 회장을 맡기는 했는데… 나는 아무 일도 한 기억이 없어 항상 미안했다네. 멀리 있지만 미안하다는 말을 꼭 다시 전하고 싶다네.

어쩌면 안차관과 가까운 친구 중에서 안차관으로부터 가장 많은 신세를 진 사람이 나일텐데 나를 미워했는지… 마닐라 출장 중에 아침 8시 YTN 뉴스에서 안차관의 부음 소식을 듣게 되었고, 그날이 내가 미국에서 돌아와 하루 만에 다시 공무로 국외여행을 가게된 상태이기에 멀리 떠나가는 안차관의 장도에 참석을 못하게 되어 아직도 휴대폰 전화번호를 지우지 않고 지내고 있다네.

휴대폰 하니까 생각나는데, 산자부 공보관 시절에는 휴대폰을 3개인가 가지고 이것도 받았다 저것도 받았다 하던, 무지 바쁜 안차관이 많이 부러웠다네. 그래서 나도 휴대폰을 여러개 가지게 되었는가 싶다네. 나도 현재 5개라네. 우즈베키스탄용 2개, 미국 1개, 한국 2개. 하도 바빠서 그랬는지 약속시간에 한두 시간은 기본으로 늦게 지친 몸을 끌고 오던 안차관, 그렇지만 항상 활짝 웃는 모습으로 나타나던 자네에게 감사했다네.

정부 부처의 토요일 근무가 시행되던 시절에, 한번은 금요일 저녁 약속장소에 못나와서 그런지 바쁜 와중에도 토요일 아침에 내게 전화를 해서 점심을 같이 하자기에 기쁜 마음으로 공보관실로 찾아갔고 악수하고 얘기를 1분 동안 나누고 있는데 공보관실 비서가 전화를 받더니 장관께서 찾으신다고 하니 "차 마시고 있어" 하면서 후다닥 나갔지. 차를 다 마시고 30분이나 지났는데 안공보관이 전화를 하더니, 갑자기 장관께서 손님들과 같이 식사하자고 해서 나왔으니 미안하다는 얘기였지. 그래서 청사 내에 있는 구내식당에서 자장면에 고춧가루 듬뿍쳐서 맛있게 먹고 돌아온 기억이 난다네. 아마 좀 내게 미안했을 걸세. 그래도 내가 부탁하는 우리대학과 관련한 내용은 언제나 빠지지 않고 도와주었던 안차관에게 감사하며 요즘 같이 있으면 내가 운동이라도 하면서 빚도 갚을 수 있었을텐데 하는 아쉬움이 떠나지 않으니 말일세. 다행이도 국가균형발전부위원장 시절에 대구의 행사에 같이 가서 호텔에서 늦게까지 술 한잔하고 한방에서 같이 자면서 지냈던 기회가 있어 아주 조금은 위로도 되지만...

딱 하나 같이 했었더라면 하는 바램을 말한다면, 내가 하꼬방(?) 수준의 태양전지 모듈공장을 운영하는 우즈베키스탄에 같이 다녀올 수 있었다면 더 바

랄 게 없었는데 하는 아쉬움이 남는다네. 너무 열심히 일만 하고 운동을 못해서 귓불 밑이 볼록할 때면 듣기 싫어도 운동하라고 잔소리도 했는데... 말 말고, 술 말고, 운동이라도 한번 같이 했었더라면 하는 또 다른 아쉬움이 남는다네. 다음에는 고려인 형제가 많이 사는 우즈베키스탄에 같이 가는 기회가 있기를 기다리며.

밝게 웃던 철식이의 모습을 보면, 항상 기뻐하던 성진이가 아직도 자네를 기억하고 있다는 것을 잊지 말길 바라면서...

가장 훌륭했던 공무원으로 남은 우리의 소중했던 친구, 영원한 친구인 안차관의 명복을 빕니다.

친구와의 명륜골 추억을 그리며.....

신 영 수

현) 서울여자대학교 사회과학대학장, 경제학과 교수

1974년 봄 어느 날 성균관대학교 명륜 캠퍼스에서 낯익은 친구를 오랜만에 만났다. 1969년 2월 청주중학교를 졸업한 이후에 안 차관은 청주고로, 나는 서울의 신일고로 진학하여 만날 수 없었던 5년이 지난 후였지만 우리는 서로 금방 알아볼 수 있었다. 반가운 만남은 그리 오래가지 못하고 나는 대학 2학년을 마치고 군대에 갔지만 그 친구는 행정고시 공부한다고 늘 도서관에서 시간을 보냈다. 그 당시 나는 군대

입대를 준비하면서 사회의 각종 제도에 불만이 많았지만 철식이 친구는 늘 강의실과 도서관을 오가는 촌놈(?)의 행세를 하는 소위 모범생이었던 기억이 난다. 친구는 삼수쯤하고 대학에 들어와 나의 고교 후배인 신호현 박사(현재 한국공정거래조정원 원장)와 늘 같이 고시공부를 하면서 우리 셋이 만나면 우리들 사이에 얼킨 친구-선후배 삼각관계에 다소 불편해했던 기억이 난다.

안차관은 일찌감치 성인의 눈을 떴던 것 같다. 지금의 아내 이명희 교수와 캠퍼스 커플로 만나 공부와 연애를 병행하는 능력도 발휘했으니 말이다. 나는 그 친구를 만나면 짓궂은 요구도 했다. 둘 중 하나만 선택하라고...... 그러나 친구는 '뭔가 보여줄게!' 라며 웃어넘기기도 했었다. 중앙도서관에 가면 둘은 늘 붙어 있었다. 아마도 이명희 교수가 양지바른 명당(?)자리를 늘 잡아놓아 그 덕분에 행정고시에 일찌감치 합격한 것이 아닐까? 농담이구요. 세월이 지나고 보니 역시 친구는 매사를 냉철히 구분할 줄 아는 친구이었음을 나에게 보여주었다. 행시합격과 첫사랑 여인과의 결혼이라는 두 마리 토끼를 다 잡았으니 말이다.

그 후 나는 유학을 떠나 5년 후 귀국했고, 친구는 동력자원부에서 고급공무원으로 출발하여 국내외를 오가며 헌신적인 삶을 살았다고 기억한다. 지금부터 10여년 전 어느 날 나는 지인들과 모처럼 저녁과 술 한잔하고 안국역에서 지하철 3호선에 올랐다. 10시쯤 되었을까 늦은 시간이었지만 지하철 안엔 사람들이 꽤 많았다. 손잡이를 잡고 충무로(?)역 쯤 도착할 때 마침 앞자리가 비어서 앉으려고 옆에 서있는 분을 힐끔 쳐다보니 낯익은 얼굴 바로 안차관이 옆에 서 있었다. 우리는 서로 오랜만에 반갑게 만났는데 그 친구는 그 시간에도 일을 마치고 겨우 퇴근하는 길이라고 했다. 그 당시 잘나가는 중앙부처 국장인지라 조만간 차관이 되겠구나 생각했었는데 그게 어디 무리한 생각이었을까? 그 이후 여러 경조사에서 친구를 만날 수 있었고 만날 때마다 '언제 차관되니?' 물으면 웃고 넘기며 잠시 앉아 있다가 다시 일터로 향하곤 했었다.

차관으로 승진했다는 소식을 접하고 반가운 마음에 전화를 하니 통하지 않아 간단히 축하의 메시지만 보냈다. 그런데 이게 왠 비보인가? 도저히 믿을 수 없는 비보를 호놀룰루(하와이)에서 접했다. 미국학회에 잠시 참석하러 갔다가 소식에 접하여 한양대에 근무하는 친구에게 급히 국제전화를 했다. 이 소식이 사실이냐고 물었다. 소문이 아닌 사실이었다.

귀국 후 친구들과 만나 안 차관을 회고하면서 누

구나 그를 원칙주의자, 남에게 싫은 소리 하지 않는 선한 사람, 남을 먼저 배려하는 양보에 익숙한 사람, 가정적인 사람, 국가와 국민을 사랑하는 진정한 애국자, 청렴한 공무원, 적을 만들지 않는 사람 등등으로 그를 평했다. 그는 진정 본받아야하는 공무원의 표상이요 가정과 사회의 동량이었다. 요즘 언론에 보도되는 많은 공직자들의 비리에 접하며 다시 한 번 친구를 생각하며 당신을 그리워한다.

안 차관!

비록 당신은 우리 모두가 가야할 영원한 안식처에 먼저 가 있지만 아직도 당신의 그 열정과 사랑을 그리워하는 많은 이들이 이 세상에 남아 있소!

당신의 사랑하는 아내와 눈에 넣어도 아프지 않을 딸·아들을 위해 늘 기도하며 지켜주오!

지금도 모이면 당신 얘기로 만남을 시작하는, 당신을 그리워하는 많은 친구들의 우정을 잊지 말아주오!

당신과 직장을 같이한 수많은 이 나라의 공직자들에게 위로와 격려를 아끼지 말아주오!

당신이라면 충분히 할 수 있을 희생과 봉사의 정신을 그들에게 가득히 담아주오!

이 찰나의 시간을 보내고 있는, 당신이 사랑하는, 우리 모두에게 당신은 영원한 표상이오!

부디 당신이 늘 원하던 하늘나라의 모습을 이 세상에도 비추어주오!

그립소! 보고 싶소! 영원한 하늘나라에서 반갑게 다시 만납시다!

보고 싶은, 그리고 너무 미운 친구에게 !

전 광 수

현) (주)러닝네트웍스 대표

며칠 전 고 안철식 차관의 추모집과 관련하여 이명희 교수의 전화를 받고 만감이 교차했다. 그동안 너무 무심했다는 미안함, 이명희 교수의 밝은 목소리에서 느끼는 안도감과 고마움, 그리고 아들 주영이의 오바마 대통령상 수상에 대한 대견함 등등…

마지막 통화를 한 날이 작년 설 연휴가 시작되기 바로 전날 저녁이었지.

"그래 승진을 축하한다. 그 동안 마음고생 많이 하더니 잘 되었구나! 바쁘지만 얼굴은 보고 살아야지?"

"그래 미안하다. 바쁘다 보니..."

"얼굴이라도 한번 보여 줘. 나이 들어가면서 소중한 게 뭐니?"

"설 지나서 한번 보자. 이제는 시간내서 함께하도록 할께."

"바쁘겠지만 애들과도 함께 하는 시간도 가지고, 건강에도 신경 좀 쓰고. 설 연휴 잘 보내."

한번씩 만나면서 살아야지. 그게 뭐니?

그래도 우리는 아무 것도 모르던 대학 1학년, 그 때묻지 않았던 시절에 인연을 맺은 절친들 아닌가? UNSA라는 동아리 내에서 잘 나가던(?) 남학생 넷, 너랑 나랑 경제과 둘, 전기과의 한응수, 정외과의 장광호, 그리고 착하고 이쁘기만 했던(그 때는...) 가정관리과 여학생 박영선, 백승순, 윤갑태 이렇게 일곱이 모여 '시금석'이란 모임을 만들었지. 유신의 암울했던 시절, 그래도 뭔가 해보자고, 의미있는 대학생활을 보내자고 시작하여 2주에 한 번은 독서토론, 2주에 한번은 등산을 계속 했지. 그 모임에서 결실을 맺어 장광호와 박영선은 결혼까지 해서 잘 살고 있고, 난 계속 산을 다녀 지난 연말에는 에베레스트까지 갔다오지 않았니?

철식이는 대학 시절 '뽈뽈이'였지. 항상 바쁘게 쫓아다니면서도 얼굴에서 웃음을 잃지않는 '부처님 가운데 토막,' 단단한 체구에다 미남형 얼굴, 가끔씩 곤란해지면 안경을 치켜올리면서 웃곤했던... 인기도 많았었지. 특히 여학생들에게. 지나간 세월들의 즐거웠던 추억들이 주마등같이 스쳐 지나가는 연휴 전날의 한가한 저녁 시간이었다. 그래 이제는 함께 옛날 추억도 되새기면서 재미있게 살아야지.

"이건 아니야! 이건 아니야!"

설 연휴가 끝나고 출근 시간이 막 지나서 한응수 국장의 전화, "철식이가... 철식이가..." 인터넷의 속보를 검색하며 망연자실. 이런 허망한 일이 있나? 며칠 전에도 씩씩한 목소리로 설 지나서 보자고 했었는데. 너 이래도 되는 거니? 이게 뭐야? 뭐라고 이 비통함을 이야기해야 할지 ....

지난 35년의 인연은 여러 가지 아름다운 기억들만 남기고 이제 널 보내야 하나보다고 생각하니 너무 아쉬웠다. 대학시절 교련 시간 마치고 교련복 입은 채로 한국장 부친의 남양주 회갑잔치에 가던 기억, 겨울에 한국장네 집에 가서 미꾸라지 잡던 일, 하월곡동에서 자취하던 너의 누님과 동생, 가끔씩 당구치면서 놀려대면 어떤 녀석은 삐져서 열 받는데 넌

항상 여유만만, 시금석 멤버들이 산에 가서 내가 밥을 좀 많이 먹기로서니 왠 구박이 그렇게 심한지? 성격 좋은 내가 참았다. 청주 너네 집에 가서 속리산 함께 가던 일, 그 때 그 인연으로 나중에 인천까지 그 여대생들 만나러가지 않았나?

이명희 교수의 상가집 방문, 청주 아버님 돌아가셨을 때 갔던 일, 모이기만 하면 고스톱도 함께 쳤지만 따는 놈은 항상 따로 있었지. 나는 현장(?)에 없었지만 누구네 집에 한국장이랑 같이 가서 사위감 왔다고 큰소리쳤다며? 한국장이랑 동서가 될 뻔 했네.

되돌아보면 오늘의 대한민국의 경제 발전에서 관료들의 역할은 정말 대단했지. 안차관도 오늘날의 대한민국의 성장에 큰 벽돌 하나 이상의 기여를 했겠지. 그러는 과정에서 때론 건강도 해치고 때론 가족들과의 행복한 시간까지도 희생해야만 했던 일들은 경제개발 시대를 살아야했던 과거 세대의 또 하나의 아픔이었지.

그러면서도 불타는 학구열로 유학도 가고, 그 과정에서 아내를 배려하여 미국에서 끝까지 공부를 마치게 하는 등 그 자상함은 조금도 변함이 없더군. 아내를 미국에 두고 혼자 있는 홀애비, 독거노인(?)의 생활이 얼마나 힘들었겠니? 가끔씩 우리끼리 함께 만나 술 한잔 하다 미국으로 전화해서 이명희 교수와 국제전화를 했던 때가 엊그제 같았는데… 그 때 이야기 했었지. “밥 잘 챙겨 먹어라”, “운동도 좀 해라”고 잔소리 하곤 했었지.

귀국해서 한 때는 자리를 제대로 잡지 못해 조금은 방황(?)했던 것 같았는데, 이후 어려움을 극복하고 공직에서 승승장구하던 넌 우리 친구들의 자랑이었어. 그래 넌 대기만성형이야!

언젠가 한국장 집에서 만났을 때, 늦둥이 주영이랑 함께 왔었지. 애랑 제대로 놀아주지 못하고 애는 심심해하고, 대신 한국장이 잘 놀아주더군. 아빠가 한창 필요할 나이인데 애랑 놀아주지 못하는 아빠의 모습은 내게는 조금 충격적이었어. 그 전 해 가을 이명희 교수랑 어떤 일로 통화하면서 네 흉(?)을 좀 봤지. 주영이와 함께 시간을 보내지 못하는 아쉬움, 건강에 대한 염려, 가족과 함께하는 시간 등등 우리가 다시 한번 소중히 생각해야 하는 가치에 대해 이야기를 나누었다. 나는 충분히 가능하다고 생각했고 이전의 바쁘지만 그래도 여유있는 모습으로 돌아올 것이라는 강한 기대가 있었지.

장례식장에서의 환히 웃고 있는 너의 모습에 얼마나 화가 났던지 아니? 난 정말 네가 미웠어. 왜 그런 모습으로 웃고 있는지? 옆 자리에 앉아 함께 소줏잔을 나누어야 할 친구가… 장례식장에서 우리가 설 자

리는 없던걸. 제대로 유족을 위로할 상황도 아니고, 우린 그냥 함께 자리를 지켰을 뿐이야. 옛날 함께했던 우리의 아름다운 추억들을 떠올리면서....

너를 떠나보내는 영결식장에서 이명희 교수는 지경부 직원들에게 한마디 가슴저린 조언을 했지. "하루 한 시간씩은 꼭 운동을 하고, 하루 30분씩은 꼭 가족과 대화를 하라"는 말은 영결식장에 모인 모든 사람들을 숙연하게 만들었다. 영결식을 마치고 떠나가는 모습을 먼 발치에서 지켜보았다. 우리를 대신하여 수고해준 지경부 직원들에게 감사하면서......

이제 다시 현실로 돌아와서.....

딸 정연이를, 그리고 아들 주영이를 훌륭하게 키우고 있는 이명희 교수에게 감사의 말씀을 전하고 싶다. 먼 훗날 정연이와 주영이에게도 아버지의 모습이 이러했다고, 정말 자랑스런 아버지였다고 들려주고 싶구나!

네가 꿈꾸던 세상은 어떤 세상이었을까? 내가 생각하는 세상은 가진 것은 없지만 그것을 함께 나누는 그런 세상이야. 훗날 정연이와 주영이의 재능들을 이 세상에, 그리고 모든 사람들에게 함께 나누는 그런 세상이 되었으면 좋겠구나! 정연이와 주영이는 모든 세상을 빛나게 하는 보석같은 존재가 되기를 즐겁게 지켜보고 싶다.

철식아!

나는 네가 밉다. 정말로!!!

보고 싶다. 친구야!

사랑한다. 친구야!

1980년 2월 철식이의 대학 졸업식에서 친구 응수와 함께

안철식 차관과 못다한 이야기

한 응 수

현) 한국데이터베이스진흥원 원장
전) 문화관광부 콘텐츠 홍보관

안차관의 젊은 날의 초상

먼저 떠난 안차관과의 첫 만남은 36년 전인 74년도 봄날이었지요. 그러니까 그때는 대학 1학년 시절 유엔학생회(UNSA)라는 서클에서 우연히 만났지요. 같은 서클에서 만나서 오늘날의 4학년과 5학년이라고 하는 재수와 삼수로 대학에 들어온 안철식, 장광호, 전광수, 한응수 4명의 남학생과 박영선, 백승순,

윤갑태 3명의 여학생으로 모두 7명이 만나서 소그룹 모임을 만들었지요. 당시 모임의 이름은 모든 사람의 모범이 되자는 뜻의 '시금석'이라고 하였지요. 이 모임은 일주일마다 만나서 시사토론회나 독서토론회 같은 젊은 시절의 교양과 낭만을 찾았고, 때로는 등산, 유원지 등 여행을 자주 감으로써 대학시절의 청춘과 열정을 함께 나누었지요.

이 모임에서 안차관은 유일하게 삼수를 하였기에 나이가 한 살 많았고 그래서 그런지 항상 솔선수범하는 형과 같은 모범적인 학생이었지요. 비록 안차관은 음주량이 그렇게 많지는 않았으나 술자리에서 만나는 것을 좋아했던 붙임성이 강한 친구였지요. 남달리 붙임성이 좋고 부드러운 분위기의 소유자로서 많은 여학생들로부터 인기가 많았던 것으로 기억되네요. 하지만 안차관은 심성이 착해서 그런지 항상 스트레스가 많았고, 머리가 조금은 복잡한 스타일로 학업에 집중할 때에 장애가 되었지요. 그럴 때마다 안차관은 일정 시간의 휴식과 함께 운동이 필요했었던 것으로 기억하고 있어요.

대학 1학년 시절 한번은 안차관의 고향인 청주에 놀러갔었는데, 당시에 안차관의 부모님이 계셨고, 누나와 여동생이 함께 살았는데, 아마도 집에서 가까운 곳에 청주의 명물인 무심천이 흐르는 청주 시내의

어느 골목 기와집으로 기억이 되고요. 당시 우리는 안차관과 함께 아무 장비도 없는 간소복과 허술한 신발을 신고 말티고개를 지나 속리산의 등산에서 고생했던 생각이 나는군요. 그리고 그 곳에서 만났던 여대생과 장난을 치고 웃기면서 사진을 찍었던 것까지 추억으로 남아 있지요. 무엇보다도 본인과 안차관은 외형상의 풍채, 하얀 피부 등이 비슷했고 성격도 비슷하여 누구보다도 절친하게 지냈으며, 아마도 자칫하면 동서 사이(?)도 될 뻔했던 지나간 추억을 가지고 있지요. 또한 안차관과는 고시를 보고 같은 공무원의 길을 가고 있었기에 더욱 심정적으로 동료의식이 많았던 것이 사실이지요.

이 모임에서 만났던 친구들은 대학 졸업 후에도 가끔은 만나서 대학시절의 추억을 나누기는 하였지만, 졸업하던 해인 78년에는 불행히도 이 세상을 먼저 떠난 친구 윤갑태가 있어서 항상 만날 때마다 무거운 마음이었지요. 그렇게 되어서 지금은 대학시절에 만났던 7명 중에 이제 남은 친구는 5명뿐이지요. 5명 중에는 커플이 탄생했는데, 장광호와 박영선이 80년도에 결혼을 해서 지금은 미국 시카고에서 96년부터 이민 생활을 하면서 여유로운 삶을 살고 있지요. 그리고 전광수는 교육학 박사학위를 취득하고 프리랜서인 직업교육의 전문가로, 백승순은 공부를 잘

하는 아들과 딸과 함께 한 가정의 주인으로 있어서, 가끔 안부와 만남을 하면서 옛 추억을 나누곤 하지요.

열심히 그리고 성실하게 살아왔던 안차관

그리고 안차관과의 마지막 만남은 수원에 있었던 지방행정연수원의 고위공무원 교육장에서의 만남이었지요. 당시 모든 부처의 고위공무원을 대상으로 녹색성장에 관한 강의를 했었지요. 그때 안차관은 지식경제부 에너지자원실장의 자격으로 녹색에너지에 관해서 직접 강의를 하였는데, 강의가 끝나고 개인적으로 만나서 아이들 이야기에서부터 이런 저런 이야기를 하였죠. 그리고 조만간에 승진 축하 자리일지는 모르지만 한번 만나자고 약속을 하고는 그만 그것이 마지막의 만남이 되고 말았던 것이죠. 당시에는 지식경제부 차관으로 여러 명의 차관 후보가 경합을 벌이고 있었기 때문에 어떻게 될 것 같은가라는 물음에 한번 기다려보라는 이야기를 하였는데, 안차관 자신은 어느 정도 가능성이 있다는 의미로 받아들였던 것으로 기억이 되네요. 특히 지식경제부 내의 다른 직원의 평가를 물어봐도 안차관은 통솔력이나 특히 부하직원과의 격의 없는 대화와 소통 능력에 있어서 좋은 평가를 받고 있다는 이야기를 들었기에 저 자

신도 어느 정도는 지식경제부 제2차관으로 승진될 것으로 기대를 하였던 것이죠. 아마도 안차관의 일에 대한 열정은 어느 누구보다도 열성적이라서 이런 열정으로 살아왔기에 차관으로 승진하는데 아무런 문제가 없을 것이지요. 하지만 이로 인해서 건강을 잃어버렸던 것이라고 생각이 되네요. 공휴일이라도 일이 남아있으면 쉬지 않고 출근하여 일을 해야 직성이 풀렸고, 구정 연휴 기간 중에도 출근하여 일을 한 후 그만 비통한 소식을 접하게 되었으니 아마도 피로가 누적되어 있었던 것을 모르고 오직 일만을 위해 건강을 돌보지 못하고 육신을 불태워버린 것이죠. 나라를 위해 일하다가 건강을 잃어버린 우리 시대의 마지막 공무원이 되기를 빌면서 친구인 안차관의 명복을 빌고 싶습니다.

안차관이 남긴 값진 교훈 '건강을 스스로 챙기자'

작년 구정 때 안차관의 비보를 접하고는 비통함과 절절함으로 무엇이라고 할 말을 잃었었지요. 아니 항상 웃음으로 이웃이나 동료에게 주었던 그런 친구가 무엇이 그렇게 급하여 이 세상을 떠나야 하는지 도저히 이해되지 않았으며, 아니 용서가 되지 않았었지요. 더욱이 늦게 낳은 어린 아들 주영이와 더 챙겨주어야 하는 딸 정연이를 생각하면 안차관의 부인인 이명희 교수에게 무어라고 위로할 수가 없었지요. 미국으로 이민을 간 2명을 제외하고 한국에 남아있는 본인과 전광수, 백승순 3명은 우리의 그리운 친구 안차관이 떠나던 날 문상을 하면서 하염없는 눈물과 비통함을 토로한지 벌써 1년이 지나갔군요.

그 당시에 아직도 생생하게 기억되는 것은 건강에 관한 이야기로 두 가지가 생각나네요. 하나는 미망인 이명희 교수가 장례식장에서 지식경제부 직원에게 남긴 것으로 "하루에 한 시간씩 운동을 하고 하루에 30분씩 가족과 대화"를 해 줄 것을 요청하는 유족대표 인사말이었지요. 다른 하나는 같은 모임의 백승순 친구가 우리가 안차관 몫까지 더 살아가려면 우리 모두 매일 운동을 해야한다는 강권하는 말이었다고 생각이 듭니다. 그래서 먼저 떠나간 안차관을 생각해서라도 요즘은 매일 아침에 2시간씩 운동을 하게 되었지요. 역시 운동을 하니 체중관리도 되고 무엇보다도 매사에 자신감이 생기는 것 같아서 더욱 좋은 것 같아요.

안차관에게 전하고 싶은 이야기들

만일에 지금 안차관이 살아 있다면 이런 말을 하고 싶네요. 우리는 젊은 대학 시절에 만나서 청춘을 함께 보내던 친구로서 이제는 조금은 덜 바쁘게 살아가자고 말하고 싶습니다. 이제까지 우리 자신을 돌보지 않고 일이라는 무엇인가에 쫓겨서 사는 삶을 살아온 것이 어언 30년을 훌쩍 넘어가고 있으니 이제는 우리 자신이 누구이고 우리 자신이 앞으로 어떻게 살아갈 것인지를 한번 정리하는 그런 시간이 필요하다고 말해 주고 싶네요. 그토록 좋아했던 운동을 하자고 약속을 하고는 전날이 되면 안차관은 바빠서 못할 것 같다고 연락을 해오기 때문에 여러 차례의 시도에도 불구하고 절친한 사이로 살면서 한 차례도 운동을 같이 하지못한 것이 아쉬움으로 남아 있지요. 그때마다 운동은 입으로 하는 것이 아니라 몸으로 하는 것이라고 충고를 했던 기억이 납니다. 나아가 가족끼리 여행이나 한번 가자고 말하고 싶네요. 높고 푸른 하늘을 보면서 철마다 바뀌는 자연을 느끼면서 살자고 말하고 싶네요.

이제 돌아오지 않는 안차관에게 남기고 싶은 이야기를 하려고 합니다. 그래 먼 나라에서 물론 더 먼저 가신 부모님을 만났겠지요. 그동안 착하게 살아온 안차관은 아마도 좋은 나라에 갔을 것으로 믿고요. 그곳에서 과중한 업무로 인한 스트레스도, 승진에 대한 집착도 없는 아주 편한 나라에서 자기와 가족과 함께 편안한 생활을 하기를 부탁하고 싶습니다. 그리고 남기고 간 세 가족들을 위해서 용기와 힘을 돋아주는 기도를 보내주라고 말하고 싶군요. 안차관이 떠나간 지 벌써 1년이 지났건만 친구를 지금도 만날 것 같은 생각을 지울 수가 없는 것은 아직도 그 친구에 대한 그리움이 남아있기 때문이라고 생각합니다. 언제라도 미소를 지으며 우리 앞에 나타날 것 같은 친구 안철식을 정말로 보고 싶군요. 더욱이 이제 초등학교를 졸업한 어린 아들 주영이를 생각하면 안차관이 어떻게 눈을 감을 수 있었을까 하는 생각이 머리에 아직도 남아있군요.

그러나 이제 안차관은 모든 것을 돌이킬 수 없는 다른 세상에 있기에 이런 모든 것이 허사라는 점을 잘 알고 있지요. 그래서 이제는 안차관에게 남기고 간 가족에 대해서 걱정을 하지말라고 전하고 싶군요. 어린 아들 주영이는 미국에서 초등학교를 졸업했는데 대통령상을 받을만큼 공부를 잘하고 있고 건강하게 잘 자라고 있으니 얼마나 자랑스러운가요. 큰딸 정연이도 이제 곧 대학을 졸업하게 될 것으로 대학을 잘 다니고 있고 자기가 할 일을 스스로 하는 훌륭한 큰 딸의 역할을 잘하고 있다고 말하고 싶군요. 그리고 안차관의 미망인 이명희 교수는 상명대학교 도서관장으로 재직하는 등 집안의 가장으로서 역할을 충실히 하고 있다고 전하고 싶군요. 대학 시절에 만나서 이제 남아 있는 5명 우리 모두는 안차관의 아이들이 커가는 것을 옆에서 보면서 언제라도 가족처럼 같이 지낼 것을 약속한다고 전하고 싶군요.

30여년 친구로 지내온 사람으로서 너무나 보고 싶은 안차관이지만 어린 아이들과 부인을 생각해서, 그들 앞에서는 아무런 내색도 할 수 없는 내 마음이 더욱 저려오네요.

마지막으로 그리운 친구의 이름을 목놓아 불러 보려고 합니다. 철식아! 철식아!

사람이 꽃보다 아름다운 이유

이 창 기

현) 대전발전연구원 원장,
대전대학교 행정학부 교수

사람이 살아가는데 있어서 만남은 매우 중요하다. 좋은 만남이 있는가 하면 나쁜 만남도 있게 마련이다. 따라서 누구를 만나느냐에 따라 인생의 행로가 달라지는 법이다. 그런 의미에서 필자에게 참으로 좋은 인연 중의 한 사람을 꼽으라면 대학원 때 처음 만났던 안철식 전차관을 떠올리지 않을 수 없다.

아마도 안차관이 서울대 행정대학원에 입학한지

얼마 되지않은 시기였던 것으로 기억된다. 누가 봐도 공부 잘하는 모습의 친구였지만 고시공부에 찌들다 대학원에 들어온 여러 학우 중에 가장 넉넉하고 인간미가 넘치는 친구였다. 연배도 비슷한 우리는 서로의 인간적 매력에 끌려 의기투합한 나머지 수업만 끝나면 신림동 막걸리집을 찾아 인생을 읊조리고 철학을 노래하며 미래를 꿈꾸었다. 안차관의 해박한 지식은 차치하고라도 그는 열정이 넘치고 친구나 후배들에게 꿈을 키워주는 사람이었다. 사실 지방대를 졸업했다는 열등감에 사로잡혀있던 나를 비롯한 지방대 출신들에게 안차관은 서울대 출신보다 우리가 못할 게 없다는 자신감을 보여주면서 우리들에게 희망과 비전을 보여주었다.

안차관과 같이 주변사람에게 용기를 주는 대학 때의 은사가 한분 계셨는데, 한번은 행정학 교과서 중의 최고로 꼽히는 '한국행정론'의 저자이신 박동서 교수님을 초청해 특강을 듣는 기회를 만들어 주셨다. 책으로 만나 뵈었던 저명한 서울대 교수를 만나니 신기하기도 하고 내가 마치 서울대생이 된듯한 착각을 잠시 느끼기기도 했었다. 아마 그때 서울대 행정대학원이 나의 목표가 되었던 것 같다. 그런 맥락에서 필자는 대학교수로 부임하면서 좌절에 빠져있는 지방대생들에게 용기를 불어넣기 위해 서울대 교수님들을 매학기 초청해 특강기회를 만들어 주었다. 그때 느꼈던 것은 서울대 교수님을 모시면서 개인적으로 비용이 얼마나 남몰래 들어갔을까 하는 것이었다. 매번 모실 때마다 특강비를 제외하고 들어가는 부수비용이 만만치않다는 것을 피부로 체감했기 때문이다. 그 덕분에 필자가 재직 중인 시골 대학 졸업생을 서울대 행정대학원에 여럿 보냈고, 지금은 미국 대학교수를 비롯해 국내 대학교수도 여럿 있다. 이런 성과는 솔직히 그때 은사님과 안차관의 노하우를 전수받은 행운 때문이었다고 생각한다.

또 그뿐인가. 안차관은 유난히 후배를 사랑하는 학우였다. 선배의 사랑을 받는 후배들은 자부심과 자존감으로 반드시 성공적인 삶을 살게 되어있다. 필자 역시 고등학교 때까지 선생님들로부터 큰 사랑을 받아보지 못했었다. 선생님은 가까이 하기엔 너무 어려운 존재였다. 그런 경험으로 대학에 들어온 필자에게 대학의 선배들은 나의 우상이면서 멘토였던 것 같다. 그런데 안차관은 늘 후배들을 참으로 편하게 대해주고 자상하게 말을 건네주었다. 그런 소탈한 모습 때문에 후배들이 어려운 고민거리를 들고 많이 찾았던 것 같다. 이처럼 후배들을 진심으로 대하는 행동은 사람을 사랑하는 마음이 바탕에 깔려있지 않고는 불가능한 일이다. 그래서 필자도 대학교수로 부임하면서 첫 마음을 '학생을 사랑하는 교수가 되자'라고 다졌던 것 같다. 필자의 제자들 역시 졸업한 뒤에 하나같이 교수님이 학생들을 편히 대해 주셔서 방황하고 있을 때 어려운 문제를 쉽게 풀어갈 수 있었다고 술회하곤 한다. 이점도 안차관의 영향을 받았고 또 그 노하우를 벤치마킹한 것이다.

어쨌든 대학교수가 되고도 안차관과 인연의 끈을 놓지 못한 가장 큰 이유는 안차관의 업무 때문이었을 것이다. 필자가 1998년에 미국의 교환교수로 근무하다 귀국해서 대전대학교에 에너지정책연구소를 설립했었다. 그때 마침 안차관은 산업자원부 에너지분야에서 일을 하고 있어서 인연의 끈이 계속 이어지게 되었다. 특히 원자력산업과장으로 재직할 때 대한민국의 원자력산업을 부흥시키기 위해 애를 썼던 모습이 인상 깊게 떠오른다. 지금도 많은 원자력계 인사들은 안차관의 열정과 능력, 그리고 인품에 대해 높은 평가를 하며 그때 원자력산업이 많이 성장했었다고 기억을 떠올린다. 한마디로 산업자원부 고위 공무원 중에서 가장 신사적인 공무원이라는 평가를 받았었다.

필자는 그 이후 원자력산업이 대한민국의 미래 먹거리라는 차원에서 홍보와 국민의 수용성제고를 위한 연구에 몰두해 왔었다. 그 외에도 신재생에너지의 개발과 보급정책에도 더 많은 관심을 갖게 된 것은 안차관이 에너지정책심의관으로 근무하면서 기회를 갖게 되었기 때문에 이제 대한민국 에너지정책의 총수가 된 차관으로 승진했을 때 누구보다 기뻐했던 사람 중의 하나가 필자였다. 그 이유는 녹색성장시대에 적임자가 에너지정책을 총괄하게 되어 적절한 대응이 가능하겠다는 생각과, 필자도 에너지 관련 연구사업에 더 많이 참여할 수 있으리라는 기대 때문이었다. 지금 원자력이 대한민국의 수출 효자 종목으로 등극하고 새로운 원자력 르네상스 시대를 만난 것도 알고 보면 안차관이 그 초석을 다져왔기 때문일 것이다. 특히 에너지 분야에서는 에너지경제연구원의 김진우 원장, 권혁수 박사 등과 항상 긴밀한 관계를 유지하며 대한민국 에너지의 앞날을 걱정했던 그때가 그립다.

지금도 대한민국의 에너지 문제해결을 위해 우리는 가끔 만난다. 그러나 예전처럼 신바람이 나지 않는다. 안차관이 있어야 명쾌한 해결책이 나올텐데 우둔한 우리끼리 만나봐야 지혜를 발휘하기 어렵기 때문이다. 97%를 해외수입에 의존하는 에너지 수급구조에다 청정에너지 수요가 증가하는 상황에서 묘책을 찾기란 쉽지 않을 전망이다. 아마도 대한민국의 가장 큰 과제가 에너지 문제의 해결이 아닌가 싶다.

이런 때 우리의 영웅, 안차관은 홀연히 우리 곁을 떠났다. 그때 그 충격은 매우 컸고 한동안 머리를 둔기로 맞은 것처럼 멍해졌었다.

그러나 그가 남긴 분신들의 성장과 에너지계의 업적이 그나마 우리들을 위로해 준다. 아마도 안차관은 다른 세상에서 대한민국의 원자력산업의 발전과 녹색성장을 지켜보며 흐뭇해할 것이다. 그리고 분신들의 놀라운 성공과 자립에 마음 편해할 것이다. 그러면서 그가 이루지 못한 꿈을 아이들에게 이어서 이루어달라고 부탁하고 싶어할 것이다. 그 꿈은 인간이 어디에 살든 정직하게 땀 흘린 사람이 정당한 보상을 받고 항상 약자를 배려하는 그런 사회를 만드는 것이다. 물론 인간이 꿈꾸는 가장 이상적인 사회는 정의로운 사회이나 현실적으로 불가능하다. 그래서 그 대안으로 좋은 사회(good society)를 떠올리는 것인지도 모른다. 좋은 사회는 부자나 가난한 사람 모두에게 좋은 사회이지만 인도의 성자 인디라 간디가 설파했듯 '경제사회적으로 가장 어려운 사람들의 형편이 나아지는 사회'를 좋은 사회라고 말할 수 있다.

우리 마음의 영웅, 안철식 차관은 자신의 분신들과 친구들에게 사람이 꽃보다 아름다운 이유를 몸소 보여주었을 뿐 아니라 우리 모두에게 좋은 사회를 위해 노력해 줄 것을 당부하고 있을 것이다. 천상에서 다시 만나는 그 날 우리 모두 안차관에게 부끄럽지 않은 삶을 살아왔노라고 자신있게 말할 수 있길 바란다.

Chapter 7

무심천에서 멱감던 시절

얼 굴

한 범 덕

현) 청주시장

전) 행정자치부 제2차관

나이 마흔이 되면 자기 얼굴에 책임을 져야한다는 말이 있다. 어렸을 때 부모님께 물려받은 얼굴이야 자기가 어찌할 수 없지만 살아가면서 점차 얼굴모습이 조금씩 바뀌어가고, 결국 인생을 어느 정도 살게 되면 세파에 따라 얼굴모습이 정해지게 된다는 말일 것이다. 그래서 세상살이를 어떻게 살았느냐에 따라 얼굴모습이 따라가게 되어 고생한 사람은 고생한 얼굴이 되어 볼품이 없게 되고, 편하게 산 사람은 편한 얼굴이 된다는 말이 아닌가 싶다.

그런데 내가 아는 한 그렇지 않은 사람이 있다면 바로 안철식 차관이다. 고등학교 동문이지만 고등학교까지의 삶에 대해서는 잘 모르고, 안차관과의 인연은 대학에 들어오고 난 이후부터이다. 처음 받은 인상을 사실 지금까지 가지고 있지만 도무지 고생이라고는 해본 적이 없는 귀한 집의 귀공자 인상이었다. 피부색도 남자치고는 지나칠 정도로 하얀색이고, 얼굴 자체가 영화배우 같은 꽃미남이었다. 거기에다 남에게 험한 소리를 조금도 못할 그야말로 샌님의 인상을 가진 얼굴이었다. 그에게 누가 거친 세상에 산전수전을 겪어온 사람이라고 생각이나 할 수 있을까 싶었다.

그가 나와 본격적인 인연을 맺게 된 것은 둘 다 사회에 발을 들여놓고 난 다음이었다. 나는 행정고시를 거쳐 문화재관리국에서 문화재관리를 맡고 있었던 공직초기의 시절이었고, 그는 당시 잘 나가던 대우그룹의 전도양양한 신참사원이었다. 내 생각으로는 보수도 높고, 전망도 좋은 대기업에서 꿈을 펼치는 것이 세상을 쉽고 편하게 가는 것으로 보였는데 그는 그렇게 생각하지를 않았다. 그는 쉽고 편한 것이 좋은 길이라고 생각하지를 않았다. 아무리 대기업이라도 업무내용이 민간 사기업에 국한되었다고 생각하여 좀 더 공공의 영역에서 보람된 일을 찾겠다는 신념을 굽히질 않았다.

뒤늦게 뛰어드는 '고시생'의 험난한 고생길을 아무리 이야기해도 그는 귀에 담질 않았다. 결국 그는 그 길을 선택했고, 적지 않은 고생길을 간 뒤 기어이 공직에 들어갔다. 그의 얼굴과 다른 고생길이었는데도 얼굴에는 나타나있지 않았다.

공직에 조금 늦게 들어가서도 남들이 가지 않는 자원관리분야인 '동력자원부'로 가서 또 험난한 고생길을 걸어갔다. 그것도 어느 정도 자기의 선택이었음을 나는 알고 있다. 업무에 관한한 적당히라는 말은 그에게 통하질 않았다. 전심전력, 그야말로 모든 것을 던지는 그의 업무처리는 '워크홀릭'이란 말을 할 수밖에 없었다. 그러면서도 인간관계에 있어서는 소홀함이 없었다. 이 또한 얼굴에 나타나있지 않았다.

내가 부처간 일로 부탁을 하게 되면 지독할 정도로 나서서 챙겨주고, 그 뒷처리까지도 꼼꼼히 챙기는 스타일이니 어떤 때는 말하기가 부담스러울 지경이었다. 그러나 나 또한 무디어서 일만 생기면 스스럼없이 그에게 전화를 걸어 부탁을 했다. 그때마다 마다하는 일없이 지독하게 챙겨주니 그의 얼굴만 봐가지고는 어디에서 그런 힘이 나오는지 지금도 모르겠다. 그러면서도 공부를 해야겠다고 뒤늦게 미국으로 가겠다고 해서 나를 놀라게 한 적도 있었다. 그에게는 쉬어야겠다는 것이 다른 일을 더 열심히 해야겠다는 것으로 해석할 수밖에 없었다.

그렇게 공직생활을 30년 한결같이 걸어온 사람이다. 그런 그의 얼굴 어디에서 그처럼 지독하게 전력투구하는 모습을 상상이나 할 수 있을지 모르겠다. 그러나 꼭 공적인 면에서만 올인 하지는 않았다. 지금도 나를 자책하는 기억이 있다. 새정부 들어 자원분야의 최고 실력자가 되어 직책도 당연히 최고 직책을 받아야하는, 그러나 최고직책은 꼭 실력만이 아닌 정치적 고려가 있어 자신할 수 없었던 즈음, 그 긴장된 순간에 그는 내 어머니 모신 빈소에 찾아와 밤을 지새웠다. 아무리 가라해도 말을 듣지 않았다.

그런 사람이었다. 공적 관계에서나 사적 관계에서 올-인하였다. 그렇게 해서 올라간 최고의 직책에서 제 뜻을 제대로 펴지도 못하고 져버린 그 기억을 나는 그의 얼굴에서 도무지 찾을 수가 없다. 그 환하고 서글서글한 그의 얼굴에서 그의 질김과 뜨거움, 그리고 남을 위한 배려와 자상함을 읽을 수가 없다.

그가 먼저 떠났다는 말을 듣고, 난 내 눈을 의심했다. 그 소식을 들었던 때, 목 수술로 말을 할 수 없어 유일하게 휴대폰 문자 메시지로만 소식을 주고받았던 나로선 내 눈으로 읽는 그의 소식을 도저히 믿을 수 없었다. 사실을 확인한 뒤 아내와 함께 빈소

에서 난, 내 어머니 빈소에서의 그를 생각했다. 아무리 가라해도 가지 않고 나를 위로했던 그의 얼굴을…

철식이, 이 친구야!

이젠 자네 얼굴에 맞는 길을 걷게. 자네 있는 그 세상에선 부디 쉽고 편하게 쉬게나. 아무 걱정하지 말고. 정연이와 주영이도 자기 길을 또박또박 걸어가고, 그 뒤에는 사랑하는 이명희 교수께서 의연히 계시고 있다네.

온화함과 포용력이 넘쳐나던 후배

최 창 규

현) 서울과학기술대학교 전기공학과 교수

늘 그러하지만 사연도 많았던 2008년을 영원히 뒤로하고 새로운 한 해를 시작하던 명절연휴의 마지막 이른 새벽, 채 떠지지도 않는 눈으로 휴대전화에 떠오른 문자 메시지를 본 순간, '누가 연초 이른 새벽부터 쓸 데 없는 장난을 하는구나'하고 생각했었다. 그러나 잠시 생각해보니 장난치고는 좀 이상하다 싶어 문자를 보낸 이의 전화번호를 찾아 통화를 한 나

는 그저 망연자실할 수 밖에 없었다. 그저 청천벽력이란 이런 일을 두고 하는 말이구나 하는 생각을 하게 되었다.

며칠 전에 만났을 때도 밝은 얼굴로 나를 대해 주던 사람이 갑자기 유명을 달리하다니 도저히 믿을 수도 없고, 믿기지도 않았었다. 아무 일도 없었다는 듯이 그 온화하고 밝은 얼굴로 내 앞에 나타날 것만 같았다. 그러나 그것도 잠시, 그런 일은 도저히 일어날 수 없다는 것을 알게 된 순간, 고인에 대한 연민과 안타까움이 나의 머릿속을 가득 채웠다. '아직도 어린 아들이 있다 했는데...' 사실 나 역시 아주 어렸을 때 친어머니를 잃고, 한 때 그 공허함을 채우지 못하여 갈등과 외로움에 시달린 적이 있었기에, 고인이 남겨놓은 어린 아들을 생각하니 더욱 가슴이 저려오는 것이었다.

한편으론 이미 고인이 된 사람은 어쩔 수 없지만 남아 있는 사람의 상실감은 어떻게 메울 수 있을 것인가. 이런 저런 생각에 나는 잠을 못 이루고, 몹시 허탈한 상태로 밤을 지샐 수 밖에 없었다.

고인과 나는 학교 선후배지간이지만 처음 만나게 된 것은 몇 번을 별러 2005년 여름 어느 날인 것으로 어렴풋이 기억된다. 처음 만났음에도 불구하고 그에게서는 온화하고 소탈하며, 그러면서도 어딘지 모르게 기품이 있다고 느껴졌고 정말 만나기를 잘했다는 생각이 들었다. 그때 나는 한국산업기술평가원에서 전문위원직을 수행하고 있었다. 당시 학교 후배 몇 명이 산업자원부에 근무한다는 얘기를 들어서 알고 있었지만, 숫기가 별로 없었던 나는 대뜸 찾아가서 인사를 나눌 기회를 만들지 못했었다. 그리하여 친구를 통하여 산업자원부에 근무하고 있는 후배들과 만나기로 약속하게 되고 그 자리에서 고인을 처음 만나게 되었던 것이다. 하지만 그 후 어쩌다 업무차 과천에 들러 얼굴이나 볼 겸 찾아가게 되면 어찌 그리 만나기가 어려운지... 그러나 그가 원망스럽다고 하기보다는 자기 일에 너무나도 열심인 그가 정말 존경스러웠다. 그래도 과천에 갔다가 그를 보고 오지 않으면 무엇인가 빠뜨린 것 같아 지금은 한국표준협회 전무로 근무하고 있는 후배와 함께 그의 업무실로 가서 기다리다가 다른 방문객들이 나오고 들어가는 찰나를 이용하여 잠시 만나고 오곤 했었다.

어쩌다 선후배들이 모여서 저녁이라도 하게 되면 그는 항상 좌중을 압도하는 달변으로 사람들을 즐겁게 해주고 모임에 참석한 것만으로도 가슴 뿌듯하게 해주곤 하였다. 차관으로 승진하기 전, 명동의 한전 중부지점에 설치되었던 대통령직 인수위원회 시절에는 저녁도 제대로 먹지 못하고 하루에 열 시간 이상 일을 하곤 했는데, 나와 잠시 커피 한잔 하는 시간에도 앞에 앉아 있는 내가 무색할 정도로 일에 신경을 쏟고 있는 듯이 보이기에 건강을 챙기라고 신신당부하고 나온 적이 있었다.

그렇게도 국가를 위한 일에 열심이었던 그가, 그렇게도 온화하고 포용력이 넘쳐나던 그가, 그렇게도 선후배의 일이라면 관심을 아끼지 않고 발벗고 나섰던 그가, 그렇게도 허망하게 세상을 뜨다니 나는 아직도 그를 잊을 수 없다. 아마도 나는 영원히 잊지 못할 것이다.

지금도 나의 책상 옆에는 '謹弔 故 安哲植 지식경제부 제2차관'이라고 인쇄된 글 아래에서 그가 온화한 눈빛으로 나를 바라보고 있다.

친구 좋아하고, 늘 명랑했던 친구 철식이

김 종 경

현) 한양대학교 원자력공학과 교수

거의 매일같이 담벼락 밖에서 구슬 (당시에는 일본식으로 다마라고 불렀다) 몇 개를 손에 넣고 흔들어대며 날 부르는 친구가 있었다. 안철식이다. 철식이는 내 어린시절 몇 안되는 소꿉친구였다. 우리집과 철식이집과의 거리는 불과 100여 미터쯤. 철식이네는 고향이 이북이었던 것으로 기억된다. 6.25 전쟁 후 정착한 곳이 아마도 청주시 문화동이었던 것 같다.

철식이 아버지는 경찰관이셨고 그냥 무뚝뚝하셨고, 체격이 좋으셨다. 부지런하셨던 어머니는 조그마하신 분이셨고 늘 친절하셨고 항상 웃는 모습이셨다. 철식이는 성격도 외모도 엄마를 퍽 많이 닮았다. 그래서 우리는 철식어머니를 더 기억하고 있다.

철식이네는 문화동 당산 밑 충북 교육청 학무국장 관사집 귀퉁이에 세들어 살았다. 철식이는 위로 누나 하나와 아래로 누이동생 하나해서 3남매 중 외아들로 기억된다. 철식이 윗집에 춘섭이라는 친구가 있었는데, 철식이와도 퍽 가깝게 지내는 사이였고, 성인이 되어서도 아주 가깝게 지냈던 친구다. 철식이는 어려서부터 게임을 좋아했다. 특히 구슬치기를 좋아했는데, 그 상대는 늘 나였다. 왜냐하면 내가 엄청난 양의 구슬을 가지고 있었기 때문이다. 그것을 따가기 위해 틈만 나면 우리집 근처에서 어슬렁거렸다. 내 선친이 얼마나 엄하고 무서웠는지 내 친구들이 감히 우리집에 들어오길 꺼릴 정도였다. 그래서 밖에서 구슬 흔들어대는 소리를 듣고 철식이가 온 줄 알았다. 그래서 철식이 별명이 "철콩"이 되었다. 늘 철식이는 구슬 몇 개 가지고 와서는 내 것을 따갈 참이었다. 주로 눈깔치기라는 게임을 많이 했는데, 항상 너무 손을 길게 내밀어서 반칙을 하므로 우리로부터 제재를 받았다. 그러나 따지기를 좋아하고 승부욕이 강해서 좀처럼 잃지를 않았다. (이는, 나중에 골프칠 때도 그런 모습을 보였다.) 철식이와 재미있게 놀던 것은 구슬치기 외에도 엽전치기, 딱지치기 등 당시 꼬마들의 놀거리가 그 수준이었다.

철식이는 우연히도 나와는 국민학교(지금의 초등학교) 6년 내내 같은 반이 된 적이 없다. 춘섭이와 철식이는 1반, 나는 늘 2반이었던 것 같다. 철식인 키가 작아 반에서 5번 이내였을 것으로 추측된다. 그런데 어느날 야구를 한다고 했다. 비록 키는 작아도 운동신경이 있어서인지 청주중앙국민학교 야구 유니폼을 입고 다니며 으스대던 기억도 있다. 우린 같이 청주중학에 입학했다. 역시 중학교에서도 3년 내내 같은 반이 되어본 적이 없다. 그리고 청주고등학교에 같이 진학했다. 난 이과였고, 철식이는 문과였다. 학년이 올라갈수록, 모의고사를 자주 보았고 그 석차를 건물 벽에 붙여놓았던 기억이 난다. 그런데, 고 3학년 첫 모의고사였나 기억이 아득하지만, 철식이가 아주 상위석차에 올랐던 기억이 난다. 특히 영어를 잘했다고 했다. 지금도 또렷한 기억은, 그 뛰어난 석차를 보고, 철식이가 이젠 공부에만 매진하는구나 하고 느꼈다. 서로 반도 달랐고, 그 사이 철식이네가 사직동으로 이사를 가서 만나는 것이 뜸하였기 때문에 잘 몰랐던 것이다.

철식이가 1차에 서울대에 떨어지고 2차인 성균관대학에 들어갔다. 그리곤 대학생활이 얼마쯤 지난 후 명동에서 제일 큰 무슨 다방에서 나와 만날 약속을 했는데, 그때 데리고 나온 성대 다니는 여자친구가 지금의 철식이 부인인 이명희 박사다.(중략)

그 후 철식이는 (주)대우를 거쳐 행정고시에 합격했고 공무원이 되었다. 내가 교환교수로 미국 보스턴에 나가 있을 때에 정부에서 보내주는 프로그램으로 일리노이대학에서 석사공부를 한다고 미국으로 왔다. 그 뒤 철식이 아내도 공부를 다시 시작했고, 끝까지 남아서 공부를 한 결과 학위 취득 후 지금은 대학교수가 되었다.

철식이는, 동자부장관 수행비서 후 조금은 진급에 어려움이 있었던 것으로 기억된다. 하지만 마치 길위에 핀 부평초처럼 끈질겼고, 큰 꿈의 희망을 간직했으며, 늘 명랑한 모습이었다. 결국 승리는 철식이에게 돌아갔고, 마침내 차관자리까지 올라갔다. 이는 청주중앙국민학교의 영광이었고, 청주중고등학교에도 큰 영예를 안겨주었다.

그는 남을 먼저 배려하고, 친구들 사이에서도 늘 가교역할을 자처했고, 모임에서도 분위기 메이커였다. 늘 소박하고 부지런했던 친구 철식이를 이젠 더 이상 만나지 못하는 것이 너무도 아쉽다.

오랜만에 불러 보는 내 친구, 철식아!!!

남 창 현

현) 충북테크노파크 원장
전) 지식경제부 국장

너무 오랜만에 불러본다. 오늘은 네가 떠나고 가슴속에 묻어 놨던 우리의 추억이 하나 둘, 아련하게 떠오르는구나.

생각나니? 망나니 한재성, 새색시 같은 백무현, 최면술사 조종성, 삘리리 남창현, 그때 우리같이 많이 몰려다녔지.... 중학교 까까머리 시절 처음 만나, 공부도 같이 하고, 방과 후에는 산으로 들로 다니며 많은

추억을 만들곤 했는데... 그리고 우리 과외선생 박성도, 그 양반 지금 64살 정도 되셨을거야. 지금은 은퇴하셨을텐데, 뭐 하시는지 모르겠다.

넌 참 노력을 많이하는 학생이고 자존심도 강했었어. 시험공부 할 때도 확실히 알 때까지 책을 덮지 않았지. 불의와 타협하지 않고, 옳다고 생각한 일에는 소신을 굽히지 않았지. 나는 지금도 너의 그러한 모습을 떠올리며 내 자신을 채찍질하곤 한다.

아참. 갑자기 생각난다. 넌 항시 니 여동생이 제일 예쁘다고 우리 친구들한테 말하곤 했는데, 무슨 의도로 그런 얘기를 했는지 다음에 만나면 꼭 이야기 해줘라. 니 덕분에, 오랜 시간이 흘렀지만, 여동생과도 재회를 할 수 있었다. 그녀의 얼굴에도 우리 추억의 흔적이 묻어나더구나. 애써 웃음 지었지만 옛 추억이 살아나는 것은 감출 수가 없었다.

너 아니? 내가 안철식 추모기념사업회를 운영하고 있어. 안철식 추모기념회 멤버는 24명이다. 특히, 김학도 국장, 김진태 전무, 최창규 교수 등이 니 생각하며 잘 모이고 있다. 우리뿐만 아니라 너희 식구들도 분기마다 모임에 모시고 있다. 아들놈(주영)도 잘 크고 있고, 딸(정연)도 예쁜 숙녀로 성장하고 있더구나. 딸은 올해 졸업반인데, 엄마를 닮아서인지 티 없이 맑고 똑똑하더라. 니 식구 명희씨도 잘 극복하고 있으니 걱정하지 않아도 된다. 그리고 박청원, 김경수, 정만기 국장, 정재훈 실장, 안현호 차관님 등이 너희 가족에 신경을 많이 써주셨어. 나도 늘 감사하게 생각하고 있다. 너도 다들에게 고맙다는 말은 하거라. 니 생각을 하니 가슴이 또 뭉클하다.

나는 이제 내가 원하는 것 다하고 이젠 너를 좋아하는 사람들이 추천해줘서, 공무원 그만두고 고향 충북에 와서 신나게 일하고 있다. 이곳에 오니 큰 인재를 잃었다고 야단들이다. 내가 네 몫까지 잘 해낼 수 있을지 모르겠다. 알지? 너는 나의 영원한 멘토야. 하늘서도 응원 많이 해줘야 한다.

시간되면 너한테 가끔 가보마. 그러니 다른데 가지 말고 기다리고 있어라. 그리고 하늘나라에서 우리 친구들이 갈 때까지 터 닦아 놓고 잘 지내고 있어라. 우리 질긴 인연 그곳에서도 이어가자!

안철식 잘있어라!

2008년 지식경제부 전기위원회 현판식에서의
고인과 필자 및 관계자들의 모습

철식아, 밥됴!

연 호 택

현) 관동대학교 영어교육과 교수

철식이와 가까워진 건 순전히 우연이었다. 고등학교 2학년 여름방학이 되기 얼마 전이다. 그때까지만 해도 난 철식이를 거의 알지 못했다. 안다고 해야 청주토박이, 어울리는 친구들도 같이 중앙국민학교를 나온 이른 바 청주 출신들이라는 정도. 게다가 철식이는 유난히 피부도 뽀얗고 안경을 쓴, 그래서 좀 도도해 보이는 (혹은 쌀쌀맞아 보이는) 도회지풍의 그

런 녀석이었다. 출신배경 외에도 우린 외모나 기질 면에서 공통점이 없었다. 나는 이렇다 할 친구도 없이 혼자 노는 고독한 외톨이 부류. 도대체 우리를 함께 묶을 끈이 없었다.

묘한 인연의 고리를 만든 건 고등학교 시절 기혁이의 연애사건이었다. 이 기막힌 사연의 주인공이 지금은 교장을 하다 교육청 장학관을 하는 친구다. 이 친구가 어느 날 느닷없이 어디를 함께 가자고 했다. 일요일 누구를 만나는데 혼자 가기 멋쩍어서인지 철식이와 나에게 동행을 구한 것이다. 굉장히 더웠던 일요일로 기억한다. 그날 철식이를 처음 사적으로 만났다.

누구의 요청인지는 몰라도 복장은 사복차림이어야 한다고 했다. 나 참! 당시 나는 사복이 따로 없었다. 해서 회색 교복 바지에 분홍색 줄무늬가 있는 얼핏 야해보이는 남방을 입고 나갔다. 좀 불량하게 보였을 것이다. 약속 장소는 만춘당인가 하는 아이스케키 가게였다. 같은 학년인 기혁이의 여자 조카가 자기 친구를 아저씨인 기혁이에게 소개하는 자리. 우린 왜 거길 나갔을까? 호기심 아니면 친구의 부탁을 거절 못해서? 거기 얌전한 춘자와 소개녀 승희가 있었다. 그리고 그날 이후 우리 다섯은 친구가 되었다. 남학생 셋은 삼총사가 되었다.

기혁이와 춘자는 한 동안 편지를 주고받네 어쩌니 하더니만 연인으로 발전하지는 못하고 결국 친구로 남기로 했다. 결별의 편지를 받은 건 때마침 기혁이가 육사 신체검사에서 떨어진 날이었다. 원탑 (당시 우리가 다니던 청주고등학교 건물이 원통형이라 우리는 그걸 그렇게 불렀다.) 옥상에 올라가 우리더러 편지를 읽어보라며 기혁이는 시무룩했다. 철식이의 우정과 남성다움이 발휘된 건 그 때였다. "잊어. 저쪽이 아니라는데 너 혼자 사랑을 구할 수는 없잖니? 사람은 또 있어. 우린 젊잖니." 마치 풍부한 사랑의 경험자처럼 철식이는 말했다. 그리고 찬바람 부는 늦가을 청춘의 고뇌는 그렇게 마무리되었다.

원한 건 아니었지만, 철식이도 나도 대학 시험에 떨어졌다. 요즘말로 루저 (loser) 신세가 된 우리는 얼굴 들고 다니기가 많이 창피했다. 전에는 어디고 시험에 떨어진다는 건 상상도 못하던 일이었다. 때문에 말은 안해도 우린 자존심이 무척 상해 있었다. 그러던 어느 날 아마 동병상련의 친구들 몇 명이 우리 집 작은 내 방에 모여 있었던가 보다. 철식이가 심각한 어조로 들려줄 얘기가 있다고 했다. 우린 진지하게 귀를 기울였다. 헌데 이게 뭐야? 스토리의 끝은 허망했다. 마지막에 '누군가의 시신을 소가 넘어갔다'는 이야기인데, 결론은 '속아 넘어갔다'는 뭐 그런 말도 안 되는 말장난이었다.

그런데 그게 철식이었다. 대학에 떨어졌다고 침울해있어서는 안된다고 생각해서였을 것이다. 철식이의 스타일이 그렇다. 일단 친구들의 관심을 끌어모은 뒤 실화인 듯 얘기를 전개해나간다. 문제는 마지막에 가서 꼭 허탈한 유머로 마무리를 짓는다는 것. 그리고 그 허망함 때문에 우리는 잠시 우리의 슬픔과 문제에서 벗어난다. 괴로워한다고 문제가 해결될 수 없는 이상 괴로워하지 말자는 것이 평소 철식이의 생각이었다.

나는 대학에 다니며 재수를 하기로 했고, 철식이는 서울로 올라가 재수에 전념하기로 했다. 그리고 다 같이 또 미역국을 먹었다. 나는 2학년이 되었고, 철식이는 삼수에 돌입했다. 지금 생각하면 쉽지 않은 결정이었다. 여간 자존심이 상하지 않은 모양이었다. 세상을 이만큼 산 지금 돌이켜 생각해보면 꼭 실력이 없어서라기보다 운이 따라주지 않았던 듯도 싶다. 나나 철식이나 웬만큼은 공부를 잘 하던 학생이었기 때문이다. 청주중학교와 청주고등학교를 전교 수석으로 졸업한 친구 현희도 삼수 끝에 결국 애초 원하던 것과는 다른 학과에 입학했고, 나중에 직업도 전공과는 다소 무관한 쪽을 택했던 것을 보면 인생사에 운명의 작용이 없다고는 할 수 없다.

경제학을 전공한 철식이가 행정고시에 합격했다는 소식을 알려왔을 때도 그런 생각이 들었다. 내가 지방대학 영문과를 나와 대학 선생이 되리라는 것도 과거 꿈에서도 생각 못할 일이었다. 사람의 인생행로는 참 알 수 없다. 청주고 45회 동기 중 제일 먼저 사법고시에 합격하여 친구들을 놀라게 하고 부러움을 산 친구가 있는가 하면, 30대 이른 나이에 일찍 유명을 달리한 친구도 있었기 때문이다. 무슨 까닭인지는 알 수 없지만 자살로 생을 마감한 친구도 있었다.

행정고시에 합격했음을 전하는 철식이는 담담했다. 국무총리실에 근무할 때도 그랬다. 좀 으스대도 좋으련만 그저 평범한 직장에 다니는 것과 다름없다는 듯 처신했다. 전 전 정부시절 청와대에 파견근무를 나갔을 때도, 현 정부의 인수위에서 일할 때에도 이 친구는 내게 자랑하는 전화 한 통 없었다. 절친인 나나 기혁이에게는 그래도 좋았으련만 그저 묵묵히 자신의 직분을 다하면 된다는 것이 우직한 친구의 삶의 철학이었다. 생각해보면 맡은 일을 너무 열심히 한 것이 자신과 가족에게 잘못한 일이었다.

조직에서 생활하다 보면 원치 않는 회식과 술자리 등이 있게 마련, 때문에 술도 꽤 마셔야했을 것이다. 분명 바람직한 것은 아닌 우리나라 공무원 사회의

조직문화가 가장인 남자들의 건강에 상당한 스트레스를 주었을 것이다. 부득불 노래방에도 갔을 터, 아무래도 노래도 몇 곡 불러야했을 것이다. 노래에 관한 한 철식이는 우리에게 평생 잊지못할 추억거리를 안겨주었다.

고등학교 2학년 때 강당에서의 음악시간, 그 날 노래실기 시험을 치렀다. 저마다 선생님 앞에 나가 최선을 다해 노래를 불렀다. 지금 그 분 별명은 잊었지만, 키가 작으신 이상구 선생님이셨다. 왜 있잖은가, 존경해야 마땅한 선생님이지만 중고등학교 시절에는 무서운 선생님일수록 강한 별명으로 선생님을 부르고, 그러면서 치졸한 젊은이들은 낄낄대며 즐거워하는 것임을. 그래서 미친개, 독사, 혼수상태, 변태 따위의 포복절도할 선생님들의 닉네임이 존재하는 것이다.

그날 우리의 지정곡은 "까로 미오 벤"이었다. 나도 부르고 다른 학생들도 부르고 이윽고 철식이의 차례. 솔직히 지금 당시 상황을 말로 설명하자니 현장감이 부족하다. 또 다들 이 노래를 알아야만 공감하기 쉬운데, 요즘 학생들도 학교에서 이 노래를 배우는지 모르겠다. 철식이의 노래는 단연 압권. 단 순간에 끝난 불후의 절창(?)이 되었다. '까-' 이 한 음절로 모든 것이 결정되었다. 음정이 맞지 않은 고음이 문제였다. 선생님은 단호하셨다. “들어가.” 그 후 철식이를 놀리기가 쉬워졌다. 그냥 앞에서 “까-”하고 읊조리면 되었다. 그래도 이 친구는 특유의 비릿한 웃음만 지을 뿐 별로 약올라하지도 않았다.

철식이의 한자 이름은 밝을 哲, 심을 植이지만, 유치했던 우리들은 쇠 鐵, 밥 食으로 바꿔 친구를 놀렸다. 마치 먹는 걸 좋아하는 食蟲이라는 느낌 때문인지 철식이도 ‘밥식아!’라는 부름에 종종 기분이 상해했다. 진짜 유치한 언어놀이였다. 왜 그랬는지는 모르지만 기혁이에게는 아버님 함자를 불러 놀렸다. 나는 발음이 비슷하다고 해서 ‘호떡’이라고 불렀다. 그래서일까 나는 지금껏 호떡을 즐겨 먹는다.

우린, 철식과 기혁과 나, 그리고 승희, 춘자 이렇게 다섯은 고교 3학년 시절을 친하게 지냈다. 그 이후 가는 길이 달라 서로 자주 보지는 못해도 지속적인 관심으로 우리는 우정을 지켰다. 다섯 모두가 처음 다시 만난 건 세월이 많이 흘러 우리의 자식들이 하나둘 결혼을 할 무렵이었다. 기혁이 큰 딸 결혼식에서였다. 철식이를 마지막으로 본 건 기혁의 둘째딸 결혼식이 있던 날이다. 춘자는 그날 오지 못했다. 봄날 태릉 육군사관학교에서의 예식이 끝나고 혼주 기혁을 제외하고 우리 옛 친구들은 근처 서울여대 교정으로 가 한동안 담소를 나눴다. 몇 개월 전 쓰러져

병원에 실려간 적이 있다고 철식이가 말했다. 딸 정연이가 무척 놀랐다고도 했다. 우린 제발 건강을 우선으로 하라고 진심어린 충고를 했다. 그러마라고 철식도 말했다.

여름 지나 가을 가고 겨울이 한참일 때 철식이 차관 지명을 받았다는 소식을 접했다. 축하의 전화를 했다. "그래, 고맙다." 겸손한 듯 하는 말 속에서도 이 친구 이번에는 진짜 좋아하는 게 느껴졌다. 그리고 얼마 후 철식, 나와 우리의 오랜 친구는 세상을 버렸다. 참 덧없는 인생이다. 철식아, 밥됴!

1970년대 말 철식이와 함께 산에 올라서

최선 다한 나의 친구여!

이 만 희

현) 한국교원대학교 사무국장

1월28일 출근길에 한통의 문자가 왔습니다. '안철식 차관 운명.' 그저 믿기지 않아 한참 멍한 상태였고 곧이어 눈물이 앞을 가려 옆에서 운전하는 후배에게 창피한 줄도 모르고 어린애처럼 엉엉 소리내어 울었습니다.

며칠 전 지식경제부의 제2차관으로 임명받던 날, 축하 전화통화에서 "이제야말로 나라와 민족, 그리고 우리 충북을 위해 무언가 제대로 해볼만하지 않은가." 사뭇 의욕에 넘쳐 신나하던 목소리가 이렇게 귓

가에 쟁쟁한데 다시는 그 목소리를 들을 수 없다니…. 방금까지 올려다보았던 하늘이 그저 원망스럽기만 합니다.

까까머리에 교복을 입고 함께 청주중·고등학교를 다녔고, 낯선 땅 서울로 올라가 같이 공직자의 길로 들어서 지금의 자리매김을 하기까지 동향으로, 동문으로, 친구 그 이상의 힘으로 우리는 서로 비빌 언덕이 되어 주었습니다. 안차관은 고시를 합격해 나보다 한발 앞서 나가면서 혹여 내가 자기보다 뒤처져 조금이라도 간격이 벌어질까 염려하며 배려하던 그 마음씀씀이란….

무엇보다도 안타까운 것은 고인도 그렇게 바라던 나의 부이사관, 국장 승진을 이틀 앞두고 생을 달리하다니 좀 뻐기고 으스대듯 자랑을 한대도 기꺼이 받아줄 친구였는데 오히려 기쁨이 몇 배의 슬픔으로 나의 가슴을 억눌러 옵니다.

서울 아산병원에 마련된 빈소를 지키며 이명박 대통령의 조화를 비롯해 수백 개의 조화와 끊이지 않는 조문객들 그리고 벗, 동료, 선배, 상사를 그리워하며 밤을 지새우는 지인들과 선·후배 공무원들을 지켜보며 안차관의 평소 삶이 결코 헛되지 않았다는 것을 다시 한 번 느끼게 되었습니다. 안차관은 업무처리가 철두철미할 뿐만 아니라, 동료에게나 아래 직원들에게 화 한번 내지않고 속으로 삭히며 묵묵히 일하는 스타일이라는 것을 누구보다도 저는 잘 알고 있습니다.

남들이 우러러보는 차관으로 승진했으면서도 설날 연휴 기간에도 근무했다는 말을 전해 들으니, 같은 공직자로서 마음속 깊이 존경의 념(念)이 생기며, 또 한 번 가슴속 응어리 같은 게 울컥합니다. 초등학교 다니는 늦둥이에게는 아직 아버지의 죽음을 전하지 못했다고 들었습니다. 다 큰 어른인 내 가슴도 이렇게 가누기 힘든데 그 어린 것에게 어떻게 아빠의 빈자리를 설명해야 하는지, 남은 가족들의 아픈 마음은 어찌하라고 그렇게 훌쩍 자리 털 듯 떠났는지 야속하기도 하고, 하늘이 원망스럽고 분한 마음까지 듭니다.

잊지 못할 친구여!
못 다한 삶, 무거운 짐은 살아있는 우리들의 몫으로 남기고 천국에서 편안한 안식을 취하기 바라오.

당신과 더불어 즐거웠던 시간들을 다시 나누지 못하는 것은 어찌할 수 없는 슬픔이지만 그래도 그대가 있어서 행복했고, 함께했던 따뜻한 기억과 공무원으로서 훌륭한 삶의 한 장면, 장면은 앨범 속 추억처럼 내 가슴속 깊이 간직하리다.

"남 도우며 살아라"

이 현 희

현) 우리아비바생명보험

친구가 떠난 지도 벌써 2년여 지났다. 나는 그와 중·고등학교를 같이 다녔지만 그렇게 친한 친구는 아니었다. 대학은 서로 달랐고, 그 이후 한참 흘러 사회에서 다시 만나게 되었다. 얘기들은 바로는, (주)대우에서 근무하다가 시험 준비를 다시 하여 행시에 합격하고 나서, 동자부장관 비서로 근무할 때인 것 같다. 난 그때 이 친구가 대단하다 생각했다. 난 다 포기하고 직장생활 하면서 술 문화에 젖어 있었고, 새로운 각오를 하기가 꽤 어려웠는데 이 친구는 그

걸 해낸 것이다. 난 친구를 사랑방 모임(*)에 초대하였고, 그때부터 교류가 자주 있게 되었다.

그는 성품이 신사였다. 모든 일에 성심으로 임했고, 남의 말에 귀 기울였고, 항상 웃는 얼굴이었으며, 유순하지만 끈기 있는 행동으로 상하간 그를 싫어하는 사람이 별로 없었다. 언젠가 이 친구가 미국 유학 다녀온 후 골프를 같이 친 적이 있다. 자기가 미국에서 독학으로 골프를 배웠는데 싱글을 친다는 것이다. 나는 한국에서는 싱글치기가 어려울 것이라 말했다. 다른 친구들도 그렇게 큰소리치는 사람이 있었으나 번번이 실패했다고 얘기해 줬다. 골프가 그렇게 쉬운 운동이 아니며 제대로 카운트하면 보기 플레이만 해도 잘 치는 것이라고 말했더니 자기는 자신있다고 해서 한번 치기로 했다. 나는 꼭 싱글치기를 기대하지는 않았지만 그 자신감만큼은 맘에 들었다. 송추CC에서 쳤던 것 같다. 그는 예상 외로 잘 쳤고 매너도 좋았다. 스코어는 더블이었지만 혼자 독학한 스윙치고는 훌륭했다. 나는 골프칠 때, 자연스럽게 있는 그대로 치는 것을 좋아하지, 만지거나 움직이거나 다시 치는 것을 싫어한다. 골프는 인생 그 자체이기 때문이다. 그렇게 교정해서 싱글을 친들 아무 의미가 없기 때문이다. 아무튼 기대 이상의 샷을 보여줬고 만족스러운 라운딩이었다.

그날 자기가 모든 것을 못 보여 주었는지, 아니면 그린피를 내가 계산해서인지 그 후에 나를 한번 골프에 초대해 주었다. 뉴서울인가 레이크사이드인가 하는 골프장이었는데 그때 박근희라는 친구를 만났다. 그러고는 친구가 바빠서 자주 라운딩할 수는 없었지만, 항상 자신감이 넘쳐나고 남에게 빚지기 싫어하는 친구라는 것을 느꼈다. 그런 마음을 가진 것은 나와 같았지만, 친구 좋아하고 술 좋아하고 담배 좋아하는 것은 어쩔 수 없었다.

어느 날인가 친구들과 한 잔 하던 중, 담배 열심히 피우고 술을 마시는 친구의 배가 뽈록 튀어나온 것을 보고 한마디 했다. 너 이러다 죽는다. 배 봐라 위험수위다. 나는 하나 더. 가래가 많아서 33년간 친구하던 담배를 끊은 지 6년이 되어 오는데, 이것 하나는 잘 한 것 같다. 2년 전 돌아가신 어머니께서 항상 하시던 말씀, 남자가 그것 하나 못 끊냐. 어쨌든 내 친구도 담배를 끊었었다면 하는 아쉬움이 있다.

한참 중요한 일을 할 나이에 친구를 떠나보내서 너무 아쉽다. 항상 웃는 얼굴이 눈에 선하다. 친구들 부탁 들어 주느라고 이리 뛰고 저리 뛰던 친구의 모습이 눈에 선하다. 나라 일 때문에 바빴던 친구, 우리 남은 친구들의 가슴에 그 모습이 항상 살아 있을 것이다. 그리고 내 친구가 꼭 하고 싶었던 말이라고 생각되는데, '웃으며 남 도우며 살아라, 스트레스 날려 보내라', 지금도 귓가에 윙윙 선하다.

＊ 사랑방모임 : 청주출신 선후배 친목모임

사우(思友)

임 기 혁

현) 충청북도교육청 중등교육과장

안형!

그동안 잘 있었나?

사람의 마음이 간사해서인지, 나 자신이 무심해서인지 당신이 떠나고 1년밖에 지나지 않았는데 당신과 오랜 세월 맺어왔던 인연의 끈을 너무도 쉽게 놓고있는 것 같아 나도 깜짝 놀랐다네.

자네와 내가 처음 만난 것이 언제던가. 참 오래전이었지? 고등학교 1학년 때였으니까 한 40년 전쯤인가 보네. 너나 할 것 없이 어려운 시절 나는 까치내 아래 농촌시골 출신이고 자네는 공무원을 아버지로 둔 전형적인 도시민으로 사직동에서 살고있을 때 말일세. 그동안의 성장 환경은 달랐지만 사춘기 시절의 아이들이 다 그러하듯이 꿈이 어떻고, 우정이 어떻고, 어설픈 사랑 이야기를 나누면서 수다를 떨었었지. 항상 그중의 백미는 키 껑충하고 세상의 모든 고민을 혼자 품고 사는 고독한 천재라고 자처하던 호택(현 관동대 교수)이었잖은가. 지금 생각하면 하찮고 웃음 나오는 일화들이지만 그 시절 우리들만의 세계이었기에 후일에도 만나면 회자되는 좋은 안줏거리였었지.

그 시절의 이런 일들 기억나는가?

안형, 호택이, 나 모두가 범생이었잖은가. 학년은 기억나지 않지만 여름에 수업이 끝나면 빈 교실에 가서 세상 공부를 다하려는 자세로 팬티만 입고, 전의로 가득차 서로가 문제를 내어 시험을 보게 한 후 최하점을 맞은 사람은 벌금을 내고, 이렇게 1주일 동안 모은 돈을 가지고 일요일에는 과수원(복대동 어디쯤으로 기억)으로, 빵집(서문제과, 공원당)으로, 중국집(원아향촌)으로, 충북대캠퍼스(당시는 많이들 이용하는 휴식공간이었음) 등으로 싸돌아 다녔지. 지나가는 여자 아이들도 힐끔거리면서 말일세. 당시에는 생활지도상 문제아였는지 모르겠지만 지금 생각해

보면 건전한 청소년 여가문화의 선도적 역할을 하지 않았나 하네.

어느 해 추석 무렵이었을 걸세. 한벌학교 밑에 사는 호택이네 집 근처에서 우연히 마주친 깡패들과 시비가 붙었을 때, 속으로는 덜덜 떨면서도 서로가 의연하려고 애쓰던 모습말일세. 그러나 솔직히 고백하건데, 전후가 잘 기억이 나지는 않지만 담뱃불로 지지겠다는 그들의 공갈협박에 우리들의 간은 콩알만해져 있었다네. 아마 이 사건은 우리들의 일생일대에 있어 무서운 놈들과의 처음이자 마지막 몸싸움이 아니었나 싶네.

우리가 고3이 되어 대학갈 준비로 눈코 뜰 새 없이 바쁠 때에도 우리들의 추억 만들기는 계속 되었었지. 자네와 호택이는 거시기대를 준비하고 나는 군인이 되겠다고 설쳤었고 말일세. 우리 중에 그 꿈을 이룬 사람은 없었었지만 나중에 그런 것들이 심기일전의 계기가 되어 나름대로 성공한 인생길을 걸을 수 있었지 않았겠나. 지금에 와서 교육적으로 생각해 보면 어떤 대학에 가는가 하는 것보다는 어떤 공부를 어떻게 하였는가가 중요한 것이 아닌가 하네.

안형! 자네와 호택이는 군대생활을 하고 나는 대학에 다닐 때 이야기 좀 하려 하네. 자네와 호택이는 탁월한 선택으로 귀신잡는 방위병이 되어 병역의무를 확실하게 수행하고 있는 자네들이 늘 부럽기만 하였다네. 왜냐하면 한때 군인의 꿈을 가졌지만 대학에 간 이후부터는 군대가 싫었으니 부럽지 않았겠나? 그것이 중요한 것이 아니고 어쨌던 당시는 그랬었네. 군인과 학생인 우리 일당은 좌우지간 짬만 있으면 만나 모퉁이 주막일루에서 막걸리 마시고 인생을 논하지 않았던가. 그런 날은 자네 집은 늘 우리들의 합숙소가 되어 자네 어머님을 힘들게 하였었지. 그런데도 이런 우리들을 늘 친자식처럼 대해 주시던 어머님의 온화하신 모습과 인자하신 아버님의 풍모는 수십 년이 지난 지금도 눈에 선하다네.

74년도인가 내가 조국순례대행진에서 돌아왔을 때 지칠 대로 지친 나를 자네는 고생했다고 몸보신해 준다면서 얼마나 술을 많이 먹였던가. 내 기억으로는 추한 모습을 다 보여주었던 같은데 고맙게도 자네는 특유의 유머와 후덕함으로 수발을 들어주었었지.

나뿐만이 아니라 늘 주변사람들에게 한결같은 모습으로 대해주는 너그러운 심성이 자네의 가장 큰 장점이요, 강점이라 생각하네. 자네가 지식경제부 차관이라는 고위공직에 오르기까지 오랫동안 공직생활을 하면서도 탁월한 정책입안 능력은 차치하더라도 이러한 모습을 견지한 청렴한 생활과 감성적 리더십은 신뢰받는 상사로서, 인정미 넘치는 동료로서 늘

많은 사람들의 추앙을 받았을 것으로 짐작되네. 명심보감(明心寶鑑)에 보면 만사종관(萬事從寬)이면 기복자후(其福自厚)라 하였네. 즉 모든 일에 있어 너그러움을 베푼다면 후에 그 복이 저절로 두터워진다고 하였으니 아마도 자네가 평소에 베풀었던 후덕함은 자네의 집안과 아이들(정연이, 주영이)에게 갖가지의 복이 되어 되돌아올 것으로 확신하네.

안형! 우리들이 결혼을 하여 성인이 된 후의 이야기를 좀 해볼까 하네. 호택이와 자네는 우리 부부가 결혼하기까지의 모든 과정을 소상히 알고 있는 유일한 친구들 아닌가? 그러나 자네는 서울에, 호택이는 강릉에, 나는 청주에 둥지를 틀고 살다보니까 옛날처럼 함께 할 수 있는 기회가 적었었지. 모두가 왜 그렇게 바쁘게만 살아왔는지. 고위공직자인 자네는 막중한 나랏일로 그렇다 치더라도 호택이나 나는 학생을 가르치는 교육자로서 방학이 있고 숨가쁘게 돌아가는 일상이 아니었음에도 자리를 함께 한 것이 몇 번이었던가? 어쩌다 명절 때, 애경사시 만나면 호택이 사는 강릉에 가서 회포 한 번 풀자고 수없이 약속했는데 끝내는 기회조차도 없어져 버리구 말았네. 호택이 큰 애 시집보낼 때 가능할 수 있었는데 말일세.

아들 이야기 좀 해볼까네. 어느 해 만남에서 아들을 낳아야 하는가를 심각히 고민을 한 적이 있었지. 나는 딸 둘에 늦둥이로 아들을 두었잖은가. 나는 늦었지만 아들을 꼭 두는 것이 좋다는 강권을 하였었지. 자네는 그래볼까 하고 고개를 끄덕이며 술잔을 기울였던 적이 있었지. 그렇게 하여 낳은 아들이 바로 미국 대통령도 인정하고 대한민국 엄마들이 후원하고 글로벌 인재로 자라고 있는 주영이가 아닌가 하네. 정말로 탁월한 선택이었다고 생각하네. 흔히들 노년을 의지하고, 재산을 물려주려고 아들을 낳는다 하지만 이는 경쟁력 있는 한국의 인적 자원 확보를 위해서는 부모들이 해야할 책무가 아닌가 하네. 물론 남녀 차별이 있어서는 안되겠지만 아들 선호에 대한 일반적인 우리네 정서를 구태여 부인하고 싶지는 않다네.

나는 지금도 자네가 차관되었다고 소식 전해 주던 그날, 자네의 상기된 목소리와 기쁨의 숨결이 지금도 느껴지고 있다네. 우리는 그 때 정말? 정말? 응! 응! 만으로도 통할 수 있었지. 내 알기로는 차관급 정도의 자리는 정치적인 입김이 꽤 작용될텐데 그동안 쌓아온 자네의 에너지 정책 관련 분야의 역량과 노하우가 제대로 평가를 받은 것이 아닌가 생각했다네. 시골에서 평범하게 살아가는 우리네에게 자네는 최고위급 공직자 친구로서 우리들의 자랑이었고 만나는 친구들마다 자네의 인품과 능력, 대인관계 등에 대하여 침이 마르게 칭찬을 하였었지. 그리고 높은 자리에서 일하려면 우리와 자주 만나기는 더 어렵겠지만 마음속으로는 많은 성원과 격려를 보냈었다네.

그런데 말이다. 안형! 가는 길이 그렇게 바빴는가? 그렇게 짧은 동안에 하고자 했던 일을 다 마쳤는가? 퇴근 후 아내가 전해 준 비보는 내 귀를 의심케 했고 설마, 설마하면서 확인, 또 확인을 하였지만 되돌아오는 답은 같은 소리였네. 우리 부부는 할 말을 잃고 그저 멍하게 창밖만 응시하였다네. 나는 친구 하나를 잃었지만 나라는 소중한 인재를 잃은 것이 아닌가? 자네의 귀천길을 꽉 메운 애도의 조화와 추모객들의 찬사는 자네가 어떻게 평생을 살아왔는가를 반증해 주었지만 친구를 잃어버린 상실감과 공허감을 채워주지는 못했다네. 안형! 인생무상이 이런건가를 가르쳐줄 필요가 있었던가? 사랑하는 사람들이 눈에 밟히지도 않았는가? 몹쓸 사람같으니...

호사유피(虎死留皮)요 인사유명(人死留名)이라 하였잖은가. 무심히 떠나갔지만 당신은 우리나라 국정에 크나큰 족적을 남기고 친구들 가슴속에 영원한 메아리로 울리고 있다네. 국가를 위하여 후회 없이 살다 간 선공후사(先公後私)의 청백리 안철식으로서 말일세.

정연이, 주영아!

아마 자네들 아버지는 국사에 바빠 가족과 함께 하는 시간은 적었겠지만 나라와 민족을 위하여 헌신 봉사하다 가신 정말로 훌륭한 국가적 인물이었단다. 아버지에 대한 그리움과 빈자리를 대신해 줄 사람은 세상에 아무도 없지만, 아버지의 업적과 살아오신 역정을 항상 자랑스럽게 가슴속에 새기고 살아간다면 늘 곁에 함께 할 수 있음을 명심해 주기 바란다. 자네들에게는 좀 진부한 이야기로 느껴지겠지만 다음 내용으로 내 뜻을 전하고자 한다.

효도에는 작은 효(小孝)와 큰 효(大孝)가 있다. 예기(禮記)」에서는 '효에는 세 가지가 있으니 큰 효는 부모를 귀하게 하는 것(尊親)이고, 그 다음은 욕되게 하지 않는 것(不辱)이며, 그 다음은 잘 봉양(奉養)하는 것이다'라고 했다. 부모를 봉양하는 것이 효의 시작이고 작은 효라면, 뛰어난 행적으로 부모를 빛나게 하고 세상 사람들의 존경을 받게 한다면 이보다 더 큰 효도는 없단다. 아빠의 오랜 친구로서 마음속으로 큰 기대를 가지고 성원해 주마.

안형! 며칠 있으면 추석이라네. 천국에서도 풍성한 명절이 되겠지? 막걸리 한 병 들고 자네 한번 보러 가려네.

안형! 영생하게나. 그동안 사랑했었네...

이 보게, 안차관!
잘 지내고 있는가?

차 천 수

현) 이지빌 대표이사
전) LG건설 전무

이 보게, 안차관! 잘 지내고 있는가?

자네가 떠난 지도 어느덧 2년이 다 되어가는군. 안차관이라 몇 번 불러보지도 못했는데…. 내 기억 속의 자네는 사람을 참 편안하게 해주는 친구였어. 자네를 한 번이라도 만나본 사람이라면 모두들 자네를 좋아했지. 나 역시도 오랜 친구인 자네를 만나면 늘 마음이 푸근했다네. 내가 자네를 좋아하는 가장 큰 이유이기도 하지. 나나 자네나 친구라면 그저 좋아하고, 자주 만나지 못해 늘 아쉬워했는데 말이지. 이렇게 오래 못 보고 지내는 게 아직도 실감이 나질 않네.

나이가 들어 자네를 더 좋아하고 신뢰하게 된 이유가 뭔지 아는가. 바로 매사에 열정적으로 임하는 모습이었다네. 때로는 걱정스러울 정도로 말이지. 그런 성실함 덕분에 많은 사람의 신뢰와 존경을 받았다는 걸 아무도 의심하지 않을 걸세. 주위 사람들로부터 자네를 칭찬하는 얘기를 들을 때마다 친구로서 내가 얼마나 자랑스러웠는지 모를 걸세.

아마 자네가 언론 관리를 하던 공보관 시절이었던 걸로 기억하네. 과천 청사에 갈 일이 있어서 난 내심 기분이 좋았었어. 잠깐이라도 자네를 만날 생각에 말일세. 전날 과음을 하고 속이나 풀 겸 가끔 함께 가던 일식집에 갔었지. 자네 역시 전날 젊은 기자들과 회식을 한 터라 시원한 복국을 시켜 둘 다 정신없이 먹었던 걸로 기억하네. 그때 자네가 그랬었어. 젊은 기자들에게 지지 않으려고 술을 많이 마셔서 속이 너무 쓰리다고. 혹자는 자네가 술을 잘 마시고 좋아한다고 생각할지도 모르겠네. 그런데 내 기억에 자네는 그렇지 않았던 듯하네. 기자들과의 술자리도 업무의 연장이라 생각하고 과음을 할 수밖에 없었던 자네를 걱정스럽게 바라보았던 기억이 남아있는 걸 보면 말일세. 더욱이 친구들과 편안하게 마시는 자리가 아니었으니 말해 뭐하겠는가.

2009년을 시작하며 자네가 차관으로 승진했다는 소식을 듣고 내가 얼마나 기뻐했을지 상상이 가는가. 한동안 서로 정신없이 바빠 목소리로만 그 소식을 듣고, 만나면 제대로 승진 축하를 해 주려고 했는데…. 자네가 떠나고 모두들 자네가 이룬 업적을 높이 평가하는 걸 보고 그나마 위안을 삼았네. 그래도 여전히 난 후회하네. 자네에게 좀 쉬면서 천천히 가라고 말하지 못한 걸 말일세. 물론 자네가 다른 이에게 일을 미루고 편히 지낼 성품이 아니란 걸 누구보다 잘 아네. 그래도 참 아쉽군. 아직도 자네와 만나 할 얘기가 많은데….

안차관, 소식 들었는가?

자네 아들이 미국에서 Elementary School을 졸업하며, 오바마 대통령상을 받았다는 걸. 멀리서나마 기뻐하고 자랑스러워할 자네의 모습이 눈에 선하네. 아버지의 성품을 닮아 매사에 성실하게 임하니 앞으로 더 좋은 소식이 있을 걸세. 난 자네 아들에게 자신있게 말할 수 있다네. "너희 아버지는 많은 사람으로부터 신뢰와 존경을 받았단다. 친구인 이 아저씨도 그러하단다. 너도 꼭 그렇게 자라야 한다"라고. 자네가

나에게 많은 도움과 보살핌을 받았다고 말했다는 걸 제수씨로부터 들었네. 하지만 그 반대일세. 오히려 난 매사에 최선을 다하는 자네의 그 성실함을 본받으려고 많이 노력했다네. 요즘 내가 중요한 순간에 올바른 결단과 판단을 할 수 있는 것도 그 영향이라 생각하네.

자네가 있는 그곳에서는 스트레스 받을 일도 없겠지? 떠나기 전날에도 그렇게 일을 했다니 참 속상하군. 자네가 떠나고 정말 많은 사람이 나와 같은 마음이었다네. 친구들은 물론이고, 자네를 조금이라도 아는 이들은 국가적으로 아까운 인재를 잃었다고 한숨을 내쉬었지. 언론에서도 '치밀한 업무 스타일과 원만한 대인 관계'라고 치사를 했지만, 이제 와 그게 다 무슨 소용이겠는가.

이 편지가 정말 자네에게 전해진다면 참 좋겠구나 하고 생각을 해보네. 그동안 바쁘다는 핑계로 자주 못 찾아가서 미안하네. 자네가 멀리 떠나고 나서, 난 GS건설에서 자회사인 이지빌의 사장으로 자리를 옮겼네. 나도 여기에 온 지 벌써 1년이 훌쩍 넘었군. 요즘 난 청주에 자주 내려간다네. 학생들도 가르치고, 지인들도 만나러 말일세. 청주에 발을 내디딜 때마다 자네 생각이 나더군. 자네가 있었으면 좀 더 나이 들어 청주에서 함께 여유로운 시간을 보낼 수 있었을텐데 하고 말일세.

어이, 보고 싶은 안차관!

어찌 이 종이 한 장에 자네를 생각하는 친구의 마음을 다 적을 수 있겠는가. 어찌 자네와의 흐뭇한 추억들을 다 담아낼 수 있겠는가. 그래도 이렇게 잠시나마 오롯이 자네를 생각하는 시간을 보내고 나니 마음이 편하군.

항상 성실하고 마음 착했던 내 친구 철식이,

시간이 지나면 모든 일이 잊혀진다고 하지만, 자네와의 우정, 추억은 내 절대 잊지 않을걸세. 잘 지내게나….

故 안철식 차관의 순직을 다시 생각해 본다

한 창 희

현) 한국농어촌공사 감사

전) 충주시장

故 안철식 지식경제부 차관은 필자와 청주고 동기 동창이다. 3학년 3반 같은 반 친구이다. 그는 고교시절 과묵한 편이며 비교적 공부도 잘하는 모범생이었다. 우리 동기들 중에는 유일하게 행정고시에 합격하여 동기생들의 위상을 높여주는 역할을 하던 친구였다.

그런 그가 작년에 세상을 떠났을 때 우리 친구들은 망연자실할 수밖에 없었다. 우리의 대변인을 잃은 것이었다. 그는 자상하게 친구들의 애로사항을 경청하였으며 가급적 애로사항을 해결해주려고 해결사 역할도 마다하지 않는 친구였다. 친구들뿐이겠는가 후배들의 애로사항도 한 마디 불평도 없이 해결하기 위해 애를 쓰는 목민관중의 목민관이었다.

그런 그가 현직 차관시절 사망하다니 도저히 믿기지가 않았다. 건국 이후 현직 장차관이 아웅산 테러 사고처럼 불의의 사고가 아니고 사망한 경우는 없다. 현직 장차관은 중요하고도 바쁜 자리라 비워둘 수도 없다. 몸이 아프면 의원면직이 될 수 밖에 없다. 현직 장차관은 사고를 당하기 전에는 사실상 사망이란 있을 수가 없는 자리다. 건강하던 안차관의 급작스런 사망은 과로로 인한 것임에 틀림이 없다.

현직 장차관이 과로로 사망하면 마땅히 국가에서 장례를 치뤄야 한다고 본다. 국장은 아니라도 한준호 준위에 못지않게 장례를 치루고 고인을 보냈어야 했다. 지식경제부장으로 장례식이 진행되긴 했지만, 아쉬운 점은 공직자들이 국가를 위해 죽을 각오로 열심히 일하고 있다는 것을 부각시켰어야 했다. 천안함 사건으로 희생당한 사병들의 시신을 찾기 위해 수중작업을 하다 사망한 한준호 준위나 우리나라 경제를 보다 더 튼튼한 반석 위에 올려놓기 위해 불철주야 일을 하다 사망한 것이 무엇이 다르겠는가? 모두 다

국가를 위해 헌신적으로 일을 한 것인데 안철식 차관을 그렇게 보내는 것이 아니다. 지위의 고하를 떠나 국가를 위해 일을 하다 산화한 사람들의 장례식 그 자체가 바로 국민 교육이기 때문이다.

유족 앞으로 보낸 대통령의 친서에서 “아까운 공직자를 잃었다”며 위로도 있었고, 그리고 그해 4월에 공무원연금공단 심의회에서 순직 결정을 내린 것으로 알고 있다. 그러기에 더욱 안쓰럽다. 차라리 그의 사망이 순직이 아니었으면 상관없다. 지식경제부에서는 안철식 차관 서거 1주년을 맞아 안차관이 과로로 순직한 사실을 좀 더 널리 알리고, 생전에 추진했던 훌륭한 업적을 기리는 상징물을 만들지는 못할망정 그의 업적을 기릴 수 있는 기념물의 명칭을 그의 이름을 따서 명명하는 것도 그의 순직을 기리는 한 방법이다.

안차관 가까이서 취재를 많이 했던 매일경제신문의 박용범 기자는 “故 안철식 차관이 그린 러시아 꿈” 이라는 제목의 기사에서 답답함을 이런 내용으로 쓴 적이 있다. 에너지자원국장 시절부터 2030년까지 장기 국가에너지 기본계획을 직접 만들고, 순직 몇 달 전에 열린 한·러 정상회담에서 역사적인 PNG(파이프라인 천연가스) 도입 프로젝트에 양국 정상의 서명을 성사시키기까지 안차관이 지대한 공헌을 하였다면서, "그의 이름을 따서 가스관이나 가스저장시설이 하나 생겼으면 좋겠다"고 토로하였다. 박 기자의 생각이 옳다고 본다.

안철식 차관 서거 1주년을 맞아 안차관이 희생정신을 갖고 경제발전을 위해 헌신적으로 일한 사실을 적극 홍보하여야 한다. 그리고 이를 계기로 후배 공직자들이 자부심을 가지고 국가를 위해 헌신 봉사하는 마음의 자세를 가질 수 있도록 지원해야 한다.

역사를 보면, 상징조작(Symbol Manipulation)을 하여 정신무장을 새롭게 만들기도 하고, 국민을 위해 열심히 일하는 공직자상을 부각시킨 예도 있다. 우리나라 경제발전을 위해 헌신적으로 일하다 과로사한 현직 차관의 희생정신을 지식경제부 차원에서 적극적으로 기리고 남은 유족들도 따뜻이 보살펴 준다면 비록 가장은 나라를 위하여 일하다 먼저 세상을 떠났지만 남은 유족들은 영원히 공무원 가족으로서의 자부심을 느끼게 될 것이다. 그래야만 후배 공직자들도 혼신의 힘을 다해 국가의 공복으로서 봉사하는 자발성을 가지지 않을까?

안철식 차관은 해야 될 일이 있으면 몸을 돌보지 않고 밤낮을 가리지 않고 몰두하는 습성이 있다. 이런 성격이 그의 몸을 망치고 결국은 사망하기에 이른 것이다. 안타까운 일이다. 하지만 아는 사람들은

다 안다. 그의 헌신적이고, 어려운 사람들을 측은하게 여기는 자상한 마음을!

친구여! 고이 잠드시게!

당신께서는 누가 알아 달라고 일을 하기보다는, 국민들이 보다 더 윤택하게 잘 살 수 있도록 하기 위해 일을 한 것이 아닌가? 누구나 자연으로 돌아가지 않는 사람은 없네. 자네는 행복한 줄 아시게. 일을 하고 싶어도 일자리가 없어 일을 못하는 사람도 많은데 당신은 일을 하다 자연으로 돌아갔으니 얼마나 행복한가? 병상에서 고통스런 생활을 한 것도 아니고, 테러를 당한 것도 아니잖는가? 하지만 가족들은 하늘이 무너져 내리는 것처럼 고통스럽지 않겠는가? 몸 좀 잘 돌보시지…

우리 남은 동기들은 모여서 산행도 가끔 같이 가며, 분기별로 한 번 정도는 만나 쇠주도 한잔씩 한다네. 그럴 때마다 자네 생각을 하며 이런 저런 회고담을 늘어놓곤 한다네.

5년 전 백수가 된 나에게 쇠주 한잔하며 "신의 뜻이 무엇인지 모르겠다. 나의 뜻과 상관없이 나를 끌고 가는 그 무엇이 있는 것 같다. 새옹지마(塞翁之馬)라고 하지 않았던가. 자네가 낙마한 것이 복이 될지 누가 알겠나. 좌절감에 젖지 말고 새롭게 또 일을 시작해보라" 고 하던 자네의 말이 떠올라 눈물이 나네. 그때 한순간에 무너져 내린 정치적 좌절감 등으로 복잡했던 나의 심사를 당신의 충고에 힘입어 속히 정리하고 마음의 평화를 얻을 수 있었다네.

그 당시 도를 닦는 마음으로 써 두었던 이야기들을 한데 모아 〈생각 바꾸기〉란 책을 펴냈네. 제법 인기도 좋다네. 자네에게 제일 먼저 읽어보고 독후감 써내라고 떼를 쓸려고 했는데... 아쉽구먼.

나도 이제 지하실에서 나왔네. 자네가 지하에서 도와준 덕으로 생각하네.

고마워유.... ^&^

최선을 다하는 나라의 충복, 따뜻한 가슴의 안철식 형님

김 제 국

현) 한국전력기술, 정보전략실 처장

사실 나는 중학교 시험을 치르던 시절에 지방의 명문 청주중학교에 들어가면서부터 3학년이던 안철식 선배와의 인연이 시작되었다. 내가 까까머리로 중학교 1학년에 들어가자마자, 교장 선생님의 조회사 등 각종 훈화를 통하여 강한 정신력과 엘리트 의식과 긍지를 불어 넣어 주던 시기라서 자신에 대하여 나름대로의 긍지와 엘리트 의식을 갖고 지내던 시절이었다.

또한 그 때 국민교육헌장이 선포되어 담임선생님께서는 그 헌장을 줄줄 외우도록 하셨고, 암기결과를 점검도 하시기에 열심히 외워대던 시절… 우리는 민족중흥의 역사적 사명을 띠고 이 땅에 태어났다는 사명감으로 뭔가 보람있는 일을 해야 하고, 나라의 기둥이 되어야한다는 의기와 사명감도 나름대로 느끼기 시작하던 시절을 함께 보낸 것이다.

교내 행사 후에 흩어져서 각 반 교실로 들어가다가 마주치는 3학년 선배들의 명찰이나 얼굴을 보면, 여드름 돋은 얼굴부터 우락부락한 얼굴까지, 어깨가 떡 벌어지고 틀이 잡혀진 모습들에서 3학년 선배는 모두가 훌륭한 것 같고, 성인이 다 된 것 같고, 왠지 어른스러워 보이고, 접근 잘못하면 혼날 것 같고… 그렇게 뭔가 좀 어려운 대상으로 느껴지는 것이 선배들인게 사실이다. 그런 와중에서도 교정에서 스쳐지나는 3학년 선배의 명찰을 흘깃흘깃 보면서 얼굴과 이름이 매칭이 되고, 누가 누구인지 가까스로 몇 사람씩 식별이 될 즈음 선배들은 졸업을 해서 나가게 되고 잊혀지기도 한다.

그런데 중학교 졸업후 고등학교에 들어가 보니, 중학교 시절에 선배였던 사람들의 명찰을 다시 마주치게 되는 선배 중에 안 선배님이 있었고, 거기다가 사회에 나와서도 서로 밀접하게 관련되는 영역에 있다면 이것은 정말 대단한 인연이라 아니 할 수가 없을 것이다.

중고등학교의 선후배 동문 모임은 이런 저런 관련성으로 모임이 있을 때 안 선배님과 가끔 같이 자리를 하게 되지만, 여러 사람이 모인 자리이니만큼 개별적인 이야기는 하기가 어려운 상황이 대부분이다. 과천 정부종합청사 사무실에 가서 볼 때도 연속되는 출장, 회의 및 업무 결재 대기자들로 잠시 안부 인사나 하는 정도의 시간 밖에는 내기가 어렵게 되는 경우가 많다. 긴 시간을 내기가 정말로 어려운 여건이라는 것을 내 눈으로 직접 보게 되니, 그만큼 바쁜 일정 속에서도 난제로 등장하는 업무를 잘 소화해서 처리하고, 추진 성과를 내는 것을 보면 정말로 훌륭한 선배로서 존경하게 된다. 중학교 때에 익힌 국민교육헌장이 몸에 배어서인지 국가 발전을 위해 민족중흥의 역사적 사명을 띠고 열성을 다하여 일하시는 모습이었다.

2008년도에 새로운 정부 들어 에너지자원실장을 맡으실 때에 에너지의 잘못된 사용으로 인한 지구온난화 방지 등 기후변화에 대비한 에너지자원정책이 중요해지면서 국내의 전력, 가스, 석유 등 에너지산업정책을 총괄하는 업무뿐만 아니라, 우리나라의 자원이 부족한 부분에 대하여 해외 유전개발, 석탄자원, 광물자원, 신재생에너지 개발 등 해외자원개발을 위한 에너지자원 외교 및 정책과 관련해 외교부와 함께 역할을 분담하고 협력해 나가기 위하여 동남아로, 중동으로, 러시아로 에너지 자원 개발 협력이 필요한 나라 어디든지, 자원이 많은 나라 어디든지 가서 자원 외교 협상을 통하여 훌륭한 성과들을 이루어내며 꽃을 피우기 위해 열정을 다 바쳐서 업무에 몰두하는 모습은 타의 모범이 되시기에 충분한 인물이었다.

떠나시기 전 토요일 오후에 전화 통화를 했다. 설 명절 연휴기간인데도 불구하고 수출입 동향 및 대책 보고 자료 검토 회의중이었다는 후문인데, "회의중이니, 나중에 보자"라며 짧은 응답으로 들려주신 목소리... 그게 마지막이 될 줄은 몰랐다. 설 연휴 마치고 출근 첫날 뉴스에 청천벽력 같은 비보가 인터넷에 뜨기 시작했어도, 도저히 사실로 믿어지지가 않았다. 바로 며칠 전 통화가 긴 여운으로 남아있는데... 떠나시기 몇 달 전 가을에 청계산 등산을 같이 하면서도 거뜬히 산을 올랐다가 내려오던 건강한 모습이 눈에 선한데... 어찌하여 뒤도 돌아다보지 않고 황망히 떠나셨는지 믿어지지가 않고, 아직도 꿈만 같다.

그 동안 공적으로, 사적으로 접하면서 바라본 안철

식 선배의 모습을 표현하자면 다음과 같이 요약할 수가 있을 것 같다. 업무 관련 지식과 열정을 갖고 최선을 다하는 나라의 충복 안철식, 부드럽고도 강한 리더쉽으로 조직을 이끌어 가는 훌륭한 리더 안철식, 인내와 극기력을 내공으로 쌓으며 묵묵히 일을 완수하는 참 일꾼 안철식, 인간적이고 따뜻한 가슴을 지닌 사람 안철식.

인간적이고 따뜻한 가슴을 지닌 모습 중에 잊혀지지 않는 장면이 있다. 2005년도 어느 여름날이었다. 오후에 과천청사 건물 6층 회의 장소로 가기 전에 1층에 있던 기획관실에 잠시 들러서 얼굴 비추고 인사를 하는 참이었다. 비서가 식사 마치고 들어오는 길에 가져다드린 것인 듯, 옥수수를 드시다가 나에게 들킨 것이다. 이제 막 간식을 시작하신 듯 3분의 2정도 남은 옥수수를 손으로 반 토막 뚝 잘라 건네면서, "여기 있다. 맛있다. 맛 좀 봐라" 하시는 것이었다. 형님이 하사한 옥수수 반토막을 넙죽 받아든 나는 그 옆 의자에 앉아서 잠시나마 정말 맛있게 먹었던 일이 오래도록 잊혀지지 않는다. 아마도 후배가 아니었다면 먹다남은 옥수수 반토막을 건네주는 것이 쉽지는 않았을 것이지만, 후배에게 스스럼없이 건네주던 그런 모습은 인간적인 정이 물씬 느껴지는 장면이다.

이렇게 옥수수 반 토막을 스스럼없이 건네주던 모습에서 송수권 시인의 "山門에 기대어"를 떠올리며 먼저 가신 선배에 대한 그리움을 달래 본다.

누이야
가을산 그리메에 빠진 눈썹 두어 낱을
지금도 살아서 보는가
정정(淨淨)한 눈물 돌로 눌러 죽이고
그 눈물 끝을 따라가면
즈믄밤의 강이 일어서던 것을
그 강물 깊이깊이 가라앉은 고뇌의 말씀들
돌로 살아서 반짝여오던 것을
더러는 물속에서 튀는 물고기같이
살아오던 것을
그리고 산다화(山茶花) 한 가지 꺾어 스스럼없이
건네이던 것을

누이야 지금도 살아서 보는가
가을산 그리메에 빠져 떠돌던,
그 눈썹 두어 낱을 기러기가
강물에 부리고 가는 것을

내 한 잔은 마시고 한 잔은 비워두고
더러는 잎새에 살아서 튀는 물방울같이
그렇게 만나는 것을
누이야 아는가
가을산 그리메에 빠져 떠돌던
눈썹 두어 낱이
지금 이 못물 속에 비쳐옴을

– 송수권 "山門에 기대어" 전문

* 시인의 죽은 남동생이 유난히 눈썹이 검고 짙었던 특징적인 인상을 시어상으로 편한 누이로 썼다 함

가끔 이런 저런 추억과 회상에 잠기다 생전의 모습이 눈앞에 어른거리면, 아까운 인재를 잃어버린 안타까움과 그리운 형님 생각에 눈물이 난다.

형님! 봄꽃들이 다투어 피고 있습니다. 이렇게 꽃나무들로 화사한 봄이 저의 눈 앞에는 울음으로 비치고 있습니다. 그 까닭은 형님 생각을 떨치지 못하고 있는 저에게는 잔인하게 다가오는 봄이기 때문일 것입니다.

또한 형님이 얼마나 그리웠으면, 평소에 저의 차량

관리 기준에서는 어림도 없는 일이 발생하였습니다. 얼마 전에 자동차 정비센터에 갈 일이 있었는데, 기사 한 분이 형님과 꼭 빼어 닮은 얼굴 생김새뿐만 아니라 안경마저 비슷한 것을 착용하고 내용 설명마저 비슷한 어투로 하기에 더 이상 궁금한 점을 물어볼 여지도 없이 생각대로 하라고 그냥 차를 맡기게 되었습니다. 평소 기준처럼 꼼꼼히 따지기 보다는 마음가는대로 차를 맡겼습니다. 그리운 마음에 환영(幻影)을 보듯, 형님 대리인 보내신 줄로 알고 그냥 맡겨버린거죠. 그래도 형님이 돌보아주셨는지 맡긴 일은 잘 마무리 되었지만요.

내가 만난 안철식형

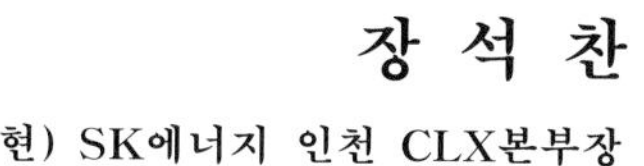

장 석 찬

현) SK에너지 인천 CLX본부장

내가 가지고 있는 안철식 형에 대한 기억은 조금은 독특하다. 아마도 80년대 말경인가? 같은 회사의 한 선배로부터 "동자부(현, 지식경제부)에 청주고 출신의 안철식 사무관이 있는데, 유능하고 우리회사와 관련해서도 많은 일에 도움을 주고 있는데 장과장과 나이가 비슷한듯한데 아느냐?" 하고 묻는 바람에 '안철식'이라는 이름을 처음 접하게 되었다. 주변 친구를 통해 알아보니 청주고 2년 선배였다. 그 후로도 여러 차례 형에 대한 말을 많이 듣고, 승진·이동 등

근황에 대하여도 계속해서 알고 있었지만 내가 맡았던 일들이 대 정부 관련업무가 아니어서 소식은 늘 접했지만 약 20년이 가깝도록 만날 수가 없었다. 너무나 오랫동안 들어온 이름이라 서로 면식은 없었지만 마음속에는 언제나 매우 가까운 분으로 느끼고 있었다.

그러던 중 2007년부터 내가 석유운영업무를 담당하게 되면서 나도 업무상 정부와 접촉할 기회가 생겨 당시 산업자원부(현 지식경제부) 국장이신 형을 처음 만날 수 있는 기회를 갖게 되었다. 물론 그 전에도 정부에 몸담고 있는 여러 선·후배들과 함께 만나는 사적인 기회가 있었지만 그때마다 형은 늘 일이 바쁘거나 급한 일로 함께 하질 못했기 때문이었다. 그러다 보니 나의 형에 대한 기억은 늘 바쁘고 일속에 묻혀 사는 부지런한 선배로만 남아있었다.

그러던 중, 2007년 여름에 형께서 업무 관계로 나와 또 다른 정유사 임원을 불러 처음 만나게 되었는데 익히 많은 소식을 접하고 있던 터라 오랫동안 알고 지낸 사이처럼 반갑게 느껴졌다. 이는 나뿐만이 아니었다. 선배도 처음 만난 나에게 너무도 반갑게 "아, 장전무 오랫만이야, 잘 지냈나?"하며 "그 동안 자네 소식 잘 듣고 있었네"하시며 너무도 따뜻하게 맞아 주셨다. 비록 만나보진 않았을지언정 마음속에는 언제나 따뜻하게 담아두고 기억해 주셨던, 참으로 사려 깊은 분이셨던 것이었다. 이를 계기로 나에게는 형이 누구보다도 마음과 마음이 통하는 깊은 사이로 인식되었다.

형을 만난 2007년 어느 가을날이었던가? 선배가 시간을 내주셔서 우리 회사내 가까운 청주고 후배 두 사람과 당시 산자부 후배인 김진태 과장과 함께 양재동 어느 일식 음식점에서 식사할 기회가 있어서 별도로 양주를 한 병 준비해 갔다. 하지만, 형은 마침 강원도 어느 분이 주신 몸에 좋은 약초뿌리로 담근 귀한 술을 선물로 받았다고 같이 나누어마셔야 한다며 음식점 주인까지 함께 앉게 하고는 잔을 주고 받으며 나누어 마셨다. 그 소탈하고 언제나 함께 나누려던 형의 넓은 아량이 늘 나의 마음에 남아 있다.

그리고 형이 차관으로 승진하셔서 그나마 전화로 축하인사를 하고 가까운 시일 내에 기회를 만들어 축하주 한 잔 하자며 약속했지만, 그 것은 말 뿐으로 그치게 되었고, 다시 만난 것은 영정속의 사진이었다. 나에게는 형을 만난 것이 이렇게 단 두 번뿐이며, 그리고 언제나 바쁘고 일만 아는 이미지로 오랫동안 나에게 남아 있었지만 형을 두 번 만난 이후 나의 가슴에는 형이 참으로 따뜻하고 항상 배려하는 모습으로 바뀌어 너무도 큰 존재로 남아있다. 더 큰 포부와 식견으로 우리나라의 산업경제를 이끄시고 또 더 큰 언덕으로서 우리 후배를 포용해주셔야 할 형과 이렇게 빨리 헤어지리라고 어찌 한 순간이라도 생각이나 했겠는가? 우리는 그렇다치고 형수님과 두 아이에게 못다한 사랑은 다 어떻게 주시려는지? 안타깝고 야속하다.

하지만, 하느님도 형같은 큰 인물은 한시라도 빨리 곁에 두시고 싶으셨나 봅니다. 형이 가신 후에도 형을 사랑하는 여러 선·후배들은 형을 흠모하여 수시로 만나 형을 이야기하고 있습니다. 형의 몸은 가셨지만 형의 힘은 아직 남아 우리를 한자리에 모이게 하고 있답니다.

형, 영면하시고 형수님과 아이들에게 형의 영원한 사랑 쉼 없이 보내 주시기 바랍니다.

안차관님과의 추억을 떠올리며

김 진 태

현) 한국표준협회 전무

전) 지식경제부 바이오나노과장

2009년 1월 25일 설 연휴 첫날 가족과 함께 고향에 가기 위해 분주히 짐을 꾸리는 중에 전화가 왔다. 불과 일주일전에 지식경제부 제2차관으로 승진하신 안철식 선배님의 전화였다.

"뭐하냐?"

"응 고향에 가려고 형"

"점심이나 먹고 가라"

전화주면 모시러 가겠다고 전화를 끊었다. 얼마 후 다시 전화가 와서 출발한다니까 "집 앞이야" 하시길래 나갔더니 예의 환한 미소를 띠며 기다리고 있었다. 우리부 출신으로 정치에 뜻을 두고 있는 선배와 같이 올림픽공원 호텔 커피숍에서 차를 한잔하고 나니 지역구 인사가 근처에서 식사하고 있다고 같이 가잔다. 항상 남을 먼저 배려하는 차관님은 흔쾌히 따라 나섰고, 식사대신 만두와 막걸리 두어 잔을 한 후 나를 집에까지 바래다주시고는 고향에 잘 다녀오라시며 손을 흔드셨다.

연휴 마지막 날 깊은 잠에 빠져있는데 새벽 3시경에 지인으로부터 차관님이 돌아가셨다는 연락을 받았다. 처음엔 잠결에 "안차관님 부모님요?"하고 물었더니 차관님 당신이시란다. 새벽 찬바람을 맞으며 영동세브란스 병원으로 달려갔다. 차관님 사모님과 당시 총무과장인 정승일 과장, 고향선배인 남창현 과장을 만나 자초지종을 들었지만, 환하게 웃으시며 나를 내려주고 떠나던 차관님의 얼굴이 떠올라서 믿어지지 않았다.

우선 장례식장이 문제였다. 삼성병원에서 돌아가셨는데 거기엔 장례식장 이용이 불가능하단다. 지식경제부 근무의 마지막 보직이 바이오나노과장이라 병원과 긴밀한 관계를 갖고있는 사무관을 깨워 서울

각 병원에 차관님 장례를 모실만한 병원을 수배해달라고 하니 처음엔 신촌세브란스에서 연락이 왔는데 너무 먼 거리라 기다리던 중 6시경 현대아산병원에서 연락이 왔다. 지식경제부장으로 장례를 치르고 장지인 청원군 실향민묘역에 모시면서 이제 영원히 다시 볼 수 없다는 생각에 안타까움의 눈물을 흘렸다.

일 년 반이 지난 지금 차관님에 대한 글을 쓰려니 그 동안 오랜 세월동안 가까이하며 함께했던 많은 기간에도 불구하고 쓸 말이 생각나지 않는다. 기억속의 차관님은 언제나 남을 먼저 생각하고, 부하 직원들에게는 따뜻한 상사요 윗분들에게는 믿음직한 부하의 표상이었고 주변의 지인들에게는 소중한 벗이었다.

차관님을 떠올리며 그 동안 함께하며 느낀 몇 가지를 적어본다.

2004년 9월 샌프란시스코 파견근무를 마치고 귀국해 맡은 업무가 하필 방사성 폐기물처분장 선정이라는 업무였다. 2001년 내가 미국에 가기 전에 안차관님이 원자력산업과장이었는데...... 부안 방폐장이 실패한 뒤라 어렵게 업무를 추진하는데 공보관을 거쳐 지역산업국장으로 오시면서 바로 옆방에서 근무를 하셨다.

우리과 직원들은 매일 새벽까지 일하면서 국장님

의 엄한 꾸중을 듣기 일쑤인데 옆 국장이신 안차관님은 일이 있어서 직원들이 저녁 후 보고를 하면 퇴근 못하고 늦게까지 일해서 어떻게 하느냐고 다독거려주시는 것을 보면서 부러워했던 기억이 새롭게 난다.

에너지산업국장으로 자리를 옮기신 후에는 하필 국제원유가가 천정부지로 폭등하면서 청와대와 국회는 물론 언론에서도 연일 주요뉴스로 보도하면서 온 나라가 들썩거렸다. 담당국장을 맡고 매일 하시는 일이 안쓰러워 방폐장 업무 때 같이했던 홍보회사를 소개시켜주고 대표에게 무조건 지원요청을 했을 정도였다.

하루는 저녁을 같이하기로 해서 퇴근 무렵 국장님 방에 내려가 보니 모 방송사에서 석유류 유통가격을 주제로 진행하는 100분 토론에 나와달라는 문제로 석유산업과장과 담당사무관이 모두 모여 고심하고 있었다. 빨리 마치고 저녁을 먹기 위해 "지경부는 직접 참여하기보다는 토론내용 중에서 좋은 방안이 나오면 이를 정책에 반영할 것"이라는 이유를 들어 토론에 참석하지 말고 만일 지경부에 나와달라고 요청했는데 응하지 않았다는 멘트를 할 경우 나오지 않은 이유를 분명히 밝혀달라는 내용을 서면으로 통보하라고 조언하였다. 그리고 홍보컨설팅사 임원에게도 혹시 지경부가 물어오면 동일한 내용으로 답해 달라고 부탁하고 일이 끝나면 연락을 달라고 내 자리로 돌아와 기다렸다. 그 날 결국 10시가 넘어서야 연락이 왔고 차관님은 너무 피곤하시다며 저녁도 먹지않고 집에 가시겠다는 것을 억지로 해장국을 한 그릇 같이 먹고 집으로 모시고 갈 정도로 바쁜 와중에도 누구에게도 얼굴을 찌푸리거나 화를 낸 적이 없을 정도로 모든 스트레스를 혼자서 가슴에 안고 지내셨다.

차관님이 자원실장으로 승진하신 후 이제는 당신이 국장시절 그랬던 것처럼 세세한 업무는 국장들에게 맡기고 중요한 업무만 챙기시라고 말씀드렸다. 그런데도 모든 업무를 본인이 다 알아야하는 완벽주의자인데다 그러한 이유로 윗분들도 의문 나는 것이 있으면 항상 차관님에게 전화를 하니 가방은 고3 수험생을 방불케 할 정도로 항상 불룩했던 기억이 난다.

차관님 주변에는 언제나 많은 사람들이 북적거렸다. 물론 업무상 만나야 되는 사람들도 많았지만 워낙 사람을 좋아하시고 어떤 자리에서도 모인 사람들을 즐겁게 하는 장점 때문에 윗분들도 각종 모임에 같이하길 원했고, 후배들도 차관님과 함께하는 모임엔 언제나 북적였다. 좌중을 휘어잡는 화술도 대단했고 술 한잔 걸치며 부르는 상하이 트위스트와 걸죽한 뽕작은 지금도 귀에 들리는 듯하다.

차관님은 초등학교 시절엔 야구선수였고 미국에서는 스키를 많이 타셨다고 했다. 한국에서는 운동이래야 고작 골프 외에는 별로 하시는 것이 없었던 것 같다. 골프가 허용될 땐 필드에 가면 특유의 8자스윙으로 상대방을 방심케 하지만 끝나고 나올 때에는 항상 승자의 웃음(?)을 머금었다. 운동 후 맥주 한잔 걸치고 돌아오는 길에는 옆에서 드르렁 드르렁 코를 골며 단잠을 주무시는데 오르내리는 뱃살이 푸짐하다. 가끔 숨을 쉬지 않는 무호흡증이 있어 몇 번이나 체중감량 하시라고 잔소리도 했는데 돌아가신 상황을 보면 그 때 서로가 좀 더 심각하게 생각했다면 하는 후회가 크다.

한번은 사무실에 갔더니 등산화를 내놓으며 넌 등산 좋아하니 가져가라 하신다. 저는 몇 개나 있으니 형님이 신고 열심히 등산하고 뱃살제거 총력전을 하시랬더니 빙그레 웃으면서 네가 안가져가면 버린다는 엄포를 놓으신다. 그 등산화는 지금도 애용하는 것 중의 하나로 남아있다.

장례 후 첫, 한식날에 지경부 1급 이상 간부들이 차관님 묘소에 참배한다는 연락을 받고 미리 내려가면서 차관님이 우리 주변사람들에게 이렇게 인정을

받으셨구나 하는 생각과, 지경부 간부 소수만 조용히 다녀오자 했지만 다른 사람은 몰라도 나에게는 꼭 연락을 해야겠더라는 모 간부님께 감사드린다. 일주기 때에는 아예 부내에 공지를 해서 많은 분들이 함께 묘소를 참배하고 갔다. 언뜻 쉬운 일 같지만 차관님의 인품과 인덕이 아니면 생각조차 할 수 없는 일이라 자부하면서 다시 한번 차관님과의 추억들을 떠올려본다.

첫째, 하나님을 사랑하고
둘째, 가족을 섬기며
그 후에 꿈을 크게 가지고 주어진 작은 일에
충성하면 하나님이
너를 높이시리라.

Chapter 8

최선을 다하는 삶

이 봄날에 고 안철식 차관을 생각하며…

이 종 화

현) 연세대학교 의대교수, 처형

바삐 생활하면서 언뜻언뜻 재작년에 과로사로 세상을 떠난 우리 막내 매부였던 고 안철식 차관의 생각이 날 때가 있다.

지금처럼 봄기운이 무르익은 4월 하순에는 다정하게 가족들이 모여서 담소하면서 정을 나눌 수도 있겠으나 이제 이 세상 사람이 아닌 우리 안철식 차관을 생각하면 가슴이 메어지듯 하고 다시 만나보고 싶은 마음만이 간절하다.

그는 남의 일이라면 우선적으로 도와주고 해결하려고 했고 늦은 밤에 퇴근하여 집에 도착한 후에도 필요하면 다시 집 밖으로 나가는 사람이었다. 자신과 가족보다 타인을 우선적으로 생각하던 사람이었다. 막중한 국사를 맡아서 힘들게 하루를 보내고 나서도 또 달리 타인의 어려움을 해결해주기 위하여 노력해 왔던 것이다.

일찍이 양친이 독실한 기독교 신앙생활을 해오던 좋은 가정에서 태어난 매부는 아주 어릴 때부터 남을 우선 생각하는 예수님의 마음을 받아들였고, 이것이 그의 모든 생각과 행동에 큰 영향을 주게 되었다. 매부는 영혼이 맑았고 또 지적으로도 영특하며 어릴 때부터 학업에 우수한 면모를 보였고 명문 고등학교에 진학하여서는 장차 자신의 진로로 국민을 위하여 봉사하는 공복이 되고자 하였고 대학에 진학한 후에는 행정고시에 응시하여 우수한 성적으로 합격하였다. 더 큰 목표를 가지고 국민의 민복을 증진시키기 위하여 나름대로 최선을 다하였고 석유 한 방울 나지 않는 우리나라의 에너지 조달에 관한 큰 책임을 맡아서 동분서주하면서 시간을 보내어왔고 그 해 새해 벽두부터 대통령이 주관하는 비상회의에 참가해가며 자신의 몸을 돌보지 않고 노력했던 것이다.

보통 사람들이라면 그저 어느 정도까지 일이 진행되면 자기 몸도 돌보고 적당히 페이스를 유지하면서 결과를 기다릴 수도 있었을 것이었다. 그러나 매부는 그렇게 하지 않았고 그 결과, 몸에 큰 무리를 주었던 것이다. 이미 이전에 몸의 경고 사인이 있었지만 그 후에도 과로를 한 결과, 뇌출혈로 생각되는 병마가 매부를 쓰러지게 하였던 것이다. 그때 주위에서 더 적극적으로 몸조심을 하도록 붙잡는 사람이 있었다면 이런 불행한 일이 발생하지 않았을 것이다. 이미 지나간 일들이지만 후회의 감정이 막심하고 나 자신도 의사로서 가까운 매부하나 잘 지켜주지 못한 것이 너무나 미안한 마음뿐이다.

이 봄에 우리가 사랑하고 자랑스럽게 생각했던 故 안철식 차관의 2주기를 맞아 그 명복을 빌며 예수님께서 돌아가신 후 3일 만에 부활하신 것 같이 장차 안철식 차관도 다시 부활하여 우리와 같이 하늘나라에서 만날 것을 믿으며 기대한다.

1997년 여름 미국 워싱턴주 올림프스 국립공원에서
필자 가족과 안차관 가족이 함께 찍은 사진

그리운 형님의 영전에

안 영 철

현) 청주고등학교 교사, 사촌동생

형님이 떠난 지 벌써 2년이란 세월이 유수와 같이 흘러가는군요.

숙부님과 저의 부친께서 6·25 전에 월남하시고, 숙모님과 저의 모친께서는 숙부님과 부친을 다시 만나기 위하여 6·25 14후퇴 때에 같이 삼팔선을 넘어서 청주에 도착하여 청주약국 앞에서 영화의 한 장면과 같이 부모님들끼리 만나셨습니다. 이후에 숙부님은 4남매를, 제 부친께서는 5남매를 낳으시고, 수많은 역경 속에서도 우리를 바르고 곧게 자라도록 불철주야로 노력하시다가 운명을 달리하셨던 것을 아실 것입니다. 6·25 그 시절 부모님들의 고생은 말로 형용할 수 없을 정도였고, 무에서 유를 창조하셨던 분들이 아니겠습니까?

중앙 초등학교에 다니면서 같이 놀던 일, 서로의 집을 오가면서 앞으로의 꿈을 함께 그리고 행동했던 어린 시절 생각이 새록새록 떠오르는 것을 금할 수가 없네요. 여름 장마가 질 때면 문화동과 도청을 지나는 하수도(지금은 복개가 되었고 오염이 되어 옛 추억이 사라진지 오래되었지만)에서 미꾸라지며 송사리를 잡느라고 옷을 다 버린 일, 지금도 그 시절로 돌아가 낭만과 추억을 그리면 마음이 설레는 것은 어쩔 수 없나보네요. 요즈음 아이들은 이런 추억이 없이 학업 때문에 학원을 다니고, 실기시험을 위하여 부모님들의 손에 이끌려서 음악학원, 미술학원에 다니는 등 낭만도 없어진지 오래지요.

제가 청주중학교에 형님(1969년 입학)보다 1년 뒤에 다니면서, 형님이기 전에 선배로서 저에게 많은 충고와 경험을 알려주시고, 형님의 친구 분들을 저에게 소개해주며, 아껴주셨던 생각이 납니다. 형님의 친구들을 만나면, 형님의 친구이기에 항상 '형님'이라 호칭하며 형님들의 충고와 행동을 본받아 따라했었던 일이 어제의 일마냥 주마등처럼 떠오르는 것은 무엇 때문일까요?

형님이 청주고에 들어간 후, 공직에 뜻을 두고 서울로 대학 진학하여 행정고시에 패스한 것은 숙부님, 숙모님은 물론이고 우리 안씨 가문의 영광이었습니다. 숙부님의 청렴결백하신 공무원 생활을 본받아 차관의 관직에 오르셨어도 형님은 청빈한 생활을 유지하고, 여기저기서 들어오는 청탁도 일언지하에 거절하셨습니다. 친척들이 취직부탁을 할 때에도 형님은 "요즈음은 자신의 실력으로 취직을 해야 하지 누구의 부탁으로 직장을 잡는 시대가 아니다"며 때로는 친척들의 마음을 섭섭하게 하는 경우도 있었지요. 다른 분들과는 차별되게 부동산에도 신경을 안 쓰시고, 재물을 탐하지 않았던 것도 동생인 저는 잘 알고 있으며, 매스컴에서 고위공직자가 사회적 물의를 일으키는 것을 자주 보면서 형님의 철저한 자기관리 모습은 요즈음의 관리자들과 공직자들이 본받아야 할 훌륭한 인생관의 표본이었다고 생각합니다.

공직자로서 제 몸을 돌보지도 못하고, 나라 일에 휴일도 없이 개인의 영광보다는 나라의 일에 힘쓰시다가 갑자기 영면하신 형님! 조금이라도 건강과 개인의 이익을 위하여 행동하셨으면 좀 더 오래 사셨을 것이고, 가족과 모두에게 이처럼 서운하지는 않았을 것입니다.

요즈음 생각하니, 부모님들이 월남하시어 몇 분 안 되는 가까운 친척 중에서 남자는 저 혼자 남았습니다. 비록 형님이 돌아가신 지 2년이 지났지만, 집안의 정신적 지주였던 형님께 의지하면서 살아왔던 저로서는 험난한 인생 여로의 기로에서 더욱 더 형님이 그리워지네요.

형님의 가족인 형수님과, 막 대학 졸업반이 되는 정연이는 이제 사회에 발을 들여놓기 위해 열심히 노력하고 있으며, 형님의 청빈했던 생활과 정의감을 본받아 살아가고 있습니다. 그리고 미국에서 중학교 1학년에 재학 중인 아들 주영이는 형님의 높으신 식견과 가족관으로 인하여 앞으로의 높은 이상과 꿈을 가지고 열심히 공부하고 있습니다. 이 모두가 하늘에 계신 형님이 돌봐주신 덕이 아닌가 생각됩니다.

형님의 숭고하고도 높은 이상과 꿈을 저 하늘에서도 누리시길 바라옵고, 형님의 인생관과 가족관이 정연이와 주영이에게도 이어져 두 남매의 인생관에 싹이 되고 거름이 되기를 바라옵니다. 그리하여, 훌륭한 형님의 인생관이 두 자녀에게 이어져 나라의 기둥이 될 인재로 자라나고, 훌륭한 인물로 성장하기를 바라며, 이만 그리운 형님의 영전에 이 글을 바치옵니다.

나라사랑으로 생사 브레이크 놓친 것 아쉬워

안 효 진

현) 청주 예수소망교회목사, 매제

살다보면 언제나 그립고 보고 싶은 사람이 있지 않은가요? 봄이 되면 아지랑이처럼 눈앞에 피어오르고, 여름이면 목마른 자에게 생수의 기쁨을 주고, 가을이면 모든 이에게 풍성한 과일로 풍요로움을 주고, 겨울이면 온 땅을 아름답게 덮어주는 함박눈처럼 우리 곁에서 꿈과 용기와 성실을 몸소 실천한 인생의 꽃이 있다면 그분은 1년 6개월 전에 우리 곁을 떠나신 故 안철식 차관님이라고 해도 과언이 아니라 생각합니다.

안차관님 선친의 고향은 이북 선천입니다. 그의 부모님은 6·25를 겪는 동안에 월남하시어 충북 청주에서 자리를 잡으셨습니다. 생면부지의 땅에서 어렵게 자리를 잡으셨고 생활하시면서 1남 3녀를 낳으셨습니다. 낯설고 물설은 땅에서 생활형편은 항상 넉넉하지를 못했습니다. 부모님의 고된 삶과 어려운 형편에도 불구하고, 안차관님은 어릴 적부터 영리했고 온유한 성품에 항상 솔선하여 모범을 보이면서도 승부근성이 강하여 열정적이면서 진취적이었습니다. 또한 개구쟁이였으며, 교육도시인 청주시 한복판을 가로지르는 무심천 개울가를 뛰어다니며, 청주시에 정기를 내려뿜는 거대한 우암산 자락을 동네 개구쟁이들과 여동생을 데리고 오르락 내리락거리며 거대한 꿈을 키우며 자라났습니다. 위로 누님 한 분과 아래로 여동생 둘을 두면서 남매간의 사랑이 특별했으며, 항상 화목하고 온유하고 큰 소리를 내는 법이 없으며 내유외강 그 자체였습니다.

초등학교, 중학교를 마치고 고등학교에 입학하자마자, 먼 앞날을 바라보고 사회의 리더로 살아가야겠다는 열정을 가지고 넉넉지 못한 가정형편과 아무도

도와주지 못하는 힘겨운 상황 속에서도 승리의 희망을 가지고 독학하다시피 하여 서울로 발걸음을 옮기게 됩니다. 그리고 대학을 졸업하고, 행정고시를 통과하여 이젠 국가공무원으로서 국가를 향하며 몸과 마음과 정성을 쏟아 붓습니다. 목표를 향해 날아가는 화살처럼 달려갑니다. 하지만 이런 바쁜 중에도 그 분은 부모님에게나 매형과 누님, 동생들과 매제에게까지 언제나 사랑을 쏟아 부었습니다. 암탉이 병아리를 품듯이 가족관계는 언제나 자상하고 사랑이 넘치며, 기둥의 역할을 하셨습니다.

한마디로 안차관님 생애의 모든 과정은 마치 이스라엘 민족이 이집트에서 탈출하여 40년간의 죽음의 사막을 시련과 인내를 견디어 약속의 가나안 땅에 이른 것처럼, 눈물 골짜기를 통과하시어 이제 막 지식경제부의 차관이라는 국가적 사명자의 자리에 이르게 된 것입니다. 안차관님은 가정을 생각해서나 개인을 생각해서라도 조금 쉬었다가 천천히 가도 될 인생길을 국가의 일을 위하여 노심초사하여 온몸을 다 바쳐 열정을 쏟아 부었습니다. 생사의 브레이크를 밟았더라면 얼마나 좋았겠습니까? 국가를 향한 열정은 뜨거웠습니다. 그러나 꽃이 피기 전에, 온 땅에 향기를 내리는 찰나에 우리와의 이별의 슬픔을 맞이하게 되었습니다. 이는 국가적으로 큰 슬픔이었습니다.

이 시대에 훌륭한 분들은 많이 계시지만, 사적으로나 공적으로나 청렴결백한 삶을 사는 고귀한 인격의 소유자는 찾기가 어렵습니다. 그러나 내가 아는 안차관님은 이 시대의 빛과 소금이셨습니다. 가정과 이웃에게도, 친구들에게도 항상 필요한 존재이셨습니다. 그러나 하나님은 하나님 나라에 더욱 필요하셨기에 부르신 것 같습니다. 우리는 하나님의 깊은 뜻을 때로는 이해할 수 없을 때가 너무나도 많습니다.

안차관님의 삶을 해석하기가 그지없습니다. 한 편의 드라마와 같습니다. 그 분의 삶은 너무나 아름다웠고 그 분의 인격은 너무나 인간적이었으며, 다정다감하고, 사랑 그 자체였습니다. 세월이란 단어가 스쳐 지나가지만, 그 분은 더욱 눈앞에 선명하게 그리움으로 다가옵니다. 눈물로 그리워할 때가 많습니다. 그러나 회자정리요 거자필반이란 말이 있듯이 우리 기독교인들은 분명히 다시 만날 겁니다. 하나님의 나라에서 평안히 쉬셨다가 조만간에 하나님의 나라에서 다시 만나게 되면, 우리는 기쁨과 사랑과 눈물로 얼싸안게 될 겁니다.

지금도 살아계신다면, 그분의 마음에는 가정보다는 오직 국가를 향한 충성심이 더욱 클 것입니다.

안차관님, 사랑합니다. 존경합니다. 그리고 이 땅에

서 못 이루신 꿈을 하나님 나라에서 꼭 이루게 되시기를 바랍니다. 이 땅에 두고 가신 사모님, 사랑하는 딸 정연이와 아들 주영이를 위해서 천상에서 힘 있는 기도를 해주세요. 이 땅의 우리들도 안차관님의 가족을 위해서 마음과 정성을 다하여, 아이들이 이 세상에서 존귀한 인물로 자라도록 끊임없는 기도와 사랑으로 후원하겠습니다.

이젠 천국에서 활짝 웃으세요. 우리 모두는 이 땅에서 나그네의 삶을 마치고, 하나님 나라에서 부르시면 조만간에 만날 날이 있을 것입니다. 우리 모두 그날을 고대하며 서로 얼싸안고 사랑의 잔치를 맞이하게 될 날이 있을 것입니다. 평안히 쉬세요. 이 땅의 모든 고통을 다 잊으시고 지금은 주님의 품안에서 영생복락을 누리실 줄 압니다. 안녕히 계세요.

2007년 아버님 산소에서 함께한 형님가족, 우리가족과 처형

첫 만남, 마지막 이별,
그리고 영원한 사랑

손 화 정

현) 한양대학교 박사과정, 처조카

문득 연구실 창밖을 보니 함박눈이 소리도 없이 내린다. 창밖에 내리는 함박눈과 함께 라디오에서 흘러나오는 Carpenters의 'Close to you'라는 노래는 어릴 적의 추억을 떠올리게 한다. 그리고 그 추억은 내 마음속 깊은 곳에 있는 어떤 이를 유난히 그립도록 만든다. 그와의 추억이 계속해서 머릿속에 맴돈다.

'Just like me, they long to be close to you' 후렴구가

반복될 때마다……

첫 만남

Chicago O'hare 공항을 빠져나오자 이모와 함께 이모부가 나를 마중하고자 기다리고 계셨다. 타지에서 만난 이모부는 나에게 있어 좀 더 이모부를 알게 된 계기가 되었다.

"비행기타고 오느라고 고생 많았지?"

"아니에요. 이모부, 오래 기다리시느라고 고생하셨죠?"

이모부는 특유의 싱글벙글한 모습으로 반가이 맞아주셨다. 당시 정부지원으로 유학 중이셨던 이모부는 막 유학 온 나에게 학업과 생활 측면에서 유의할 점을 시시콜콜히 얘기해 주시면서 마치 막내 남동생처럼 대해주셨고 형이 없었던 나에게 있어서 이모부는 마치 큰 형님 같았다. 당시 학업 때문에 몹시 바쁘셨는데도 일일이 나의 일을 챙겨 주셨다. 죄송하기도 하고 감사하기도 하였다.

한편, 시간이 지나 이모부가 계시지 않는 지역에서 유학생활을 시작하게 되었다. 당시 모든 것이 처음이라 학업이 내게 너무 벅차서 거의 날마다 두통약을 복용하고 공부하던 시기였다. 당시에 내가 학업을 제대로 끝낼 수가 있을까? 하는 심한 절망감과 타국생활의 피로감이 겹쳐 내 자신이 무기력해졌었다. 그런데 어느 날 한 통의 편지가 왔다. 나름대로 걱정되어서 나를 격려하시려고 보낸 이모부의 편지였다. 내용중에 이모부가 막 유학온 나에게 시간 절약하라고 사주셨던 폴란드계 미국인이 쓰던 중고 파란색 자전거 얘기가 있었다.

"파란 색 자전거 기억하니? 그 자전거의 원래 주인의 키가 너무 커서, 안장을 조절하여도 너에게 잘 맞지 않았지. 그런데 처음에는 네가 어쩔 줄 모르다가 차츰 적응하면서 탈 수 있었잖아. 이따금 일이 잘 풀리지 않을 때, 험한 비탈길을 오를 때, 웃고 싶지만 한숨지어야 할 때, 필요하다면 쉬어가야지. 하지만 포기하면 안 된다. 지금은 안되는 것 같지만 보이지 않는 변화가 분명 있을 것이고, 언젠가 너는 적응하게 될거야. 힘 내."

어린 나이에 시작한 나의 유학생활에 참으로 커다란 힘이 되었던 편지였다. 그리고 이모부가 나의 이모부임이 너무 행복하고 감사할 따름이었다. 그러나 이제는 그 파란색 자전거를 함께 기억하는 자가 이 세상에 나밖에 없음에, 내 가슴속 깊은 곳에서 잠시 잊었던 슬픔은 또 다시 슬며시 기어 나와 간절한 그리움으로 승화한다. 나의 이모부.......

마지막 이별

"이모부한테 큰 일이 생겼어… 서…..서둘러서 삼성병원으로 와….빨리"

"무…무슨 일인데?"

어머니 전화였다. 직감적으로 알아버렸다. 가슴이 떨리고 시리어졌다. '왜', '하필'이라는 단어만이 입술 속을 맴돌았다. 급히 병원에 택시를 타고 갔다. 택시비를 기사양반에게 주지도 않고 택시에서 내렸다.

"돈은 주셔야지요?"

"아…네…죄송합니다. 여기"

병원에 도착하자 이미 어머니는 울먹이고 있었고, 이모는 오히려 차분하게 계셨다.

"안서방, 일어나. 일어나. 안서방……"

어머니한테 이모부는 든든하고 자랑스러운 막내남동생 같은 존재였다. 우리 집안에서 아버지가 돌아가신 후에 아직 제대로 아들노릇 못하고 있는 나를 대신하여, 이모부가 참으로 어머니에게 신경을 무척 써 주셨다. 이를 알기에 어머니의 슬픔은 더 컸다. 좀 지나자, 친지들이 속속 도착하였고 믿기지 않는 사실에 슬프다기보다 서로 말문을 열지 못하였다. 구정 때 이모부가 차관에 임명된 것을 축하하기 위하여 친지들과 함께 시간을 보낸 지 이틀도 안되어 이런 일이 생기리라고는 그 누구도 생각하지 못하였으리라.

어머니는 이모가 걱정되어서 나더러 옆에 꼭 붙어 있으란다. 어머니는 외가에서 장녀였고 이모는 막내인지라, 나이차가 거의 18년이 된다. 빛바랜 어머니 결혼식 사진에 있던 모자를 쓴 귀여운 초등학교 소녀가 지금의 나의 막내이모다. 그래서 이모의 첫째 딸인 정연이와 나는 이종사촌이지만 15년 나이차가 있고 늦둥이 아들인 주영이와는 거의 25년 나이차가 있다. 정연이는 일본에서 연수중이었고, 주영이는 미국에서 유학 중이었다. 정연이가 곧 귀국한다고 연락이 왔다. 주영이는 너무 어려서 충격이 클 것 같아서, 이모가 장례를 마치고 직접 미국에 들어가서 얘기하기로 집안회의에서 결정되었다.

어린 나이에 아버지를 잃게 된 나의 정연, 주영이. 내가 이모부에게 받았던 그 사랑을 이들에게 다시 줄 수 있기를 진심으로 소망한다. 그리고 이모부의 삶에 대한 뜨거웠던 열정을 이들에게 전할 날이 있기를 진정으로 소원한다.

사랑... 열정... 그러한 소중한 감정들을......

영원한 사랑

방학이 되어 주영이가 귀국했다. 이모부가 돌아가신 후에 처음으로 친지들과 함께 만나게 되었다. 말

없이 꼭 안아주었다.

“주영아…”

“형아…”

이모가 장례를 마치고 직접 미국에 들어가서 아버지의 임종을 얘기하자 울면서 믿을 수 없다고 말하였다고 한 주영이, 그리고 커서 아버지처럼 꼭 훌륭한 사람이 되겠다고 이모를 위로하였다는 주영이, 그런 주영이가 믿음직스럽다.

주영이를 보면 이모부가 생각난다. 주영이의 천진난만한 웃는 모습에서 이모부 특유의 싱글벙글한 모습을, 고집스러운 모습에서 이모부의 열정을, 그리고 집중하는 모습에서 이모부의 치밀함을 본다. 주영이가 있어 참 다행이다. 비록 어리지만 이모에게는 한없는 위로를, 그리고 우리들에게는 이모부의 모습을 엿볼 수 있게 하기 때문이다.

주영이에게 전하고 싶은 말들이 있다. 비록 어린나이에 아버지를 잃게 되었지만 너의 옆에 항상 너의 아버지이자 나의 이모부로 인하여 행복하였던 사람들이 있다는 것을, 그리고 너의 모습에서 이모부의 모습을 엿볼 수 있기에, 우리들 마음속 깊이 너로 인하여 이모부를 기억하노라고.

2008년 가족모임에서의 즐거웠던 한때

감사의 기도

이 명 희

현) 상명대학교 도서관장, 문헌정보학과 교수, 처

하나님 아버지, 지금까지 지켜주신 모든 것들에 대하여 감사드립니다.

남편이 이 세상을 떠나 하나님 품으로 간지도 어언 2년이 지났습니다. 준비되지 않은 상태에서 남편을 먼저 떠나보내게 되어 너무나 가슴 아프고 힘든 세월을 보냈지만 지금까지 용기 잃지 않고 굳건히 살게 하신 주님의 은혜에 감사드립니다. 오히려 힘들 때마다, 오뚜기처럼 포기하지 않고, 잡초처럼 끈질긴 생명력을 가지고, 치열하게 삶을 살았던 남편을 생각하며 더욱 도전할 용기주심을 감사드립니다.

지나온 시간을 돌아볼 때에, 여호와 이레의 하나님은 우리 가정에 닥칠 어려움을 미리 아시고, 세심하게 모든 것을 예비해 주셨습니다. 어린 주영이가 아빠의 사랑을 받지 못함을 측은히 여기사, 부모 역할을 할 수 있는 믿음 좋은 가정을 영적 부모로 예비해 주시고 부모님의 사랑을 듬뿍 누리게 하심을 감사드립니다.

지난 27년 동안 좋은 남편을 보내어 주셔서 막내로 자라 철없었던 아내를 성숙하게 하시고, 부부간의 진정한 사랑이 희생과 배려라는 것을 몸으로 가르쳐 준 남편 주심을 감사드립니다. 이미 20여년 전에, 아내의 학문적 발전과 지적 성숙을 위해 미국 땅에서 제가 공부할 수 있도록, 어린 딸을 돌보며 지냈던 남편의 사랑과 배려가 없었다면 어찌 제가 그 시절에 홀로 미국에 남아 공부할 수 있었을까요? 4년 반 동안 외로움과 불편함을 참고, 홀아비 생활을 감수한 남편이 있었기에 제가 학업을 완수할 수 있었지요.

하지만 아버지,

한국이 더욱 높은 경제 성장을 이루어 언젠가는 에너지 기업을 필두로 한국의 상품, 플랜트, IT, 태권도, 그리고 선교사를 패키지로 묶어서 세계 방방곡곡에 내보내어 하나님의 나라 확장 사업을 같이 하자고 의논했는데요. 그 일을 시작도 못해보고 스러진 것이 너무 억울해요.

또 아버지,

남편이 대화와 설득의 사람인 것 아시죠? 극단이 난무하고 대화와 타협의 문화가 정착되지 못한 한국의 사회 · 정치적 현실에서, 하나님이 원하시면 진정한 대화와 소통의 명수인 남편을 사용하셔서 한국사회 소통의 문화 정착에 작은 획이라도 긋고 싶었거든요. 그 일을 못한 게 너무 억울해요.

남편은 평소에 말했지요. 자신이 조금 힘들더라도 자기에게 도움을 청하는 사람들에게 가능한 한 도와주고 싶다고요. 그래서 항상 어렵고 힘든 사람들의 목소리에 귀를 기울이고, 연약한 자들의 어려움을 더욱 가슴아파했지요. 그러다보니 항상 남편 주위에는 도움을 청하는 많은 사람들이 있었고, 이들의 도움 요청을 거절하지 못하고 어려움에 귀를 기울이다보니 정작 자기 몸이 도움을 요청할 때는 너무 늦어서 육체의 브레이크가 파열해버린 것이지요.

하지만 힘 없고 어려운 자에게 도움주기를 즐겨하던 그의 맑고 깨끗한 영혼을 하나님은 기뻐하실 줄 믿습니다. 가난한 자, 병든 자, 고아와 과부를 돌아보기를 기뻐하시는 하나님은 그의 이러한 성품을 기뻐하시고 하나님 곁에 두시기를 즐거워하는 것을 압니다.

그러나 어찌 알았으리요. 하나님을 먼저 사랑하고, 가족을 섬기며, 주어진 일에 충성하기를 원하시는 하나님의 우선순위를 지키지 못했기에 하나님이 소외되고 일에서의 스트레스가 몸에 치명적인 독이 된 것을요. 그래서 더 이상은 가족이 피눈물 흘리는 가슴 아픈 일이 반복되지 않도록 오늘도 아이들에게 하나님의 우선순위를 잊지 말라고 가르칩니다.

하나님 아시죠?

눈물의 영결식장에서 남은 두 아이를 아빠보다 훌륭한 청출어람으로 만들겠다고 아버지 이름으로 제가 선포해버린 것을요. 내 힘과 능력으로는 할 수 없지만, 이 세상의 창조주이며 주관자이신 하나님 아버

지 이름으로 선포했으니 아버지가 책임지실 것을 믿습니다.

믿음의 자녀들에게 이 땅에서 하나님 나라를 이루어가기를 원하시는 하나님 아버지!

세상의 이끝에서는 풍요와 과소비의 기름이 넘쳐나지만, 저끝에서는 굶주림과 질병과 전쟁으로 신음하는 것을 슬퍼하시는 하나님! 정연이를 통하여 부유한 나라의 것을 가난한 나라에 나누어주는 축복의 통로가 되게 하시며, 주영이를 통하여, 희망과 자유를 찾아 미국으로 왔던 메이플라워호의 선조들의 정신을 이어받아 공의와 정의와 사랑이 강물처럼 흐르는 아름다운 나라의 영광을 재현하기 원합니다.

자녀를 위한 어미의 눈물의 기도를 외면하지 않으시는 하나님!

'네 입을 크게 열라, 내가 채우리라'고 하신 주님 말씀에 의지하여, 예수님 이름으로 기도합니다. 아멘.

"Be Strong and Confident"

안 정 연

현) 경희대학교 국제학부 4학년, 딸

My dad was a very loving and caring person who always expressed his love to the family. Unlike most other Korean men of his age, he would always tell how much he loved me and my family. Even though he didn't have much time to spend with the family, I know that in his heart he always thought of us dearly. My sweetest memory of him is when I was little, about at the age of 6 or 7. He would come home late, sometimes maybe a little bit drunk, and wake me up while I was sleeping and say, "Here's my girl! Give daddy a kiss!" I remember being cranky as I was disturbed of my sleep but whenever I think about this incident, I feel myself smiling.

I remember the day when my dad and I had a major fight with each other. My dad and I had occasional fights because I wasn't happy with his tone when he tried to give me advices. I was immature and did not try to listen to what he wanted to teach me about life. He always tried to tell me how I should behave and how I should live, but I would always take it twisted and react stupidly. I was in high school and I didn't understand at that time that he was only trying to look out for me and wanted the best things for me. He was a very generous man but he did give some harsh advices to the ones he loved and cared.

I remember myself saying something that I should never have that day. I was immature, selfish, and spoiled. As a daughter, there is a 'line' that you should not cross. And I had crossed it. I had told my dad that he was the person I hated the most. As soon as I realized what I had said, I regretted but it was already spilt milk. He was furious with me then, but I acted as though I didn't care. Afterwards, we had made up our relationship but that particular event stayed in my heart for quite a long time.

I was in Tokyo studying when I was informed of my dad's death. It was a school day and I was about to get out of my house to go to school but was stopped by a single phone call, a phone call from my aunt in Korea. She spoke in an urgent and sad voice. For a while I was unable to comprehend what I had just heard through the phone. I just had spoken to my dad 4 days before and I couldn't believe he was actually gone.

As I packed my things to catch an evening flight back to Korea, I recollected my last phone call with my dad and was relieved that my last words with him weren't that of hatred or anger. I came back to Korea that day immediately and went straightly to the hospital. I met my family and I was completely numb. I didn't cry but I stood still darted to the ground when I saw my dad. He was pale but looked calm. It seemed as though he had no more worries and concerns. At that very moment, I knew. He was taken into heaven.

It is a sad story but there is a silver lining to it. He is now freed from all his burdens as a government official, husband, brother, and father. I do miss him very much and time to time I get a little bit lonely. But I know that he lives in my heart as I live through my life and that we will be reunited in heaven eventually. Until that day, I will try my best to live out what my dad had been emphasizing to me and my brother. Love God, love your family, dream big, and work hard. Also, his personal advice for me cannot be forgotten; be strong and confident. I will never forget these words and always remember him as the loving father he was.

Dear Dad

안 주 영

현) 미국 워스컨신주 매디슨 Edgewood Middle School 재학,
아들

Dear Dad,

How are you? I hope you are all right. I'm fine. But the weather here is not. It is really rainy here in Madison. Also, it is very chilly and rainy. Very few sunlight here right now. It is Spring Break and I have been playing golf many times.

I miss going to school. It has been a week since the beginning of the Spring Break. The school is very enjoyable. I like many of the subjects (except Band) and the teachers. The kids here in Edgewood is pretty nice (and they don't swear).

I had been not able to go out often because of the weather. It is April and the weather is still pretty cold. How is the weather in Korea? Is it cold since the winter? Or is it rainy and damp? I really do not like rainy and damp weather. It made my clothes smell like a rotten squirrel. Disgusting it was. I hope it will get better soon.

But I still do go out to play golf, go to the library, clean up the garden, etc. The golf is very fun. I use irons pretty well. But I am very bad at using the driver and the fairway wood. I hope I can play better soon. Then I will have to practice a lot.

I hope you are happy and well in heaven. You worked very hard to make Korea a better place. But by doing this, you used up so much of your energy, and you were worn out. I learned a lot

of lessons from you : I will work hard while taking care of my body, and I will trust God with all my heart. And remember that I love you so much.

I look into your picture inside my room and think about you. I will make you proud of me by doing well and contribute to make this world a better place. I will work harder than before. I will do better because Mom and my guardians are helping me.

I remember what you told me. You said that men do not cry whatever happens and finish what they started. I will do like that. I will also help others and not discourage them. I will try very hard.

Sincerely,
Philip

사랑하는 당신에게

안 철 식

그동안 한국에서 혼자 생활하느라 얼마나 힘들고 고생이 많소. 당신의 어려움과 고통이 눈에 선하다오, 나는 요즈음 당신을 생각하며 정연이를 돌보고 믿음생활 속에서 거듭나기를 원하며 우리 가족을 위한 알찬 생활을 설계하며 열심히 노력하고 있소.

이곳에서는 정연이도 학교에 잘 다니고 영어도 제법 잘하고 있으니 큰 걱정 마시오. 어느덧 당신이 이곳으로 올 날이 가까워오는 것을 볼 때 정말 세월이 빠르다는 것을 실감하오. 그동안 당신과 떨어져서 이곳에서 정연이와 생활하다 보니 내가 당신을 얼마나 사랑하는지, 당신이 얼마나 소중한지를 알 것 같소. 그동안 당신과 떨어져 있음으로 해서 사실 외롭기도 하고 힘들기도 했지만 당신은 얼마나 더 힘들까 생

각하니 내 외로움은 아무것도 아니라고 생각하오. 오히려 당신이 힘들어하는 것을 볼 때 마음이 아프고 미안한 생각뿐이오. 이제 머지않아 다시 만나게 되고 더욱 사랑하며 가치 있는 삶을 살아야 하니까 아무리 어렵더라도 인내하고 힘을 내기 바라오.

사랑하는 당신! 내 인생에서 가장 중요하고 소중한 당신! 이제 힘을 내시오. 어떠한 불신과 우려도 다 떨쳐버리고 오직 서로 사랑하며 힘찬 미래를 설계하며 삽시다. 내 나이 어느덧 사십대 중반에 접어들었소. 이제는 과거의 삶을 벗어버리고 오직 하나님 말씀 가운데 거하며 내 인생을 잘 마무리해야 하지 않겠소. 이제 더 이상 늦기 전에 우리 함께 노력하며 새로운 출발을 합시다. 우리 인생을 보다 아름답게 가꾸어 봅시다.

내가 이 세상에서 가장 사랑하고 소중하게 생각하는 당신! 이제 방학이 다 되어갑니다. 학교업무를 차질 없이 잘 마무리하고 이곳으로 빨리 오기를 바라오. 이곳에 오면 테니스도 배우고 여행도 갑시다. 당신이 올 날이 가까워 오니까 당신이 더 보고 싶소. 당신을 사랑하며 당신과 함께하는 편안한 생활이 그립소. 정연이도 당신 올 날을 손꼽아 기다리고 있소. 우리 교인들도 당신이 언제 오느냐고 가끔 물어보고 있소. 하여튼 당신을 빨리 보고 싶소.

이곳은 이제 비가 많이 와 을씨년스럽던 겨울 모습을 벗어버리고 날씨도 화창하고 새 생명이 무럭무럭 자라는 여름이 돌아와 우리의 미래만큼이나 찬란하고 시원스러운 자태를 뽐내고 있소. 이곳에 빨리 와 우리 함께 하는 삶 가집시다.

'사랑하는 자여! 네 영혼이 잘됨같이 네가 범사에 잘되고 강건하기를 내가 간구하노라.'(요한 3서 2절)

그럼 다시 만날 때까지 안녕!

＊ 이 편지는 1998년 고인이 미국 워싱턴 주정부 파견 근무시에 아내에게 보낸 것임.

Chapter 9

고인 관련 매스컴 기사 모음

기사　머니투데이 박재범 기자의 글

기사　머니투데이 양영권 기자의 글

기사　머니투데이 조철희 기자의 글

기사　머니투데이 최명용 기자의 글

기사　서울경제 이철균 기자의 글

기사　etnews 이경우 부장의 글

기사　한국경제 남궁덕 부장의 글

허범도 의원 "자신만만했던 안철식, 그 친구가…"

머니투데이 박재범 기자, 2009.01.28

"항상 적극적이고 자신만만하던 친구였는데…며칠 전에도 법률안을 설명하고…"

안철식 지식경제부 제2차관의 사망 소식에 그를 부하직원으로 뒀던 허범도 한나라당 의원은 안타까움을 금치 못했다. 산업자원부 등에서 관료생활을 했던 허의원은 고 안차관과 한솥밥을 먹었던 사이.

허의원이 산자부 차관보 시절, 고 안차관은 국장으로 실무를 추진하며 굵직한 현안을 처리하기도 했다. 대표적인 게 경기도 파주 LG필립스 LCD공장 증설 문제. 수도권 규제 완화 문제에다 부처간 이해까지 얽힌 사안이어서 좀체 해법을 찾지 못했다.

그 때 복잡한 문제를 각고의 노력 끝 풀어낸 게 담당국장이었던 고 안차관이었다. 허의원은 “산자부, 재정경제부, 청와대, 경기도 등이 자기 입장을 내며 얽히고 꼬여 있었는데 몸을 아끼지 않고 내던진 게 그 사람이었다”고 돌이켰다.

특히 최근 1.19 개각에서 차관으로 승진한 뒤 얼마 되지 않은 시점에 당한 변고여서 더 가슴이 아프다. “그 친구가 동력자원부 출신으로 자원, 에너지 분야에서 최고다. 자원에 대해 해박한 지식을 갖고 있고 자원 분야에 있어 자부심을 갖고 있었다. 성실한 친구였고…. 이번 인사 때 전문가로서 잘됐다고 생각했는데…”

또 고 안차관의 건강을 전혀 의심하지 않았기에 충격이 크게 다가왔다. 아직도 고 안차관이 쓰러졌다는 게 믿기지 않는다. 허의원에겐 “술도 잘 하고, 체력도 좋은 사람”이었기에 더 그렇다.

그리고 허의원에게 기억되는 마지막 모습도 적극적으로 일을 챙기는 사람이다. “최근에도 봤다. 며칠 전까지 국회에서 법률안을 설명하고 그랬는데…”

故 안철식 차관, '워커홀릭' 초고속 승진했는데…

머니투데이 양영권 기자, 2009.01.28

28일 숨진 고(故) 안철식 지식경제부 제2차관은 행정고시 25회로 공직에 입문한 뒤 동력자원부, 산업자원부, 지식경제부의 요직을 두루 역임한 '에이스 공무원'이었다. 동기들 가운데 지난해 안현호 기획조정실장과 함께 처음으로 1급 실장으로 승진했으며 올해 다른 동기 및 선배들을 제쳐두고 차관으로 승진했다. 그의 이같은 초고속 승진은 치밀한 업무 스타일과 원만한 대인관계로 볼 때 당연한 결과로 받아들여졌다.

안차관은 1953년 충북 청주에서 태어나 충북 청주고를 졸업하고 3수를 해 1974년 성균관대 경제학과에 입학했다. 그와 고등학교 동기 A씨는 "공부 잘하는 모범생이었을 뿐 아니라 운동도 잘해 인기가 많은 친구였다"고 회상했다.

그의 공직 입문은 늦은 편이다. 1980년 2월 대학 졸업 후 일반 회사에서 근무하다 1981에 행정고시에 합격해 공직에 입문했다. 대학 입학도 늦었을 뿐더러 행시 합격도 대학 재학중 합격이 많던 동기들에 비해 늦었다.

그러나 공직 입문 후에는 특유의 성실함과 온화한 성격으로 두각을 보였다. 에너지·자원 분야 부서를 거치면서 '워커홀릭'으로 불리는 한편, 사람 좋은 동료 또는 선후배라는 평가를 받았다. 안차관을 상관으로 모신 적 있는 지경부 공무원은 "필요한 일은 사양하지 않고 꼭 하는 스타일이며 후배든 누구든 한번도 윽박지른 일이 없을 정도로 화합을 중요시한 분이었다"고 말했다. 다른 공무원은 "에너지 분야라는 게 이해 관계자가 많아 항상 시끄러울 수밖에 없는 분야이지만 안차관은 작은 의견이라도 성의껏 들어주는 자세로 항상 업무에 임했다"고 말했다.

특히 그는 지난해 에너지자원실장으로 있으면서 국가에너지기본계획 수립에 앞서 원자력 발전 비중 확대 등에 반대하는 환경단체와 시민단체 관계자를 20여 차례나 만나 끈질기게 설득, 반대를 누그러뜨린 적도 있다.

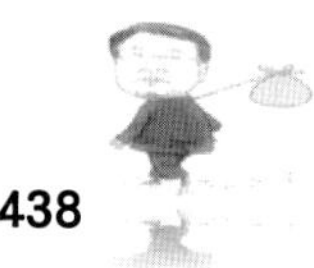

변재일 의원 "故 안철식, 정말 아끼는 후배였는데.."

머니투데이 조철희 기자, 2009.01.28

"가장 중요한 시기에 우리는 인재를 잃었다"

변재일 민주당 의원은 28일 안철식 지식경제부 제2차관의 갑작스런 사망 소식을 전해듣고 안타까운 심정을 감추지 못했다. 변 의원은 "능력 있는 인재가 차관을 맡아 너무나 다행이라 생각했는데 뜻하지 않은 죽음을 당해 몹시 안타깝다"고 말했다.

변의원과 안차관은 매우 각별한 인연이다. 충북 지역 명문 청주고등학교의 선후배 관계이자 몇년 사이를 두고 행정고시를 통해 공직생활을 시작해 오랫동안 함께 공직에 몸담아온 사이다.

정보통신부 차관까지 지낸 변의원은 공직에서는

물론 의원이 된 후로도 안차관과 가까이 지내왔다. 변의원은 지난 19일 개각과 함께 승진한 안차관에게 직접 전화를 걸어 축하 인사를 전하기도 했다. 아직까지도 안차관의 목소리가 생생하지만 변의원은 "정말 아끼는 후배였다"는 말만 되풀이했다.

"추진력이 있으면서도 다른 이들처럼 '왈가닥' 하지 않았다. 조용히 소리 없이, 무엇이든지 깔끔하게 마무리 지었다."

변의원은 사무관 시절부터 가까이서 지켜봐왔던 후배의 모습을 이같이 떠올렸다. 매사에 적극적이었던 안차관이었고, 일에 있어서는 최고였다.

특히 최근 안차관이 에너지·자원 분야에서 두각을 나타내면서 더 큰 기대를 가졌다. 그러나 변의원은 "안타깝게 인재를 잃었다"고 말하며 안타깝게 그를 떠나보내야 했다.

故 안철식 차관, 13개월간 휴일없이 일했다

머니투데이 최명용 기자, 2009.01.28

고 안철식 지식경제부 차관과 마지막 근무를 함께 한 정재훈 지식경제부 무역정책국장은 고인에 대해 "부드러운 카리스마로 모든 것을 다 짚어가며 자신이 맡은 업무를 완벽히 소화하는 인물이었다"며 "안 차관의 사망으로 동료와 후배들이 모두 충격에 휩싸였다"고 말했다.

정국장은 지난 27일 오후 고 안철식 차관과 수출입 동향에 대한 회의를 가져 고인과 마지막 근무를 함께 했다. 정국장은 "안차관이 통상 쪽을 처음 다루다보니 청와대에 보고할 때 필요한 사안이나 국민홍보 문제 등에 대해 꼼꼼하게 신경을 썼다"며 "4시 30분경 회의를 마쳤는데 그게 마지막이 될지 몰랐다"고 했다.

정국장은 "안차관이 국장 때는 국장으로서 모든 것을 다 처리했고 에너지자원실장 근무시절엔 본인만큼 아는 사람이 없어 사안 하나하나를 커버했다"며 "자기가 맡은 업무에 대해 결정을 늦추지 않기 위해 평소에 사람 관리부터 업무 파악까지 꼼꼼히 처리하는 인물이었다"고 말했다.

정국장은 안차관이 지난 13개월간 휴일 없이 일만 했다고 회고했다. 정국장은 "2007년 12월 정권 교체기에 석탄노조 사건이 터지면서 안차관은 한달여간 밤샘근무를 했다. 그 이후 인수위에 파견을 나가면서 고된 업무를 계속했고 유가가 급등락할 때 에너지자원실장이 돼 정신없는 한해를 보냈다. 올 들어 차관 승진까지 거의 13개월간 휴일 없는 근무를 계속해 과로가 이어졌을 것이다. 정말 안타깝다"고 회고했다.

2차관은 누구? 수출확대 위해 휴일 잊고 업무 몰두

서울경제 이철균 기자, 2009.01.28

차관 승진 9일 만에 유명을 달리한 안철식 지식경제부 제2차관은 부처 내에서 “화내는 것을 본 적이 없다”는 평가를 받을 정도로 부드러운 성품을 지닌 인물이다.

안차관은 사상 초유의 고유가가 엄습하던 지난해 에너지·자원 관련 최일선 실무직책인 지경부 에너지자원실장을 지냈다. 에너지 대책 수립을 위해 휴일도 잊고 거의 매일 야근을 할 정도로 일에 파묻혀 지냈다. 지난해 4·4분기 들어 유가 상승세가 멈추기는 했지만 국정감사와 예산심의 등 국회 일정 및 국가에너지 기본계획 세부 추진전략 작성 등에 몸을 혹사했던 것으로 알려졌다. 지난 19일 2차관으로 임명된 뒤에는 올해 최대의 정책과제로 꼽힌 수출과 외국인 투자확대를 위해 밤낮으로 일에 몰두했다는 후문이다. 지경부의 한 관계자는 "2차관 임명 뒤 수출과 외국인 투자만 보고하라고 할 정도로 이 두 분야에 집중적으로 매달렸다"고 말했다. 22일에는 민간합동으로 총력수출지원단을 출범시켰고 29일로 예정된 청와대 수출상황 보고에 매진했다. 설 연휴 마지막 날인 27일 오후에도 과천청사로 출근한 안차관은 이윤호 지식경제부 장관 주재의 수출대책회의에 참석해 대책 등을 논의한 뒤 귀가했다가 밤11시께 갑자기 호흡곤란 증세를 보여 병원으로 긴급 후송했으나 1시간 30분여 만에 숨을 거뒀다.

안차관은 1953년 충북 청주에서 태어나 청주고를 졸업한 뒤 1974년 성균관대 경제학과에 입학했다. 1980년 2월 대학 졸업 후 일반회사에서 근무하다 1981년 행정고시에 합격해 공직에 입문했다. 공직에 입문한 뒤에는 특유의 성실함과 온화한 성격으로 두각을 나타냈다. 에너지·자원 분야 부서를 거치면서 '워커홀릭'으로 불리는 한편 사람좋은 동료 또는 선후배라는 평가를 받았다.

지경부 관계자는 "필요한 일은 사양하지 않고 꼭 하는 스타일이며 후배든 누구든 한번도 윽박지른 일이 없을 정도로 화합을 중요시한 분이었다"고 회상했다.

‘자원부국’ 꿈꾸던 공무원의 죽음

etnews **이경우 신성장산업부장**, 2009.02.02

“정말이야? 설마, 그럴 수가! 엊그제까지 통화했는데.”

설 연휴를 마치고 출근한 날 돌연한 비보에 놀란 가슴이 진정되지 않았다. 둔기로 뒷머리를 맞은 것처럼 한동안 ‘띵’했다. 오보이기를 바랐지만 이미 인터넷에 오른 기사는 현실임을 확인시켜 주었다. 주위의 적지 않은 사람들이 곁을 떠났지만 그의 사망 소식은 커다란 충격이었다. 그날 저녁, 빈소를 찾아 국화 한 송이를 바치면서 먹먹한 가슴 한구석에 아리도록 시린 마음을 주체할 수 없었다.

공보관 시절 그는 느닷없이 “소주나 한잔하자”는 ‘번개’를 종종 쳤다. 기자란 직업이 유독 많은 사람을 상대하다 보니 약속이 없는 날이 거의 없다. 그 사실을 뻔히 알면서도 갑작스럽게 저녁 술자리를 제의해 당황하기도 했지만 그의 강요(?)에 넘어가 쾌히 승락한 적이 한두 번이 아니다. "그리 중요한 약속 아니면 미루고 '정부미'하고 한잔하는 것도 나쁘지 않잖아요." 눈웃음 뒤에 비치는 간절함을 뿌리치기란 쉽지 않은 일이다.

겉보기에는 사람 좋은 인상이지만 업무로 들어가면 그는 다르다. 당시 산업자원부에 몇 남지 않은 동력자원부 출신 에너지전문가다. 이야기 중에 꼭 한 번은 '에너지 강국'이 들어갔고, 술 한잔 들어가면 '자원 부국'을 늘 입에 올렸다. '에너지를 입에 달고 사는 게 사라진 부처에 대한 향수가 아니냐'는 독한 질문에도 그는 "국가와 민족을 위해서…"라고 농담 아닌 농담으로 받았다. 그의 달란트는 확실히 '에너지 자원'이다. 그를 기억하는 사람 모두 에너지를 떠올린다. 행시 25회로 지식경제부 전신인 산업자원부와 동력자원부 시절 에너지정책과, 가스산업과, 원자력정책과 등을 두루 거쳤다. 지난해 3월부터 에너지자원실장을 맡아 사상 유례없는 고유가 기조 속에서 국가에너지기본계획을 무난히 수립했다는 평가를 받았다. 굳이 동력자원부 출신이라는 성분을 따지지 않더라도 에너지에 대한 인식부터 걱정에 이르기까지 그의 전공은 확실히 에너지다.

결국 소망하던 에너지정책 최고위 책임자에 올라 지휘봉을 휘두르기도 전에 그는 세상과 이별했다. '원자력발전소 수출에 집중하겠다'는 의지만 남겨 놓은 채 뒷일을 남은 사람들에게 넘겨줬다. 한창 일할 나이, 해보고 싶은 일이 너무 많아 쉽게 눈을 감지 못했을 것이다. 전력질주를 위해 운동화 끈을 채 조여매지도 않았는데…

술자리에서 다짐하던 에너지강국의 실현은 하늘에서 돌봐주어야 할 그의 염원으로 남겨두었다. 그 염원으로 9일의 짧은 재임기간이 결코 짧지 않음을 그는 보여주고 떠났다.

'영혼이 없다'는 공무원도 있겠지만, 대부분 공무원은 늦은 밤에도 청사의 불을 밝힌다. 영혼 없이 늦도록 불을 밝히고 일을 할 수는 없다. 걸핏하면 여론의 도마에 오르고 손가락질의 대상이 되곤 하지만 위기상황에서 방패로 나설 선봉들이다. '죽도록 일하다 죽으면 영광이겠다'는 한 공무원의 바람이 안타까울 뿐이다. 그래서 그의 죽음이 애절한가보다. '에너지 전쟁' 시대 몇 남지 않은 용사의 죽음이 더욱 애통하게 느껴진다.

고 안철식 차관의 영전에 다시 한번 애석한 마음의 꽃을 바친다.

'에너지 자립' 꿈꾸던 안철식 차관

한국경제 남궁덕 부장, 2009.01.29

안철식 지식경제부 2차관의 갑작스런 죽음으로 과천 관가가 술렁이고 있다. 경제위기 극복을 위해 휴일도 마다하지 않고 일하는 경제부처 공무원들에겐 안차관의 돌연사가 남의 일이 아니기 때문이다. 안차관도 최근 13개월간 휴일 없이 일했다고 한다. 얼마전 국토해양부 등에서 고위관료의 과로사 부음을 접한 터라 공무원들의 마음은 더욱 착잡할 것이다. 경제 사정이 어려워질수록 경제관료들은 더욱 바빠진다. 그게 숙명이다. 공직생활 대부분을 에너지 분야에서 일을 한 안차관은 유가가 고공행진을 하던 지난해엔 에너지자원실장으로 마음고생이 특히 심했을 것이다. 평생 '에너지 자립'을 위해 노력해온 그의 꿈이 후배들의 손에서라도 꼭 이뤄졌으면 좋겠다.

추억의 사진들

1967년경 청주중학교 재학시절

1960년경 여동생
혜성, 혜경과 함께

초등학교 때 누나,
여동생들과 함께

1960년대 말 누나 혜자,
여동생 혜성과 함께

1972년 청주고 졸업앨범 사진

1974년경의 모습

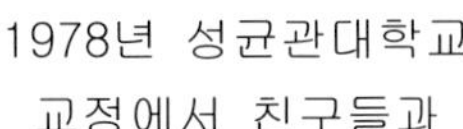

1978년 성균관대학교
교정에서 친구들과

1979년 대학 재학시절

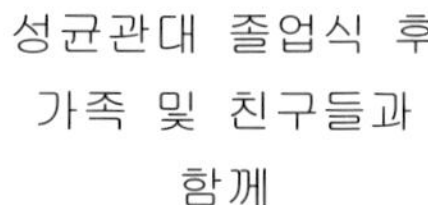

성균관대 졸업식 후
가족 및 친구들과
함께

1982년 동기들과
중앙공무원교육원에서
합숙하던 시절

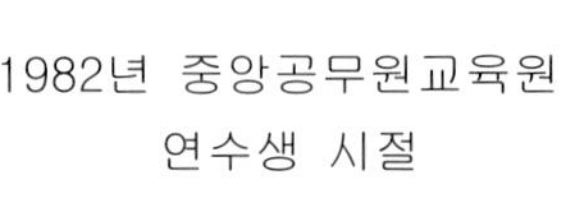

1982년 중앙공무원교육원
연수생 시절

1983년 2월
결혼식 후

1983년 동력자원부
사무관 시절

1983년 제주도에서

1987년 서울대
행정대학원 졸업식날

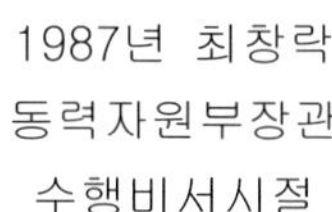

1987년 최창락
동력자원부장관
수행비서시절

1989년 미국
일리노이주립대 유학시절

미국 유학시절 워싱턴의
백악관 앞에서

미국 유학시절 친구들과
IMF 본부 방문후

1990년대 중반 동력자원부
서기관시절 해외출장시

1997년 미국
워싱턴주 파견
근무시 한인교포
집에서

1997년 미국 워싱턴
주정부 파견시절

미국 워싱턴주
바닷가에서 낚시 즐기던
순간

2000년 KEDO 관련
협의차 평양을
방문했을 때

2003년 정연이와
스키장에서

2004년 6월 원전수거물
관리시설 부지선정관련 발표문
낭독

2005년 2월
공보관시절
서울전력관리처
전기시설 방문모습

2005년 이희범
산자부장관으로부터
지역산업균형발전기획관
임명장 받는 모습

2006년 에너지산업국장
재직시

2007년 산업자원부장관배
야구대회 개막식에서

2007년
남제주화력발전소
3,4호기 준공식
행사 참석

2008년 국제전력 IT 및
전기설비전 개막식에서

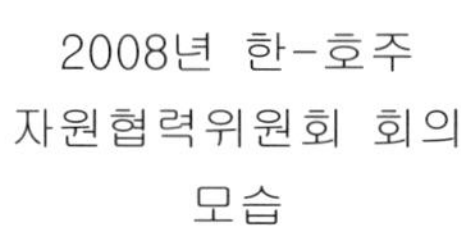

2008년 한-호주
자원협력위원회 회의
모습

2009년 1월
에너지 복지현장
점검 모습

2009년 1월 2차관
임명장 받은 후
대통령 내외분과
함께

2009년 1월 22일
총력 수출지원단
출범식 회의 주재

2009년 1월 22일
'그린에너지
기술개발전략'
브리핑 모습

고 안철식 지식경제부 제2차관 연보

성　　명 : 안철식(安哲植)

생 몰 일 : 1953년 4월 8일 ~ 2009년 1월 28일

학　　력

- 청주고('72)
- 성균관대 경제학과('80)
- 서울대 행정대학원 행정학 석사('87)
- 美. 일리노이대 경제학 석사('90)

경　　력

- 산업자원부　원자력산업과장('99.11~'01.9)
  가스산업과장('01.9~'02.2)
- 대통령비서실 민정수석실('02.4~'03.2)
  경제보좌관실('03.2~'04.9)
- 산업자원부　공보관('04.9~'05.4)
  지역산업균형발전기획관('05.4~'06.1)
  에너지산업본부장('06.1~'08.3)
- 대통령직인수위원회 기후변화에너지T/F 전문위원
  ('08.1~'08.2)
- 지식경제부　에너지자원실장('08.3~'09.1.19)
  제2차관('09.1.20~'09.1.28)

열정의 에너지가 영원한 사랑으로

발 행 일　초판 1쇄 · 2011년 7월 31일
발 행 인　故 안철식차관 추모문집발간위원회
발 행 처　에듀컨텐츠휴피아
책임편집　李相烈
출판등록　제22-682호 (2002년 1월 9일)

주　　소　서울 송파구 문정동 11-8
전　　화　(02) 443-6366
팩　　스　(02) 443-6376
e - mail　huepia@daum.net
HP/Blog　http://ecbook.tistory.com

정　　가　20,000원
I S B N　978-89-6356-080-9 (03810)